健全城乡发展一体化体制机制

新型城镇化研究报告

主　编　赵胜轩

副主编　李　扬

Perfect the Institutions and Mechanism for Promoting
Integrated Urban and Rural Development

Research Report of New—Style Urbanization

中国社会科学出版社

图书在版编目（CIP）数据

健全城乡发展一体化体制机制：新型城镇化研究报告/赵
胜轩主编. —北京：中国社会科学出版社，2015.11
ISBN 978 - 7 - 5161 - 7103 - 5

Ⅰ.①健⋯　Ⅱ.①赵⋯　Ⅲ.①城乡一体化—研究报告—
中国　Ⅳ.①F299.21

中国版本图书馆 CIP 数据核字（2015）第 274611 号

出 版 人	赵剑英	
责任编辑	王　曦　侯苗苗	
责任校对	周晓东	
责任印制	戴　宽	

出　　　版	中国社会科学出版社	
社　　　址	北京鼓楼西大街甲 158 号	
邮　　　编	100720	
网　　　址	http://www.csspw.cn	
发 行 部	010 - 84083685	
门 市 部	010 - 84029450	
经　　　销	新华书店及其他书店	

印刷装订	三河市君旺印务有限公司	
版　　　次	2015 年 11 月第 1 版	
印　　　次	2015 年 11 月第 1 次印刷	

开　　　本	710×1000　1/16	
印　　　张	15.5	
插　　　页	2	
字　　　数	269 千字	
定　　　价	58.00 元	

凡购买中国社会科学出版社图书，如有质量问题请与本社营销中心联系调换
电话：010 - 84083683

序　言

党的十八大以来，中央高度重视新型城镇化建设。习近平总书记就新型城镇化建设作出了一系列重要论述，为新型城镇化建设指明了方向，开启了我国城镇化发展的新篇章。

为贯彻落实中央关于新型城镇化建设的决策部署，发挥好为新型城镇化建设提供决策咨询的作用，中国社会科学院党组专门设立了新型城镇化研究课题组，由赵胜轩、李扬同志牵头，组织经济研究所、工业经济研究所、农村发展研究所、财经战略研究院、金融研究所、人口与劳动经济研究所、城市发展与环境研究所、社会学研究所、世界经济与政治研究所和拉丁美洲研究所共 10 个研究院所 60 余位科研人员，分赴广东、广西、四川、湖北四省 14 个市县进行调研。课题组认真听取基层同志的意见，深入了解各地城镇化推进中的创新实践和面临的问题挑战，并结合国际经验教训进行扎实研究，形成 10 篇调研报告。现将调研报告汇编成册。

中国社会科学院
新型城镇化研究课题组
2015 年 10 月

目　　录

第一章　新型城镇化背景下的耕地保护问题

农村发展研究所课题组[①]

近年来，我国城镇化进程快速推进，极大地促进了产业结构和就业结构转换。土地作为一种生产要素，对我国经济发展做出了积极的贡献；在未来的城镇化进程中，土地的作用依然至关重要。但是，我国一直以来采取的土地利用方式却受到了广泛的质疑。在新型城镇化背景下，我国应该从强化土地规划管理入手，促进土地利用效率的提高，加快土地利用方式的转型。

一　城镇化是现代农业发展不可或缺的基本条件

我国的现代农业发展在很长时间里停留在就农业论农业的阶段。然而，这种就农业论农业的做法遭遇到诸多困扰，其中最为突出的现象是农用拖拉机不是被用来从事农业生产，而是被用来作为运输工具。鉴于无限供给的劳动力严重制约了现代农业技术的应用和现代农业的推进，学者们认识到：城镇不仅是推进产业结构和就业结构升级的平台，也是推进现代农业发展的平台。农民人数的急剧下降、农地经营规模的逐渐扩大和农民收入的显著增加，都要依赖于这个平台。所以，城镇化、工业化是发展现代农业不可或缺的基本条件。

从发达国家的经历来看，随着城镇化水平的提高，农业用地不断转变为非农用地，但是农村人口也同时大量转移到了城镇。农业人口的迅速减少，使农场数量相应减少，农场的耕地面积不断扩大。美国家庭农场的平均规模从 1920 年的 60 公顷上升到 2010 年的 176 公顷，德国家庭农场的

---

① 课题组组长：李周；课题组成员：王小映、孙若梅、张海鹏；执笔人：李周、张海鹏。

平均规模从 1960 年的 9.8 公顷上升到 2010 年的 20 公顷，法国家庭农场的平均规模从 1955 年的 16 公顷上升到 2010 年的 58.9 公顷，日本家庭农场的平均规模从 1950 年的 0.8 公顷上升到 2010 年的 2.19 公顷。① 农场耕地面积的增加成为农民增收的重要途径。

从城乡关系发展的角度来看，农村人口的大量转移，城镇化水平的逐步提高，也为城乡一体化创造了条件。以美国为例，1920 年，美国的城镇人口超过农村人口，达到 51.2%；城镇化的快速提升和工业化水平的提高，促进了农业技术水平和农业机械化水平的提高。农业劳动生产率的快速提升，使美国农村发展速度开始追赶城市，并在 1950 年实现了超越。此后，随着后工业化时代的到来，美国的城镇化率在 1970 年达到了 73.6%，农村和城市的生活方式逐渐融合，步入城乡发展一体化的阶段。②

二 部分耕地转为非农用地是城镇化过程中的必然现象

美国地理学家诺瑟姆（Ray M. Northam，1975）通过研究世界各国城镇化进程，认为可以用逻辑斯蒂曲线（logistic curve）来概括城镇化发展轨迹（见图 1-1）：第一阶段为城镇化率低于 30% 的缓增期，对应于工业化初级阶段；第二阶段为城镇化率介于 30%—70% 的加速期，对应于工业化中高级阶段；第三阶段为城镇化率大于 70% 的稳定期，对应于后工业化阶段。

城镇化进程具有逻辑斯蒂曲线特征的主要原因是，城镇化达到一定程度后，城镇的生活方式覆盖到广大的农村地区，或城乡一体化发展达到较高水平。具体地说，城镇化率低于 10% 时，城镇的经济发展水平相对落后，城乡之间的交流更多的是农村向城镇的流动，城镇生活方式难以覆盖非城镇人口；城镇化率达到 20%—30% 时，城镇经济发展使其对农村的辐射力也开始增强，城镇生活方式覆盖率为 25%—35%；城镇化率达到

---

① 沈琼：《现代农业大国发展家庭农场的经验》，《世界农业》2014 年第 6 期。
② 王家庭、张换兆：《工业化、城市化与土地制度的互动关系：美国的经验》，《亚太经济》2009 年第 4 期。

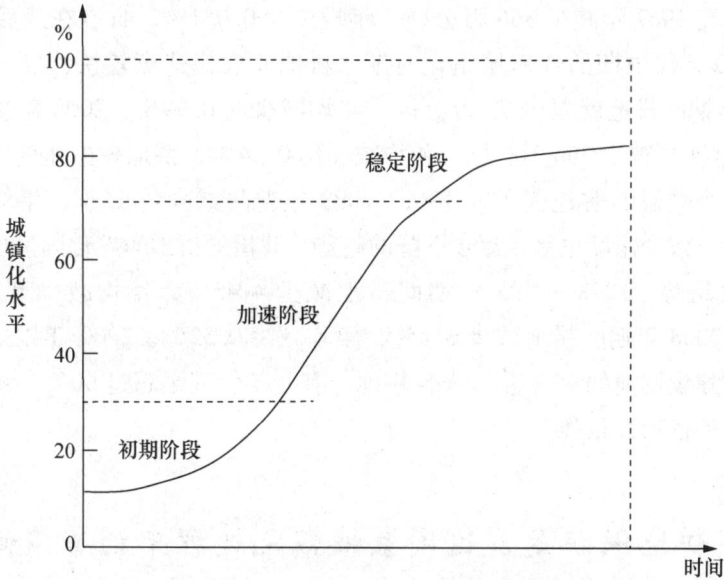

图 1-1　城镇化的逻辑斯蒂曲线

30%—40% 时，城镇基础设施不断向农村延伸，城镇公共服务也开始向农村扩散，城镇生活方式覆盖率扩展到 40%—50%；城镇化率达到 50% 时，城镇生活方式覆盖率约为 70%；城镇化率达到 70% 时，城镇基础设施和公共服务普及率超过 90%，初步实现城乡发展一体化，所以城镇化率达到 70% 就趋于稳定了。

　　城镇化过程是同部分农地转为非农用地相联系的，只是在不同的城镇化阶段，农地转为非农用地的规模和内容有所不同。一般来说，在城镇化初期，城镇中的产业以轻工业为主，人口城镇化的进展缓慢，建设用地需求的增长也比较缓慢。在城镇化中期，城镇中的工业（特别是重工业）迅速扩张，人口城镇化快速推进，从而导致工业用地、居住用地和交通用地的需求剧增，建设用地需求快速增长。在城镇化后期，城镇中工业用地开始萎缩，第三产业用地逐渐增加，土地利用的集约程度不断提高，地价上升对建设用地需求增长形成明显的抑制。进入后工业化和信息化时期，建设用地总规模趋于稳定，建设用地结构不断优化，主要特征是公共用地面积有所增加。例如，美国处于快速城镇化阶段的 1961—1967 年期间，耕地减少 506 万公顷，年均减少约 0.47%；而后耕地占用量下降，2008

年耕地比 1967 年减少 366 万公顷，年均减少 0.051%。日本在战后至 20
世纪 70 年代中期的快速城镇化时期，耕地非农化速度较快，仅 1961—
1974 年期间耕地就减少 73 万公顷，年均减少约 0.99%；2008 年耕地数
量比 1974 年减少 366 万公顷，年均减少约 0.34%，耕地减少速度明显下
降。整个欧盟的耕地面积在 1961—2008 年期间减少约 15%，年均减少
0.32%，减少速度也呈现逐步下降的趋势。我国的耕地非农化则呈现逐步
加快的趋势，1978—1995 年期间耕地减少 4.45%，年均减少 0.25%；
1996—2008 年期间耕地减少 6.4%，年均减少 0.53%。2000 年以来，我
国新增建设用地的 40% 左右来自耕地，有些年份甚至超过 60%，城镇化
对耕地的依赖性很强。

三 耕地保护是发达国家城镇化过程中的普遍做法

为了节制城镇化过程中的农地占用行为，发达国家都采取了严格的耕
地保护制度。

先看英国。英国在第二次世界大战以前，对耕地基本不予保护，工业
化和城镇化所需的农产品主要依靠海外市场，英国的上述政策导致其耕地
面积迅速减少。"二战"以后，由于海外殖民地纷纷独立，英国认为其农
产品稳定供给受到威胁，因此开始重视本国农业发展；与此同时，工业化
和城镇化发展时其耕地面积依然处于下降的趋势，在此背景下，英国开始
实施耕地保护政策。1947 年，英国制定的《城乡规划法》规定：所有土
地的发展权均归国家所有，任何人欲开发土地，均须申请并取得开发许
可。土地所有权人或土地开发者改变土地用途即使与发展计划不冲突，也
必须得到规划机关的许可。在英国，如果农地用途变更，规划机关审批开
发申请时要向农业部部长咨询，如果变更数量过大，环境大臣有权收回地
方规划机关的申请核准权，以消除对农地的过度侵占。

再看与我国资源禀赋相近的日本和韩国。日本对农地的购买转用都有
严格的管制。除《国土利用计划法》中明确划定农业地域并加强农地保
护外，还实施以"农地转用许可制"为主的《农地法》和《农地转用许
可标准制定办法》等。日本将农地分为一、二、三类。一类农地除公共
用途外不准转用，三类农地可以转用，二类农地在三类农地转用有困难或

不适当时方可转用，但要一宗一宗地排定等级，低等级者优先转用。日本的《农地法》规定：农地所有者将自己的农地改变用途或转卖他人，超过2公顷的由国家农林水产大臣批准；2公顷以下的由都道府县知事批准。为了规范农地流转，确保农地农用，禁止以非耕作目的获取农地权利；个人要满足从事农业生产的条件，法人要满足农业生产法人的条件；根据农业生产效率评价农地利用的有效性。为了鼓励农地流转，将土地集中到愿意从事农业生产的人手中。2009年修订的《农地法》规定，对于撂荒的土地，农协或农业振兴公社有权接管，并通过协商换地等手段，把农地集中起来，转售或转租；农协或农业振兴公社在接管农地期间，可以申请政策性资金，进行农田基本建设，完善水利基础设施。

　　韩国的主要做法是把农地分为绝对农地和准农地。绝对农地严禁改变用途，稻田和坡度15度以下的旱田禁止种植多年生草本植物。绝对农地由农林部指定并公告。除法律特别规定的公共目的外，将农地转作他用必须经农林部许可。经许可后，转用农地者必须向农地基金缴纳相当于转用农地的替代农地造地费。农地所有者和利用者有义务耕作并谋求地力的增强。疏于耕作者，政府主管部门可命令其改进；并可以对不改进者采取代耕措施。对于休闲农地，以及没有灾害或不可抗力的事由，年收获连续2年未达到农林部规定的基准收获量的农地，政府可以指定代耕者。耕地的代耕期为1—3年，牧草地或多年生植物栽培地为5—10年，同一土地被代耕两次以上时，地方政府可接受代耕者申请，要求土地所有者将该土地卖给代耕者。为了促进农业规模经营，韩国于1980年修改了宪法，在法律上允许农地的租借和委托经营。1986年，韩国又制定了《农地租借管理法》，使政策制度化。《农地租借管理法》取消了农业振兴区域内拥有私有农地的上限，以减少因土地私有化而导致的农地零碎化。

　　最后看农地资源禀赋极为丰富的美国。美国的农地保护始于20世纪30年代，但是力度较为有限。到了20世纪60年代，随着城市化进程加快和西部荒漠化的日趋严重，美国政府进一步重视对农地的保护。1981年，美国政府制定的《农地保护政策法》，将全国的农地划分为四大类，实行严格的用途管制，其中包括最大限度地降低联邦项目引起的农地转用。2000年，美国政府出台《农业风险保护法》，通过限制基本农田和特殊农田的非农利用，保护土地的生产能力。在美国的《城市规划法》中，也有农业用地不准任意侵占，不许任意转用的规定。《农地和乡村保护法》规定：所有开发都必须取得规划许可。美国农地转为建设用地考虑更多的是农地的环境价值而不是农作物生产能力。截至目前，美国已经形成包括立法、规划、税收等手段在内的耕地保护综合体系。具体内容包括：一是划定农业区，规定区内仅能进行木材、谷物或其他植物生产；二是税收政策，对非农用地，按土地价值和土地收益双重收税，而对农地则减收税款，鼓励和保护土地私有者进行农业生产的积极性；三是政府出资购买土地私有者的土地发展权，限制农地的非农化使用；四是将农用地划分为保护带和过渡带，只允许土地使用者在过渡带改变农地用途。

发达国家城镇化过程中出现采取严格的耕地保护制度的原因，可以归结为两个方面：一为农业发展和保护粮食安全；二为提高土地利用效率。从农业发展和粮食安全的角度看，耕地保护的理由可以概括为：（1）对维护国家的粮食安全而言，重要的不是粮食数量的增减，而是粮食的可持续生产能力。耕地数量的稳定是保障粮食生产能力的基础，"藏粮于仓"不如"藏粮于地"，说的就是这个道理。此外，降低耕地数量的波动，也有利于农民形成长期稳定的预期，从而激励他们在耕地上的投资行为，提高耕地的产出效率。（2）农产品生产的"土宜性"限制要求严格保护耕地。土壤是农业生产中最重要的自然资源，因此，农业生产对土壤的要求很高，只有适宜的土壤才能生产出优质的农产品，这被称为农业的"土宜性"特征。"质量好的农地，与其他不可再生资源一样，是有限的。人类没有取之不尽的可利用土地，所以，也担负不起它的损失"，这是美国耕地保护的基本观点之一。耕地的减少也导致了肥沃土壤的消失，土壤要经过成百上千万年才能形成，但是毁坏却是很快的。因此，美国在城市化过程中，核心是保护高质量的耕地。（3）保持耕地生态系统的稳定能够降低对其他生态系统的冲击，从而维护整个生态系统的平衡。耕地作为一个生态系统，可以为野生动物提供栖息地，也可以吸收和过滤污水，提供地下水交换，以及防止洪水肆虐，等等；更重要的是，耕地是整个生态系统的一部分，耕地的破坏往往会对整个生态系统产生巨大的危害。

从提高土地利用效率的角度看，如果对城镇建设用地的扩张不加以限制，土地的资源稀缺性在城镇发展中就无法体现，从而也就丧失了基于土地稀缺性进行创新的动力，土地利用效率无疑是低下的。

四 我国耕地保护中存在的主要问题

随着我国耕地非农化速度的加快，一系列耕地保护制度相继产生，从而形成了全世界最严格的耕地保护制度。相关研究表明，在控制其他影响因素的条件下，耕地保护制度供给对建设占用的耕地速度起到了明显的遏制作用。可是，地方政府对土地财政的过度依赖，使耕地保护制度的实施效果大打折扣。综合来看，我国耕地保护制度中存在的主要问题包括以下3个方面。

（1）土地利用规划随意变动。土地利用规划旨在规定各个地块的用途。这个具有法律效力的土地利用规划是土地管理的主要依据。土地利用规划是在土地利用的过程中，对各类用地的结构和布局进行调整或配置的长期计划，一经通过便具有法律效力，是实施耕地保护的基础性制度。从发达国家的经验来看，土地利用规划一旦制定就要严格执行，而且长期不变。英国于1947年修订了1932年颁布的《城镇和乡村规划法》，要求各郡制定出本郡20年的发展规划。美国的土地规划有严格的修订程序，很少变化。美国的规划控制有三种方式。一是划定农业区和城市建设区，农业区内的农地不得以任何借口改变它的农业用途，即使是公路也得绕着走。二是禁止城市建设超出法定边界，间接保护城市发展边界外的农地。三是一些州政府通过农业区域法，将连片的优质农地依法划定为农业区域，防止其被兼并。[①] 美国的城市规划是一个稳定的体系。圣地亚哥在1926年制定了第一个综合规划，之后只进行过两次总体规划调整，分别在1967年和1979年。但在我国，土地利用规划反倒成为地方政府推动耕地非农化的一个手段。目前，土地利用总体规划确定的城镇建设用地范围是一个动态变化的范围，地方政府可以通过修改土地利用规划来不断扩大征地范围。1997—2010年期间，全国各地土地利用总体规划实施的结果表明，在经济越发达、土地价值越高的地区，规划的局部修改越频繁，城镇建设用地范围线每隔几年就会变动一次，而且很容易受到长官意志的影响。

---

① 孔祥斌、张凤荣、姜广辉、安萍莉：《国外农用地保护对北京市耕地保护的启示》，《中国土地科学》2005年第5期。

（2）地方财政对土地的依赖性太强。我国不少地方政府的支出不是量入为出，而是量出为入；而增加财政收入的主要措施是想方设法地卖掉农民的土地。一些地方政府在招商引资中，还低价甚至无价地把农地送给企业家。这是耕地保护最大的难点。

（3）对补充耕地的改良力度不够。为了满足地方城镇扩张的需求，中央政府每年都会制订建设用地计划，给各地分配占用耕地指标。为了控制耕地损失的速度，配套了耕地占补平衡制度。耕地占补平衡作为耕地保护的一项基本制度，明确规定建设占用多少耕地，各地政府就应补充划入多少数量和质量相当的耕地，这项制度对保护耕地数量发挥了一定的作用。然而，耕地占补平衡制度只能解决耕地数量的平衡，在现实执行中，耕地占补平衡往往沦为"占优补劣"、"占多补少"，导致补充耕地的"土宜性"变差。在快速城镇化过程中，占用城镇周边优质耕地，补充远离城镇的中低产田是难以避免的，但如果能对这些补充的耕地进行改良，也会变得适宜耕种。可是，在现实操作中，地方政府对补充土地进行改良的重视不够，投资明显不足，而农民没有激励也没有能力进行改良，因此，使补充耕地始终保持着较差的"土宜性"。

五 我国城镇化所需土地可通过调整城乡建设用地结构和提高用地效率来解决

一般来说，将农业用地转为非农用地具有增加投资、增加就业和增加GDP的效应，因此，农地的非农化过程就是提高土地利用效率的过程。一项基于江苏省经验数据的实证研究表明：在资本和技术投入既定的条件下，我国耕地的产出弹性为0.297，即耕地数量每增长1%，耕地产出增长0.297%；与此同时，工业用地每增长1%，工业用地产出增长0.392%，明显高于耕地的产出弹性。[①] 一般来说，商业用地的产出还要高于工业用地。既然将农业用地转为非农用地具有增加投资、增加就业、增加GDP的效应，因此有人认为没有必要从政策上限制这种有利于提高

① 龙开胜、陈利根、占小林：《不同利用类型土地投入产出效率的比较分析》，《中国人口·资源与环境》2008年第5期。

土地利用效率的举措，进而对中央政府设置耕地红线也提出了质疑。毫无疑问，通过耕地非农化来推动城镇化是最简单也是最容易的方式，可是我国的现实不容许继续采取这种方式。

1. 我国的农产品对外依存度已经处于较高水平

根据《国家粮食安全中长期规划纲要（2008—2020 年）》，我国粮食自给率红线应该是 95%，可是 2008 年我国的粮食自给率就已经跌破此线，此后一路向下，截至 2012 年，我国粮食年度自给率已经降至88.4%，大豆的自给率更是已经降至 18.1%。[①] 事实上，我国的净进口农产品范围已经扩大到粮、棉、油、糖等所有大宗农产品，农产品对外依存度显然更高。从资源利用的角度来看，进口农产品相当于进口耕地资源，如果按照粮食单产水平计算，2012 年我国进口农产品的土地资源约为6667 万公顷。也就是说，我国利用的国外土地资源相当于国内播种面积的 40.7%。考虑到未来随着城镇化的推进，农产品消费水准还将提高，农产品对外依存度也将进一步提高。加之中国粮食进口来源地相对集中，并且形成了长期的进口依赖，在发生粮食禁运或主要出口国粮食大幅减产以及其他地缘政治或突发事件时，我国粮食安全将承受着巨大的风险，很容易受制于人。[②] 从这一层意义来讲，保护耕地数量，从而保证一定水平粮食自给率的重要性不言而喻。

2. 我国耕地产出效率增长的潜力较小

事实上，我国的耕地产出效率较高，甚至高于世界上绝大多数主要粮食生产国。以 2005 年为例，我国耕地面积为 14329.6 万公顷，约占全世界耕地面积的 10.08%，生产的粮食约占全世界粮食产量的 21.8%；同期，美国耕地面积约为 17444.8 万公顷，占全世界的比重为 12.27%，生产的粮食则为全世界的 16.4%。印度耕地面积略高于我国，可是其生产的粮食仅为我国粮食产量的一半。在全世界主要粮食生产国中，只有法国和德国的耕地产出效率高于我国。从这点来看，我国耕地产出的增长潜力已经很小。

3. 我国非农用地效率提升的空间较大

相比于农用地，我国非农用地的产出效率远低于国际先进水平。理论

---

① 韩俊：《中国迈向高收入国家粮食安全新战略》，《中国农业信息》2014 年第 4 期。
② 赵颖文、吕火明：《粮食"十连增"背后的思考：现代农业发展中面临的挑战与路径选择》，《农业现代化研究》2015 年第 4 期。

上讲，城镇建设面积和城镇人口应该是同步增加的，甚至应该是城镇人口增加的速度高于城镇土地面积扩张，这样城市的承载力才会高。可是，1981—2011 年期间，我国城市建设面积从 6720 平方千米增加到 41805 平方千米，增加了 522%，人口只增加了 184%（见图 1-2）；城市建设面积平均每年增加 6.28%，城市人口每年增加 3.54%，这表明城市土地的利用效率非常低。

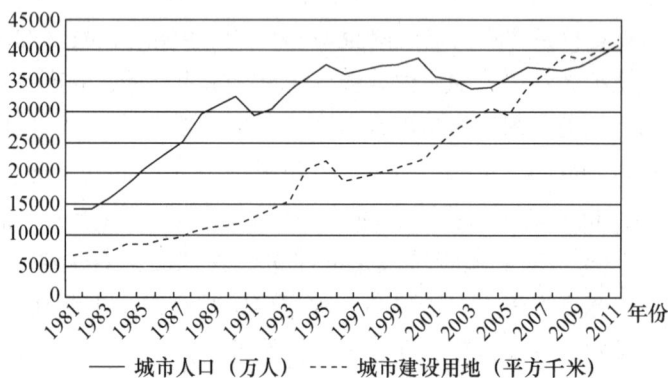

图 1-2 全国城市人口和建设用地变化

截至 2011 年，我国城市人均建设用地 102 平方米（见图 1-3），远远高于发达国家人均 82 平方米和发展中国家人均 87 平方米的水平。

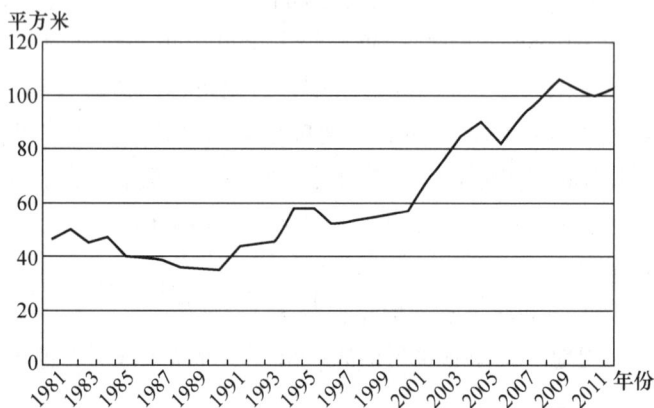

图 1-3 城市人均建设用地

　　由于美国、西欧、日本等发达国家已经进入了后工业化和信息化时期，纽约、伦敦、东京、巴黎等国际化大城市的建设用地规模已基本趋于稳定，因此，我们可以根据其人均建设用地面积来进一步对我国的城市人均建设用地情况进行评价。总体来看，发达国家大城市的人均建设用地面积普遍较低（见表1-1）。纽约在1988年的人均建设用地面积为79平方米，2006年进一步下降到了75平方米；① 东京在2001年的人均建设用地面积为87平方米；大阪在1992年的人均建设用地面积为67平方米；首尔在1992年的人均建设用地面积仅为55平方米。

表1-1　　　　　国外部分城市人均建设用地及工业用地面积比较

城市	人均建设用地（平方米/人）	工业用地比例（%）
纽约	79（1988年）、75（2006年）	—
芝加哥	—	6.9（1992年）
东京	87（2001年）	3.0（1992年）
大阪	67（1992年）	13.1（1992年）
首尔	55（1992年）	4.1（1992年）

　　我国的单位面积建设用地投资量远低于国际先进水平。美国比我国高2倍，德国比我国高6倍，日本和英国则高数十倍甚至上百倍。② 人均建设用地面积高而投资量低的结果是，我国城市建设用地产出效率低。2011年，我国城市单位建设用地产出仅为每平方千米1.4亿美元，而大巴黎地区2006年为每平方千米2.31亿美元，纽约市2006年为每平方千米7.72亿美元，中国香港2007年为每平方千米7.98亿美元，东京2007年为每平方千米14.79亿美元，新加坡更是高达每平方千米40.87亿美元。

　　从国际经验来看，在工业化后期到信息化时期的转变过程中，土地利用效率的进一步提升主要表现为工业用地单位用地绩效提高。1985—2005

---

　　① 1988年纽约市的建设用地规模约为580平方千米，当年人口约为735万人，人均建设用地约为79平方米；2006年纽约市的建设用地总面积增至619平方千米，人均建设用地约为75平方米。与1988年相比，2002年纽约市建设用地总量增长了7.31%左右，年均增长0.52%，这一年均增长率已经十分微小。而相比2002年建设用地规模，2006年则减少0.47%，年均减少0.12%。

　　② 《快速的城市化并不一定意味着耕地的快速减少》，http：//www.022net.com/2010/12-7/464265173348404-2.html。

年期间，伦敦 GDP 增长了近 2 倍，工商业用地规模从 72.7 平方千米增加到 75.3 平方千米，增幅达 3.58%，工商业用地单位面积产出从每平方千米 13.37 亿美元上升到每平方千米 38.64 亿美元，增幅达 189%。可见，伦敦工商业用地产出绩效的提升不是通过用地规模扩张来实现的，而主要是通过提高现有用地的集约利用程度来实现的。东京 2007 年单位工业用地产出强度为每平方千米 21.13 亿美元，新加坡 2007 年的工业用地产出则高达每平方千米 64 亿美元，而我国的工业用地集约利用程度非常低，2011 年工业用地产出强度仅为每平方千米 3.6 亿美元。造成这一结果的原因是我国的工业用地面积占城镇建设用地面积的比例过大。

按照国际经验，工业用地占城镇总面积的 15% 左右，居住用地、绿地和交通用地在建设用地中占有大部分比例（见表 1-2）；可是，我国的工业用地占建设用地的比重自 2000 年以来始终在 20% 以上（见表 1-3），许多城市工业用地占比超过 25%，有些城市甚至超过 35%。我国人多地少，但是却在工业用地上非常粗放，根本原因在于政府对工业建设的干预。地方政府不但竞相利用手中的土地资源来廉价招商引资，推动经济的高速增长，而且通过"土地财政"的手段来增加可支配收入。

表1-2 部分国际大都市居住用地、绿地和交通用地占建设用地比重

单位:%

城市	居住用地	绿地	交通用地	三者合计	备注
大伦敦	32.56	38.23	14.12	84.91	2005 年
纽约市	42.15	25.37	18.08	85.60	2006 年
东京都	58.20	6.30	21.80	86.30	2006 年
大巴黎	30.00	12.00	27.00	69.00	1996 年

表1-3　　　　　　我国城市建设用地结构

单位:%

年份	居住用地	公共设施用地	工业用地	仓储用地	对外交通用地	道路广场用地	市政公用设施用地	绿地	特殊用地
1999	32.42	11.09	22.29	4.97	6.22	8.06	3.33	8.30	3.32
2000	32.21	11.36	22.04	4.73	6.40	8.21	3.41	8.36	3.28
2001	32.89	11.67	21.10	4.60	6.38	8.59	3.48	8.46	2.83
2002	32.28	11.59	21.50	4.18	6.28	8.83	3.71	8.60	3.03

续表

年份	居住用地	公共设施用地	工业用地	仓储用地	对外交通用地	道路广场用地	市政公用设施用地	绿地	特殊用地
2003	32.02	12.07	21.48	4.01	5.76	9.32	3.40	9.21	2.72
2004	31.61	12.25	21.79	3.87	5.58	9.71	3.42	9.28	2.49
2006	30.76	13.31	21.62	3.56	4.43	10.63	3.53	9.93	2.23
2007	28.88	12.10	20.48	3.12	4.12	10.09	3.20	9.37	1.96
2008	28.85	11.95	20.53	3.14	4.13	10.30	3.20	9.67	2.03
2009	31.13	12.52	22.28	3.17	4.32	11.28	3.36	9.99	1.96
2010	31.20	12.15	21.86	2.99	4.39	11.77	3.49	10.21	1.95
2011	31.53	12.17	20.86	3.78	4.45	11.33	3.55	10.66	1.67

注：未提供 2005 年相关数据。

由此可见，不能仅凭着非农用地利用效率高于农地利用效率这个依据，就推导出应该把越来越多的农业用地转为非农用地的结论。恰恰相反，在未来的城镇化进程中，应该强化土地规划管理，使耕地得到严格保护，使非农用地利用效率得到显著提高。保护耕地的重点应该放在对工矿业用地的严格管理，只要改变用地审批规则，完全可以减小工矿业用地规模。

4. 村庄建设用地能够满足城镇化的土地需要

我国现有非农建设用地7.3万平方千米，容纳了7.3亿人。按这个标准计算，再增加3万—4万平方千米的土地就可以满足未来我国城镇化的土地需求。目前，全国农村建设用地18.5万平方千米，足以满足城镇化的土地需要。何况现有的城镇建设用地还有提高利用效率的空间。所以，新增城镇用地要同调整城乡建设用地结构相联系，而不宜先占用耕地，再将农村建设用地复垦成耕地。

六 城镇化过程中继续加强耕地保护的手段和措施

第一，保证土地利用规划的权威性。强化土地利用总体规划的基础性作用。需要对基本农田和非基本农田进行细致严格的区分，未来的城镇化占地必须限制在非基本农田上。划定农业保护区，最大限度地将优质耕地、现有基本农田划入农业保护区，实现对连片土地的大面积保护。在经济和技术允许的条件下，可以考虑对高质量的基本农田建立编号，由国土部门统一监管。

第二，强化政府公共管理职能。通过提高征地补偿标准、缩小政府征地供地范围，不断规范和压缩地方政府的土地收益，促使地方政府职能从扩张建设用地、追求土地财政收入等经营型职能向产权登记保护、规划管理、耕地保护、市场监管、收益调节、公益性用地征收、社会保障等公共管理职能转变，不断为转变经济发展方式创造条件。

第三，将政府征地和供地范围严格限定在公共目的。在逐步缩小土地征收范围的基础上，制定完善土地征收目录，将政府征地和供地范围严格限定在公共目的。对于那些在空间上具有不可替代性的营利性用地，如收费路桥、机场、港口用地等，也可纳入政府征地和供地范围。对于那些具有私人性质同时又具有一定公共产品属性的用地，如廉租房、经济适用房、限价房等保障性住房用地，可继续由政府征收取得并以划拨方式供应。

第四，以"简单易行，放控明确；制度统一，权力分置"的原则构建农地保护制度。一是划定农业保护区。最大限度地将优质耕地、现有基本农田划入农业保护区，实现对连片土地的大面积保护，并促进我国农业技术进步。二是围绕农业保护区建设调整财政支农政策，将农村土地整理资金集中投放到农业保护区。三是适当补偿对耕地保护做出贡献的农户，把政府保护耕地的目标转化为农民保护耕地的动力。建立各类农业合作社、协会，使其成为保护农地的重要力量。四是实施核心农户①注册制度，使农业扶持政策能重点瞄准核心农户，为核心农户扩大农地经营规模创造条件。五是建立健全农地动态监测系统，使各级政府及时获得所需的管理信息，将各种违规占地的事前警示、事中纠正、事后处理落到实处。六是千方百计地提高我国非农用地利用效率，最大限度地减轻非农用地需求对耕地的压力。

第五，耕地占补由数量平衡改为"土宜性"平衡。农业对"土宜性"的要求很高，而建设用地对"土宜性"的要求较低，所以占用农地，一

---

① 核心农户是指具有自生能力，信守合约且家庭人均纯收入不低于非农户的家庭农场、公司和提供农业生产服务的大户。

定要优先占用"土宜性"差的农地，彻底扭转占用"土宜性"好的耕地，补充"土宜性"差的耕地的陋习。

第六，提高城镇土地利用效率。一要严格控制城镇用地总量，提高现有城镇土地的集约利用水平；二要调整优化城镇土地利用结构，降低工业用地份额，增加居住用地和公共服务用地份额；三要整治和盘活闲置土地，推动其合理利用，提高利用效率。

第二章 农民工市民化与社会保障

经济研究所课题组[①]

新型城镇化不但是国家推动城乡一体化、促进外来人口市民化的重要战略举措，更是未来中国经济增长的重要引擎之一。新型城镇化的关键是在尊重经济发展阶段规律的基础上有序促进劳动力转移，实现人口输入地和输出地的利益平衡，也即推进公共服务随人口"迁移"、不甩包袱、制度设计和实践层面促进人口输入地和输出地的公共服务均等化。

总报告认为推动农民工市民化的一个重要条件是农民工在城市的社会保障。当前，农民工社会保障的思路是以城镇职工社会保险为主体，扩大农民工社会保险的覆盖。但是，农民工社会保险覆盖率长期维持较低水平，大量农民工没有被社会保险覆盖，其在城市基本处于没有任何社会保障的境地。因此建议将城镇社会救助项目延伸到农民工群体，并以之为基础，建立社会保障底线，以实现农民工社会保障的全覆盖，并以之为平台，推进其他社保项目。为此，本报告提出社会救助项目筹资责任上移，由中央政府统一承担社会救助筹资，分析了新型城镇化进程中农民工市民化的障碍并提出政策建议。

调研专题报告中我们在包括公共服务的消费者最优化模型基础上使用深圳、梅州两地的数据，详细分析了公共服务水平差异在影响劳动力迁城意愿的作用机制，得出了以深圳为代表的发达地区吸引劳动力的关键在于相对完善的公共服务体系，同理以梅州为代表的欠发达地区承接发达地区产业转移、外来人口回流缓慢的症结也在于公共服务体系的相对欠缺。为了反映深圳市和梅州市公共服务的实际差异，我们以外来人口落户这一典型事实为比较基准。最后总结和比较了深圳的积分入户制度实践以来取得

[①] 课题组组长：张平；课题组成员：刘霞辉、袁富华、王震、张自然、朱衍强、张鹏、张小溪、陆明涛；执笔人：张平、王震、陆明涛、张小溪、朱衍强、张自然。

的成效及梅州市落户政策的特点，这些分析更好地佐证了总报告中的理论框架，也为实践层面上促进公共服务均等化提供了科学素材。

一　农民工市民化中的社会保障政策设计

农民工市民化的一个重要条件是他们在城市能够获得适当的社会保障，帮助他们应对各种社会风险。但是，当前我国农民工社会保障的政策思路是以城镇职工社会保险为基础构建农民工社会保障体系。从制度设计上看，农民工可以参加城镇职工社会保险项目，也可以参加农村的社会保障项目；但是，农民工却无法获得就业和生活城市的非缴费型社会救助项目。对农民工而言，由于他们就业的流动性（既包括在不同城市之间的流动，也包括从农村到城市、从城市到农村的流动），以及他们在城市就业的不稳定性，社会保险对他们抵御在城市的社会风险发挥的作用有限。对他们而言，在遭遇社会风险时社会救助项目所发挥的安全网作用对他们免于落入贫困陷阱具有更重要的意义。而农民工获得有效的社会保护，不仅是实现社会保障全覆盖的重要环节，也是有序推进农民工市民化的重要前提。

2008 年国际金融危机后，国际社会包括联合国、ILO、WHO 等国际组织倡导建立社会保障底线（Social Protection Floor，SPF），在此基础上实现社会保障的全覆盖，并将之作为建立多层次社会保障体系的平台。借鉴这一理念，本部分提出以城乡社会救助项目合并为基础，以最低生活保障为平台，建立覆盖农民工的社会保障底线，将社会救助扩展到农民工群体，使他们在遭遇社会风险时能够获得有效的社会保护，从而免于陷入贫困。

本部分首先概述社会保障底线的理念和政策设计；其次，对我国农民工社会保障建设的经验进行分析和评估；再次，对以社会救助为基础、最低生活保障为平台建立覆盖农民工的社会保障底线的可行性进行分析；最后是结论。

（一）社会保障底线的理念与政策设计

1. 社会保障内涵与功能的扩展

过去二十多年来，国际社会对社会保障概念的内涵、外延以及发挥的功能都有所扩展（Cantillon, 2009）。社会保障不仅是提供社会"安全网"的工具，更是提升就业、促进人力资本投资、帮助社会成员有效应对各种社会风险的有力工具。因此，近年来国际社会提出了"社会保护"（Social Protection）的概念，以部分取代原先的社会保障概念。社会保护包括了一系列旨在减少贫困和脆弱性的公共政策，包括促进就业、应对社会成员面对的各种社会风险（UNRISD, 2010）。社会保护除了包括社会保障的各种项目外，还包含了促进人力资本投资、提升社会成员能力的内容。本部分仍然使用社会保障的概念，但也包含了社会保护的理念。

具体而言，社会保障项目包括三个方面的主要内容：一是缴费型的社会保险项目，强调的是雇主、雇员和社会的共同责任原则；二是非缴费型的社会救助项目，强调的是政府对陷入贫困和不利境地的社会成员的托底责任，是社会安全网；三是促进人力资本投资、提升社会成员应对风险能力的项目以及积极的就业政策，强调对社会成员能力的促进和提升。这三类项目相互补充，共同构建了一个社会的社会保障体系。

2. 社会保障底线的提出

随着社会保障内容和功能的扩展，国际社会对社会保障的重视也日益加深。在 2008 年金融危机之后，国际社会认识到实现社会保障的全覆盖对于缓解危机、应对经济衰退具有重要作用，特别是在发展中国家，由于社会保险项目覆盖的人群有限，在危机来临时大多数人口无法得到社会保险支持，因此有必要建立一个全覆盖的最低的社会保障底线，以便对失去收入、陷入贫困的人口提供社会保护（UNESCAP, 2009）。2009 年联合国行政首长理事会（UNCEB, 2009）在应对金融危机提出的 8 个领域的应对措施中，专门提出了建立社会保障底线的建议。社会保障底线被定义为"一揽子"收入保障及获得社会公共服务的社会政策，这些政策着重于对脆弱人群的保障，其基本措施包括两个方面内容：一是各种形式的（货币或实物）基本收入保障；二是健康、食品、教育、住房等公共服务的普遍获得。国际劳工组织（ILO, 2011a）将社会保障底线定义为保障全部社会成员在生命周期内遇到社会风险时可以获得的社会保护，包括最低收入保障、基本的健康保障等。

社会保障底线在政策设计中的含义主要有三个：一是全覆盖（Universal Coverage），即所有社会成员都能够在遇到社会风险时获得社会保护；二是保基本，即社会保障底线所提供的只是最基本的社会保护；三是将社会保障底线作为逐渐扩大其他社保项目的平台，在此基础上建立比较完整的社会保障体系（ILO，2011b）。从政策设计角度，社会保障底线的理念首先将基本社会保障在水平层面实现全覆盖，并以此为基础实现纵向扩展，即在基本保障全覆盖的基础上，以社会保障底线为平台，建立多层次的社会保障项目（见图2-1）。

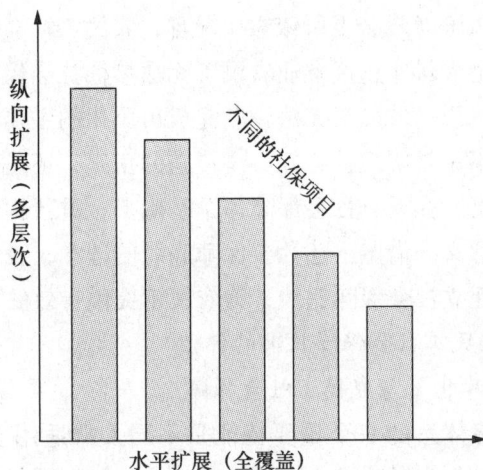

图2-1　社会保障底线的水平扩展与纵向扩展

3. 我国社保体系中的社会保障底线

以社会保障底线的思路来考察我国社会保障体系的建设，则我国社会保障体系中也已经内含了社会保障底线的理念。首先，在十六届六中全会及其后的十七大、十八大报告，以及"十二五"规划中，我国社会保障建设的原则和目标就已经确立为全覆盖、保基本、多层次、可持续。其次，我国的社会保障体系，既包括非缴费型的社会救助项目，也包括体现共济原则的社会保险项目，还包括各种公共服务项目。最后，在覆盖面上，截止到2011年，在制度上我国的社会保障项目已经覆盖了所有的群体。

但是，若以社会保障能否为社会成员提供有效的社会保护的标准而言，我国社会保障远未实现全覆盖。其中一个最大的"短板"是农民工群体。从当前的制度设计看，农民工既可以参加农村的社保项目，也可以参加城镇职工社会保险项目（朱文，2011）。但是，农民工就业、生活在城市，从事的是非农就业，面临的社会风险是工业化风险和城市社会的风险。而农村社会保障项目主要应对的是农业生产和农村社会的风险。这种风险与保障不匹配的状况，以及农民工回农村获得保障的高成本，都使农民工从农村获得保障是不切实际的，而且还给农村社保项目带来了潜在的冲击。城镇社会保险项目是以就业为基础的（Employment - related），而农民工的一个特征恰是就业的流动性与不稳定性。因此，一旦失去就业，他们在遭遇社会风险时就会无所依靠。况且，农民工社会保险的覆盖率本来就较低，再加上大量非正规就业农民工无法参加社会保险项目。这种社会保障的缺失可以说是农民工无法顺利完成市民化的主要障碍。

由此可见，不论是实现社会保障全覆盖的角度，还是促进农民工顺利实现市民化的角度，在现有社会保障体系基础上，重新构建农民工的社会保障都具有重大意义。借鉴上述社会保障底线的理念，我们认为应以最低生活保障为基础建立社会保障底线，为农民工提供有效的社会保护。

（二）当前农民工社会保障状况的评估

1. 社保"碎片化"与农民工社会保障

我国社会保障体系的一个重要特征是不同人群适用于不同的社保项目，呈现"碎片化"状态（朱玲，2010）。这一"碎片化"，首先表现为城乡二元分割：城市居民和农村居民分别建立了不同的社保项目。其次，在农村居民和城市居民内部则又根据不同人群建立了不同的社保项目。城镇居民可以分为三个人群：一是公共部门职工，包括政府部门公务员及事业单位职工，他们的社保项目主要是干部离退休制度以及公费医疗制度。① 二是正规就业的城镇企业职工，他们主要参加城镇职工社会保险制度（养老、医疗、工伤、失业、生育）。三是从事非正规就业或无工作的城镇居民，他们参加的是城镇居民的医疗保险和养老保险。上述城镇职工都能享受城镇的非缴费型社会救助项目。农村居民的社保项目分为三类：一是新型农村合作医疗；二是新型农村养老保险；三是农村的社会救助项目，包括最低生活保障、医疗救助以及"五保"供养等（见图2－2）。

在城镇居民和农村居民之间的是从农村进入城市就业和生活的农民工

---

① 根据事业单位改革试点的情况，一些地区已经将公务员和事业单位职工的公费医疗制度纳入城镇职工医疗保险体系中；一些地区的事业单位职工也已经纳入城镇职工养老保险体系。但是，绝大多数公务员和事业单位职工仍然享受干部离退休制度和公费医疗制度。

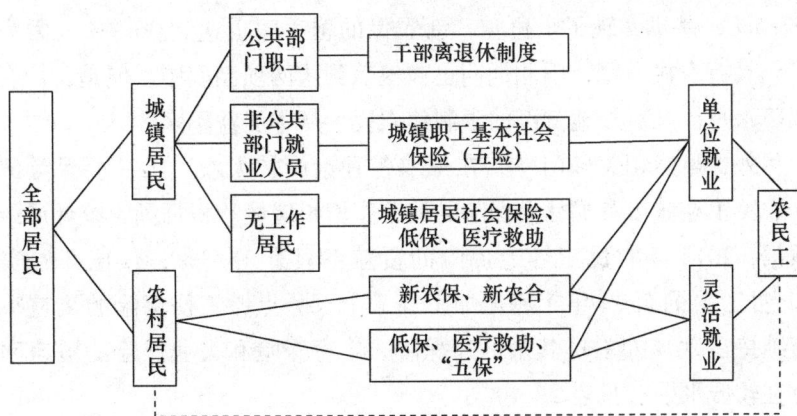

图 2-2　我国社会保障体系的分割情况

群体。按照一般的定义，他们拥有农村户籍，但是在城镇地区就业和生活，从事非农业生产（国务院研究室，2006）。在农民工社会保障的制度设计上，曾经有过多种模式，如纳入城镇社会保障体系、单独建立农民工社会保障体系、参加农村社会保障体系等（华迎放，2005）。2009 年初人力资源和社会保障部拟定《农民工参加基本养老保险办法》和《城镇企业职工基本养老保险关系转移接续暂行办法》两个办法，并向社会征求意见。2009 年年底，国务院正式颁发《城镇企业职工基本养老保险关系转移接续暂行办法》（以下简称《暂行办法》）。该办法确定了农民工社会保障建设的基本思路，即以参加打工地的社会保险为基础建立农民工的社会保障体系。该办法禁止农民工的退保行为，并为了适应农民工就业的流动性，取消了原社会保险制度中"连续缴费"的限制，规定可以分段计费，最后加总。该办法还提出在适当的时候建立农村社会养老保险制度，并制定城镇职工养老保险与农村养老保险制度之间的衔接办法。

　　除了社会保险外，根据现有制度，农民工还可以在农村老家参加新型农村合作医疗和新型农村社会养老保险，并可以在农村老家申请最低生活保障、医疗救助以及"五保"供养等社保项目。从制度上看，农民工并没有被排斥在社会保障体系外。但是，如前所述，农民工就业和生活都在城市，农村的社会保障项目并不能有效地为他们提供社会保护；况且从城市回到农村去参加和申请社会保障，其成本也会高到农民工无法承担。从新农合与新农保的覆盖率来看，截至 2011 年年底新农合的覆盖率已经达到97.5%，基本实现了全覆盖，新农保的覆盖率也达到36.9%。因为农民工仍具有农村户籍，因此他们也被覆盖到这两项制度中。但是，新农合的保障水平以及对外地就医的限制使农民工从中受益不多。

另外，虽然相关部门一直在采取各种措施扩大农民工社会保险覆盖率，农民工在城市参加社会保险的覆盖率增长缓慢。根据国家统计局最新的数据，2012年农民工养老保险的覆盖率只有14.3%，仅比开始实施《暂行办法》的2009年年底增加了6.7个百分点；工伤保险的覆盖率则一直维持在24%左右；其余医疗保险、生育保险和失业保险的覆盖率也维持在较低水平（见表2-1）。

表2-1 农民工在城镇地区的社会保险覆盖率 单位:%

社保项目	2008 年	2009 年	2010 年	2011 年	2012 年
养老保险	9.8	7.6	9.5	13.9	14.3
工伤保险	24.1	21.8	24.1	23.6	24
医疗保险	13.1	12.2	14.3	16.7	16.9
失业保险	3.7	3.9	4.9	8	8.4
生育保险	2	2.4	2.9	5.6	6.1

资料来源：国家统计局：《2012年全国农民工监测调查报告》，http：//www.stats.gov.cn/tjfx/jdfx/t20130527_ 402899251. htm，2012年5月27日。

2. 农民工社会保险覆盖率较低、参保意愿不足

农民工社会保险覆盖率较低的主要原因是农民工的参保意愿不强；特别是在规定不允许退保后，多数农民工并不愿意参加城镇职工社会保险（魏众，2009）。而之所以参保意愿不强，一是虽然颁布了《暂行办法》，但是毕竟城镇职工社会保险是针对城镇企业职工，特别是正规就业职工设计的，其历史来源是当年为了应对国有企业职工下岗而设计的（郑秉文，2009）。虽然《暂行办法》取消了连续缴费的限制，但是分段加总后，还需要缴费满15年才能受益。而大多数农民工在城镇就业的年限不能达到15年（姚宇，2009）。相关研究表明，农民工在所居城市的居留年限平均只有12.9年，也低于15年（王震，2013）。二是相比于农民工的收入，现行的社会保险缴费率过高。我国现行的城镇职工5项社会保险全国平均的制度缴费率约为工资总额的41%，其中雇主承担30%，个人承担

11%。这一缴费率不但远高于其他发展中国家，也高于大部分发达国家。而农民工的收入水平却远低于城镇居民。2011 年城镇职工月平均工资为 3483 元，而农民工只有 2049 元，且农民工与城镇职工之间的收入差异还呈现出扩大趋势（见图 2 - 3）。农民工的低收入水平使他们在城镇只能维持当前的生活，缺乏应对社会风险的能力。

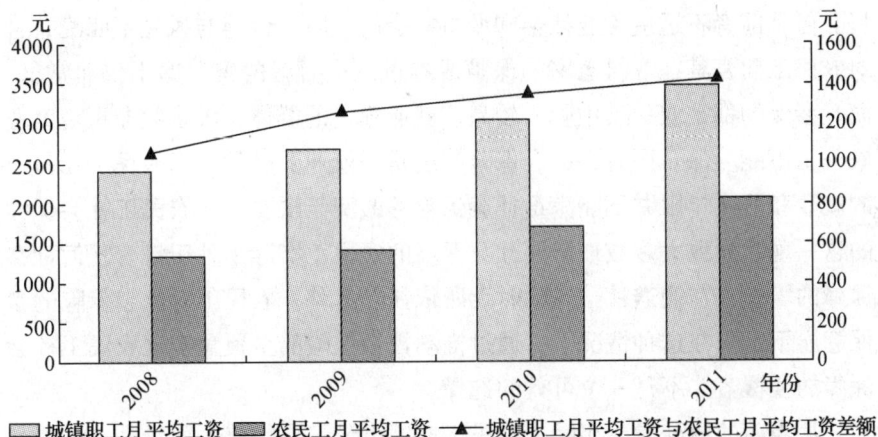

图 2 - 3　城镇职工月平均工资与农民工月平均收入及其差额

资料来源：农民工收入数据来源于国家统计局《2012 年全国农民工监测调查报告》，ht-tp：//www. stats. gov. cn/tjfx/jdfx/t20130527_ 402899251. htm，2012 年 5 月 27 日发布。城镇职工月平均工资来源于《中国统计年鉴 2012》。

除了覆盖率低外，农民工参加社会保险还有一个原则，就是首先将那些收入较高、就业稳定的农民工纳入。这属于典型的"撇奶脂"的做法，即将农民工群体中境况最好的那部分首先纳入到社会保险中。但是，在农民工群体中，这一部分农民工面临的社会风险最小。大量农民工，特别是从事非正规就业的农民工，他们面临的社会风险最高，却被排除在社会保险之外。由于非正规就业的农民工不具有城市户籍，他们既不能以个人身份参加所在城市的社会保险，也不能参加城镇居民的社会保险，更不能获得城镇社会救助。导致出现这样一种不合理的状况，即面临社会风险最大的人群，在遭遇风险时将无所依托。这不仅有悖于社会保障全覆盖的理念，也不利于社会的稳定。

（三）以社会救助项目为基础建立社会保障底线的政策分析

1. 以社会救助项目为基础建立社会保障底线

从为农民工提供有效的社会保障的角度来看，借鉴国际社会保障底线的理念，我们认为当前实现农民工社会保障的全覆盖，一个可行的选择是为农民工提供非缴费型的社会救助制度，主要是最低生活保障。如前所述，农民工既可以参加农村的社保项目，也可以参加城镇职工社会保险项目。但是前者不适应工业社会和城市社会的风险，保障与风险不匹配，且对农民工而言其在农村老家的保障成本过高；后者的覆盖率不仅非常低，而且参保的都是农民工中收入较高、就业稳定的群体，大多数非正规就业农民工不能参保。同时，社会保险制度是与就业关联的，而农民工在城镇的就业和居住年限并不能满足社会保险的缴费年限要求。农民工社会保障的这一现状导致大多数最需要社会保障的农民工实际上处于没有任何社会保障的境地，在遭遇社会风险时无所依托。另外，农民工对社会保险的参保意愿不足。在这种情况下，通过推动社会保险的全覆盖实现农民工社会保障的全覆盖并不是一个可行的选择。

从当前的情况看，实际上农民工在城市最需要的社保项目是非缴费型的社会救助项目，特别是最低生活保障制度。最低生活保障制度不需要缴费，承担的是社会"安全网"的功能。对农民工而言，在遭遇社会风险时，社会救助能够有效帮助他们渡过难关，避免陷入贫困和流离失所，起到托底功能。从这个意义上讲，社会救助项目完全可以承担社会保障底线的功能，一方面为农民工提供基本的社会保护，抵御社会风险；另一方面，其他社保项目，包括社会保险都可以建立在这个平台上。从全覆盖的角度，只要农民工能够在制度上申请城镇社会救助项目，并且在遭遇风险时能够从中获得有效的救助，那么就能实现农民工社会保障的全覆盖。

2. 城镇最低生活保障覆盖到农民工的可行性

但是，当前我国的社会救助项目实行属地化管理，在制度上城乡分割，农民工被排斥在城镇社会救助之外。最低生活保障制度是我国最主要的社会救助项目。城镇居民最低生活保障制度建立的依据是 1999 年颁布的《城镇居民最低生活保障条例》；农村居民最低生活保障制度建立的依据是 2007 年《国务院关于在全国建立农村最低生活保障制度的通知》。这两个文件确立的城乡居民最低生活保障制度的管理和筹资原则是按照户籍地的属地管理。之所以实行按照户籍地的属地管理，一个原因是适应农村居民和城镇居民不同的生活水平，以便合理确定最低保障标准；另一个原因则是财政上的考虑，即最低生活保障制度在实施之初，是以地方政府筹资为主，而按照我国的财政惯例，地方财政仅对本地户籍人口负责。还有一个技术层面的原因，即获得低保待遇人口的锚定机制（Anchoring Mechanism）。在按照户籍进行属地化管理的情况下，可以简化对获得低保保障人口的认定、辨别和选择的机制，适应社会管理水平较低情况下快速扩大低保覆盖面的要求。

而这几个理由对当前农民工而言都已不再适用。首先，农民工虽然户籍还在农村，但他们已经在城镇地区就业和生活，为城镇经济发展做出了重大贡献。他们在城市生活，自然适用城镇生活水平以及最低生活标准。在他们遭遇失去收入等社会风险时，理应在居住地获得保障，而不是回到户籍地。

其次，从近年来城乡最低生活保障的筹资来源看，中央政府支出的最低生活保障费用已经占到75.68%（2011年）。农村低保中来自中央政府的支出所占比例在2011年已经达到75.27%，城镇低保中来自中央政府的比例也达到76.07%。也就是说，中央政府支出的低保资金已经占到城乡低保总支出的3/4以上。地方政府在最低生活保障救助上的筹资责任已经大大减轻了（见表2-2）。

最后，在对低保保障人口的锚定机制上，多年来低保行政管理部门和社保部门都已经积累了相当多的经验，管理水平也在不断提高。至少从理论上讲，这不是一个不能克服的问题。

3. 以社会救助为基础建立社会保障底线，扩大农民工社会保障覆盖的政策建议

上面的分析显示，在社会救助的基础上，以最低生活保障制度为主建立社会保障底线，扩大农民工社会保障的覆盖，不仅对实现社会保障的全覆盖具有必要性，而且也具有可行性。

实际上，从各个地方政府的角度，不将城镇最低生活保障制度覆盖到外来农民工，恐怕是出于地方财政负担的考虑，担心一些农村贫困人口为了单纯追求城市较高的最低生活保障而涌入大城市，给城市财政带来不必要的负担。因此，一个可行的政策选择是将城乡最低生活保障制度的全部筹资责任上升到中央政府，由中央政府负责城乡低保的财政支出。在中央政府负责低保筹资的情况下，将按户籍进行属地化管理的原则改为按居住

地进行管理。在这一前提下，地方政府免除了为低保筹资的责任，仅负管理责任，可以最大限度减少地方政府为农民工提供低保保障的阻力。而对中央政府而言，负责全部低保保障的筹资责任，并不会额外增加很多财政支出。

如前所述，中央政府已经承担了 3/4 以上的低保支出。在静态条件下，以 2011 年数据计算，中央政府全部承担低保保障支出，所增加的财政支出等于原先由地方政府承担的财政支出。在动态条件下，即农民工进入城市后，家庭人均收入低于城市平均低保标准的农民工按照城镇居民的低保补助标准获得低保保障，测算这部分增加的支出需要获得农民工家庭人均收入的数据。我们使用原国家计生委 2010 年全国农民工监测数据，根据 2010 年城市低保平均标准 [251.2 元／（月·人）]，测算得到该年度家庭人均收入低于城市平均低保标准的农民工比例约为 1.41%。以此比例乘以各年度外出农民工数量，得到有资格进入低保保障的农民工数量（2011 年大约为 224 万人），以此数量乘以各年度城市低保平均补助水平，得到需要增加的低保财政支出。测算结果（见表 2 - 2）显示，将农民工纳入城市低保后，需要增加的财政收入大致为 5.37 亿元（2011 年）。由此可见，若由中央政府全部承担城乡低保筹资，中央政府需要增加的财政支出共计约为 328.37 亿元，这其中 323 亿元为中央政府替代地方政府的支出，不是新增财政支出，新增财政支出仅有 5.37 亿元。

表 2 - 2　城乡低保制度相关情况及城镇低保覆盖农民工所需财政支出测算

项目 ＼ 年份	2007	2008	2009	2010	2011
农村平均低保标准 [元／（月·人）]	70	82.3	100.8	117	143.2
城市平均低保标准 [元／（月·人）]	182.4	205.3	227.8	251.2	287.6
农村低保保障人数（万人）	3566.3	4305.5	4760	5214	5305.7
城镇低保保障人数（万人）	2272.1	2334.8	2345.6	2310.5	2276.8
农村平均补助水平 [元／（月·人）]	38.8	50.4	68	74	106.1
城市平均补助水平 [元／（月·人）]	102.7	143.7	172	189	240.3
农村低保财政支出（亿元）	104.1	228.7	363	445	667.7
其中中央政府支出（亿元）	—	—	255.1	269	502.6
中央政府支出占比（%）	—	—	70.28	60.45	75.27
城市低保财政支出（亿元）	277.4	393.4	482.1	524.7	659.9

项目＼年份	2007	2008	2009	2010	2011
其中中央政府支出（亿元）	—	—	359.1	365.6	502
中央政府支出占比（%）	—	—	74.49	69.68	76.07
全部财政支出（亿元）	381.5	622.1	845.1	969.7	1327.6
其中中央政府支出（亿元）	189.9	363.1	620	632.6	1004.7
中央政府支出占比（%）	49.78	58.37	73.36	65.24	75.68
外出农民工数量（万人）	13800	14041	14533	15335	15863
家庭人均收入低于城市平均低保标准的农民工数量（万人）	194.58	197.98	204.92	216.22	223.67
按照城市低保平均补助水平需要增加的财政支出（万元）	19983.37	28449.45	35245.43	40866.24	53747.49

资料来源：城乡低保相关数据来自《中国民政统计年鉴2012》。家庭人均收入低于城市平均低保标准的农民工数量＝家庭人均收入低于城市平均低保标准的农民工比例×当年农民工总量。家庭人均收入低于城市平均低保标准的农民工比例计算自2010年原国家计生委全国农民工监测数据；表中使用的是2010年的标准，以及2010年计算的比例。2010年农民工家庭人均收入低于城市平均低保标准的比例为1.41%。

将城镇低保扩展到农民工群体，实际上是以低保制度为基础为农民工建立了一个社会保障底线。首先，这一社会保障底线为农民工建立了一个在遭遇社会风险时可以托底的社会安全网，而且是全覆盖的；其次，在此基础上，可以稳步推进社会保险的全覆盖，以及建立其他社会保障项目。

（四）结论

实现农民工市民化需要社会保障制度的有力支撑。从制度上看，农民工既可以参加农村的社保项目，也可以参加城镇职工社会保险项目，但是无法获得城镇非缴费型的社会救助。而我们的分析显示，由于农民工就业的不稳定性以及在城镇居留时间的限制，社会保险项目对农民工的社会保护效果是有限的。这一点也反映在农民工参保意愿不足、社会保险覆盖率长期维持在较低水平这一现象上。农民工中能够参加社会保险的群体是那些收入较高、就业稳定的农民工，而大量非正规就业农民工不仅不能参加社会保险，也无法获得城市社会救助，这使得他们在遭遇社会风险时，处于无所依靠的境地。因此，无论是从实现社会保障全覆盖，还是为农民工建立社会"安全网"、促进农民工市民化的角度，为农民工提供以最低生活保障为主的社会救助项目，应成为当前的重要政策选择。

借鉴国际社会提倡的社会保障底线的理念，本部分提出以社会救助为基础，以最低生活保障为依托，为农民工建立社会保障底线，一方面实现农民工社会保障的全覆盖，另一方面则为其他社保项目的建设和推进提供平台。这一政策选择，需要中央政府担负起为城乡低保筹资的责任，地方政府仅负管理责任。而鉴于近年来中央政府已经承担了城乡低保超过 3/4 的支出，因此不会过多增加中央政府的财政负担。根据我们的测算，中央政府担负全部低保筹资责任需要增加的财政支出大约为 328.37 亿元，这其中 323 亿元为中央政府替代地方政府的支出，不是新增财政支出，新增财政支出仅有 5.37 亿元。

二　新型城镇化进程中农民工市民化的障碍及政策建议

党的十八届三中全会提出推进以人为本的新型城镇化战略，其核心是如何实现"人的城镇化"，重点是推进农业转移人口（农民工）的市民化。而农民工市民化的前提，一是在城市中充分就业，二是在就业中实现与城市生活成本相匹配的财产及社会保障积累。

基于数据分析及在广东等地的实地调查，本部分对阻碍农民工实现农民—市民转换的障碍进行分析，并对如何克服这些障碍提供政策建议。

（一）农民工市民化的机制及现状判断

1. 农民工实现市民化的三个关键环节

从农民工的劳动年龄周期（16—60 岁）分析，成功实现农民—市民的身份转换需要三个关键环节：

第一阶段：从进入城市后大致到 30 岁左右，这一阶段的主要目标是寻求就业，获取收入以满足短期生活需要。在这一阶段同批进城的农民工已开始分化：一部分适应了城市就业和生活的农民工，准备进入下一阶段；另一部分不能适应城市就业和生活的农民工，或者回到农村，或者流动到其他城市。特别是女性农民工，在这一阶段面临婚姻及儿童抚育等问题，选择回农村老家的比例要远高于男性农民工。这一阶段持续 9—14 年。

第二阶段：在第一阶段适应了城市就业和生活的农民工，开始进行人力资本的持续积累，收入水平也随之提高。在此阶段，社会保障和财产的积累也开始加速。这一阶段持续期最长，超过15年。部分农民工在这一阶段完成社会保障的积累，并拥有了稳定的居住场所及财产积累，成家搬迁入城。

第三阶段：进入城市居住的农民工，积累了足够的社会保障及其他保障，能够抵御社会风险，并保证非就业期间的基本生活。特别是60岁后能在城市中养老，这时，一个家庭才会彻底放弃农村成为市民。

2. 当前农民工市民化现状的基本判断

（1）农民工在城市持续就业的时间过短，大部分农民工无法进入到第二阶段。相关数据分析显示，农民工城市居留时间一般在8—13年，超过15年的人仅有30%。也就是说，只有大约1/3的进城农民工能够进入到第二阶段。

（2）即使进入到第二阶段的农民工，其人力资本和财富有效积累时间也较短。按照人力资本积累与工资回报的关系，工作经验与工资收入成正比，收入峰值为18—24年，但是这部分农民工仅占3%左右。

（3）在社会保障积累方面，大部分农民工参加社会保障的意愿不强，实际参保率长期维持在20%左右。

（4）包括房价在内的居住成本推动了城市生活成本的快速上涨，农民工的打工收入难以弥补上涨的生活成本，导致大部分农民工无法在城市长期居住和生活。

对当前农民工市民化的一个基本判断是：农民工进入城市后实际上已经被"悬在半空中"了，进城打工可以获得收入，但积累不了人力资本、财产和社会保障，而往往打工的地方是生活成本非常高的地方，在打工地无法生存。农民工成为"漂移"一族，被"边缘化"。

（二）农民工身份转换的现实障碍

1. 就业与人力资本积累障碍

农民工完成市民化不仅需要当期就业，更需要持续就业以及有效的人力资本积累。这是农民工市民化完成第二阶段的前提条件。但是当前劳动力市场只对年轻粗工有强烈需求，对人力资本积累获得持续收入缺少反映。农民工不愿接受培训、用工方也不愿提供培训，导致农民工的就业模式成为"青春饭"（工），劳动力市场扭曲。在深圳、梅州等地的调研也显示，即使一些大型企业，也对粗工有更高需求；而大部分农民工在这一模式下，也不愿进行有效的人力资本积累。

2. 社会保障障碍

社会保障是农民工在城市定居并完成市民化的必要前提，是农民工应对城市社会风险的主要依托。但当前的社会保障制度呈现地区分割、人群分割的"碎片化"状态，社会保障权益不能随农民工流动而顺畅转移，不适应大规模、常态化的人口流动。虽然中央已经提出了社会保障关系转移接续、提高统筹层次等政策措施，但调查显示这些政策在现实中并未有效落实，处于"有政策但无法办理"的状态。甚至一些城市利用这一点变相剥夺农民工的社会保障积累以补充本地居民的社会保障基金。此外，当前社会保险的费率过高，对大部分农民工而言，需要在当前生活需要与未来保障之间寻求平衡点。这导致大部分农民工的参保意愿不足。

3. 获得基本公共服务的障碍

当前城市的基本公共服务提供不足成为普遍现象。中国城市的公共服务提供仍然秉承计划经济时代按户籍人口配置的格局；虽然多数地方政府提出了公共服务面向全部人口提供的口号和政策，但在实际运作中，公共服务拨款仍按照户籍人口进行。由于公共服务提供不足，外来人口被排除在外，成为公共服务覆盖中的"剩余部分"：有限的公共服务优先满足城市居民，剩余的才能分配到外来人口。特别是在教育、养老、医疗卫生等方面，农民工不得不把家属留在农村，造成大量的"留守儿童"、"留守老人"，而无法完成举家迁移。这是导致农民工无法实现市民化的重要原因。

4. 居高不下的城市生活成本

"安家"才能"乐业"，但是当前居高不下的城市生活成本，特别是住房问题，成为农民工不能"安家"的主要原因之一。农村迁移人口进入城市，面临住房困难是发展中国家在"起飞"阶段面临的普遍问题。从国际经验看，为农村迁移人口提供住房保障是一个较为普遍的做法。但是，我国当前各地的保障性住房都将外来人口排除在外。一些保障性住房还成为本地职工的福利，失去了保障性住房的本来含义。这极不利于农民工的财产积累，导致他们缺乏稳定的生活成本预期，无法在城市真正实现长期居住。

（三）推进农民工实现身份转换的政策建议

（1）实施积极的就业扶持政策。积极推动农民工的城市就业扶持政策，特别是将农民工的教育培训制度化，让收入增长与人力资本提升相匹配，延长农民工的城市工作时间，有效进行人力资本累积。

（2）制造业转型升级，公共服务业放松管制，改变当前对"低素质"就业的过度需求，增加对高素质的劳动力的需求，从而提升劳动生产率。特别是一些公共服务部门，在当前公共服务供需缺口巨大的情况下，应调整政策放开公共服务管制，使之成为吸纳就业的主要部门之一。

（3）社会保障改革与完善。适应大规模、常态化人口流动的现实，在社会保障改革和完善方面，借鉴世界银行的多支柱模式以及联合国最近提出的"社会保障底线"思维，建立全国统一的社会保障底线，社会保障保基本，同时发展多层次保障，充分发挥商业保险的作用，成为重要支柱。

近期，要积极推动"三保合一"，提高统筹层次，适应大规模人口流动中社会保障的转移接续需求。从长期来看，一是要建立全国统一的不分人群的全民基本养老金制度；二是在医疗保险方面，在"三保合一"的基础上，建立国民健康保险制度；三是非缴费型的社会救助项目覆盖到所有人群。

（4）改革基本公共服务及保障性住房的财政收支体制，切实落实基本公共服务和住房保障均等化。调整公共服务覆盖，积极降低农民工的城市生活成本，将城市公共服务覆盖到农民工家庭，并将保障房覆盖至农民工。

（5）调整优化城市圈发展，推进中小城市发展，进行工业产业转移承接，提升中小城市就业吸纳能力，增加中小城市的就业吸引力，合理布局。

三 新型城镇化的动态机制
——深圳市、梅州市双城样本

自十八届三中全会提出"新型城镇化"以来，实现新型城镇化成为重要经济发展战略，中央政府发布了《国家新型城镇化规划（2014—

2020 年)》与《国务院关于进一步推进户籍制度改革的意见》等一系列
文件，明确了新型城镇化的目标与战略部署。新型城镇化成为中国现阶段
经济社会发展最为关键的环节。根据这些文件精神，人的城市化、公共服
务均等化和城市合理分布构成新型城镇化的核心内容，实现这一规划的关
键是能否依据市场机制建立一套动态体制机制推动人向着规划方向流动。
因而，研究劳动的乡城迁徙、城市规模的决定、流动人口的市民化选择、
社会保障制度面临的挑战等，对于落实新型城镇化战略部署有着重要的理
论和现实意义。

劳动的乡城迁徙方面，经典的 Lewis – Ranis – Fei 模型认为，乡城迁
徙的主要动力是工资水平（拉尼斯，2004）。但这一理论的问题是，由于
城乡收入差异持续存在，除非存在非常大的流动成本，否则农村劳动力向
城市流动的过程应当很快就会完成。在现实中，由于很难找到对流动成本
的合意且能广泛接受的衡量方式，这一解释虽然有道理，但可能并不是最
主要的原因。事实上，随着人口结构变迁，对于中国第二代农民工（或
称新生代农民工）而言，城市或许并不能给其带来更高的工资收入，但
他们仍不愿回到农村（王春光，2001），这说明乡城迁徙存在工资之外的
重要因素，而这方面目前经济学、社会学的研究仍不太多。

城市规模决定方面，从城镇化自身发展的规律看，城镇化的推动力首
先是规模经济，体现在土地集中使用、公共基础设施集中配置、教育文化
等社会基础设施有效利用。有研究认为，城市最佳规模正负外部性导致的
收益和成本比，正外部性是城市带来的规模经济递增（新经济地理），而
负外部性包括污染、堵车和犯罪等，当正外部收益和负外部收益相等时则
城市达到了最佳规模（王小鲁与夏小林，1999；张自然，2014）。更一般
地说，城市提供的就业、居住、公共服务和税收水平等因素决定了城市人
口的聚集程度，如果大城市不能带来就业机会、工资水平、居住条件等因
素的提高，就会出现大量人口外迁。

社会保障方面，早期许多社会调查研究都指出，城市新移民特别是农
民工都被排除在社会保障制度之外（刘传江与程建林，2008；张国胜，
2009），但随着社会保障制度的全面推进，特别是农村和城镇居民社会保
障体系的建立健全和融合，社会保障制度不再是社会流动的主要制约因
素，农民工的市民化意愿并不再像以前那样强烈（张丽艳与陈余婷，
2012；姚植夫与薛建宏，2014）。因此，要落实新型城镇化战略，推进流

动人口市民化，就有必要深入探讨社会保障对流动人口市民化的影响机制。

按国际一般城市化经验看，城市化率超过50%以后，城镇化将从遍地开花的小城市城镇蓬勃发展向大城市集中发展过渡，而根据新型城镇化发展规划，未来的目标是一方面要推动"人的城市化"即公共服务均等化程度提高，另一方面要在城市群布局中合理限制大城市人口进一步集中，发挥中小城镇的人口承载能力。要实现这些目标，必须建立新的机制，要考虑劳动者如何在给定条件下做出收益—成本比较和选择。

为理解上述问题，我们从中国广东省的两个城市中"个人如何选择"入手，在深圳和梅州进行了广泛深入的调研，并结合就业特性进行分析，试图揭示劳动者的个体选择，探讨城市化未来的动态机制。

广东是中国改革开放的先锋，是中国最先实现经济起飞的省份。随着经济增长的逐步减速，中国经济进入城镇化驱动的新阶段，深圳市作为改革开放的最前哨和成功典范，城镇化率最先达到100%，但非户籍人口高于户籍人口，比较特殊。与此同时，广东省还存在人口外迁、城镇化不足50%的地区，如位于广东省东北部的梅州市，遇到的问题是常住人口减少，放开户籍无人入籍的问题。因此，深圳和梅州分别代表了特大城市和中小城市，基于这两个城市的分析，对全国其他城市有着重要的参考价值。

通过在深圳和梅州调查多家商业和工业制造公司（均在5000人以上），发现很多中低层职位的外省来深圳和梅州的工作人员和农民工都加入了社保，也有相对稳定的工作，按深圳积分入籍制度已具备获得深圳户口的条件，企业出于激励因素也不遗余力地推动他们入籍。但现实情况是每年入籍人数很少，大多数工作人员和农民工都认为生活成本太高，无法持续在深圳生存而不愿入籍。与之对应的是，虽然梅州市放开了户口制度，但愿意将农村户口转为城市户口的人口非常少，许多农民认为城市户口提供的服务没有持有土地值。随着公共服务均等化进程的加快，农村社会保障（新农合和新农保）水平的提高，城市户籍变得更没有吸引力。根据我们的调研，农民工关于户籍的决策，是基于对能否获得就业与收入、得到合理的公共服务、承受得起住房的价格以及获得土地收入等这些更为具体的成本—收益计算之上的。

因此，本部分拟根据有关理论模型，建立居民迁徙、就业和是否入籍等问题的分析框架，比较各种选择之下的收入和社会保障水平，并结合深圳和梅州的基本情况分析其中的政策变量，以探讨可操作性的政策启示。由于只考虑居民的个体成本收益，故只在局部均衡框架中进行分析。

（一）深圳和梅州城市背景

作为中国改革开放的前哨，深圳的城市规模、城市化效率都是领先全国的少数几个城市之一，与北京、上海、广州并称为"北上广深"特大城市。但与几个特大城市相比，深圳有着突出的特色和典型意义。深圳的人口构成是由城市间转移和农民工转移而来，而北京、上海的城市化主要是由城市人口转移而来，因此研究深圳比研究其他一线城市更具有典型意义。据统计数据，自2005年起深圳人均GDP超越广州，成为广东省人均GDP最高的地区，2012年深圳人均GDP达123247元，远高于其他特大城市。

梅州位于广东省东北部与江西省交界处，属于典型的山区地带，区位特征与交通条件限制了梅州的经济发展。据统计数据，自2006年起梅州人均GDP一直排名广东省最低，2012年梅州人均GDP为17396元，仅为深圳的1/7。类似于任何一个落后地区，梅州是标准的人口流出地，年轻人主要在外打工，大多都在深圳。

由于经济发展水平的差异，深圳和梅州所展现的城市化也有极大差异。如图2-4所示，深圳的城镇化率在2005年以前就已经达到了100%，而梅州的城镇化率仍然在45%以下徘徊。但深圳100%的城镇化率并不意味着城镇化进程已经完成，按照新型城镇化的要求，城市移民的市民化才是城镇化质量的表现，其重要指标是户籍人口占常住人口的比例。深圳这一比例到2012年仍不到30%，反映出深圳常住人口并未市民化的重要事实，因而深圳近年来重要的任务和挑战就是如何提高常住人口市民化。更令人不解的是，自2008年以来，深圳常住人口增长率不断下降，2012年仅为1%左右，这意味着深圳市对外来人口的吸引力在不断下降。梅州户籍人口占常住人口比一直维持在120%的高位，意味着大量梅州户籍人口外迁到了其他地区，这也意味着梅州市不能很好地留住本地居民和吸引外地居民，农业户口不愿意再转成城市户口，这就失去了城市化率继续提高的基础。因此，探讨居民（农民）迁徙进入或离开某一城市的原因，对深圳和梅州部署发展新型城镇化都具有重要意义。

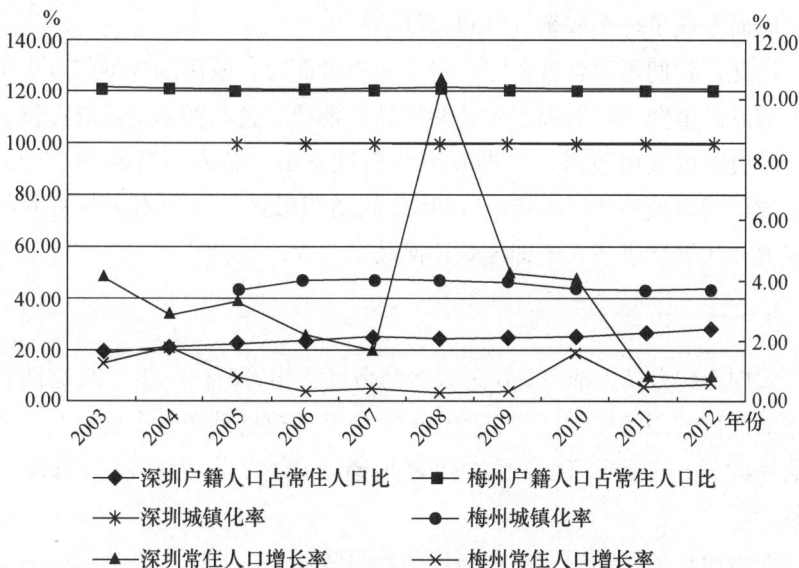

图 2 - 4 深圳市与梅州市城镇化相关数据对比

资料来源：CEIC，广东省统计年鉴。

（二）城市迁移的模型

1. 抵消迁徙成本的个人收入与公共消费的权衡

本部分试图解释劳动力为何迁徙到城市。从城镇和农村的差异来说，生产方式和生活环境是两个主要的差异。生产方式的差异主要意味着工资的差异，农民进城往往意味着希望在城市获得更高的收入，而生活环境主要体现在城市能提供更好的教育、医疗等公共服务。但与此同时，乡城迁徙也意味着非常高的迁徙成本，主要是租房购房的支出，因此，如前文所述，以往的研究关注了收入差异，但并未考虑公共服务。理解居民是否迁移到或迁移出某一城市，应当综合考虑收入水平、公共服务和迁徙成本。

在结构变迁过程中人口城市化不能一步到位。引入流动成本这一变量，就能解释为何深圳等特大城市既能提供更高的工资收入，又能提供更好的公共服务；同时，也能解释虽然规模扩张比较快，但为何没有在更短的时间内吸引更多农村人口。毕竟特大城市的工资收入和公共服务质量是其他城市的好几倍，更不用说与农村相比。由于流动成本的存在，降低了居民的可支配收入，甚至可能使得抵扣流动成本之后的居民可支配收入低于中小城市。但即便如此，更高的公共服务质量弥补了较低的可支配收入，因而形成了一个权衡（Tradeoff）。

因此，我们可以合理假定，对于消费者而言，效用函数不仅取决于对私人物品的消费，还取决于对公共物品的消费。公共物品由政府提供，取决于政府财政支出流量，也即政府消费性支出。私人消费取决于个人收入。效用函数采用 Turnovsky（1996）的乘积形式，由于不考虑资源的跨期配置，代表性经济人的即期效用函数可写为：

$$U = \frac{(C \cdot G^{\eta})^{1-\sigma} - 1}{1 - \sigma} \qquad (2-1)$$

式中，C 为私人消费；G 为政府消费性支出；$0 < \eta < 1$ 为政府消费性支出对居民效用的影响因子，假定公共物品即政府消费性支出也是为了提高居民的效用水平，且满足边际效用递减规律；σ 为居民的风险厌恶系数。

在最简单的情形中，可将居民劳动报酬和资本收入合并为居民可支配收入且假定其由外生决定，则居民的城乡居住选择主要取决于当期效用水平的比较，而不需考虑经济的跨期资源配置问题，这样就能在一个简单的局部均衡框架内得到有启发性的结论。

假定居民有两个选择：（1）住在农村或小城镇；（2）住在特大城市。住在农村或小城镇时，个人消费完全取决于自己的可支配收入，而迁移到特大城市时，还需要付出一个较大规模的流动成本，该成本主要用于租房、买房，因此个人预算约束分别为：

$$C_1 = (1-s) \cdot Y_1 \qquad (2-2)$$
$$C_2 = (1-s) \cdot (Y_2 - H) \qquad (2-3)$$

式中，$H > 0$ 为外生给定的流动成本；s 为外生储蓄率，为简单起见可假定城乡居民的储蓄率相等。事实上，引入不同的储蓄率也不会对模型分析造成很大影响。

假定居民在特大城市和中小城镇/农村的可支配收入不同，特大城市由于更具有机会、规模经济、范围经济等原因，居民能获得更高收入。则假定

$$\lambda Y_1 = Y_2 \qquad (2-4)$$

式中，$\lambda > 1$ 为特大城市收入相对中小城镇/农村的倍数。

进一步考虑政府消费性支出，假定农村和小城镇的人均政府消费性支出低于特大城市，这与经济现实比较接近。由于农村往往居住分散，人口

密度较小，所建设的医院、学校服务人口较少，因而不会有很大支出。而建立在人口密度非常大的特大城市，往往由于医院和学校等服务人口规模庞大，适宜投入巨大资金。即便考虑适当的人均支出水平，特大城市在公共物品方面的支出也往往高于中小城镇和农村。假定代表性经济人在农村或小城镇/城市和特大城市所享受的公共消费数量存在如下关系：

$$\varphi G_1 = G_2 \tag{2-5}$$

式中，$\varphi > 1$。

假定经济处于均衡状态，即对代表性居民而言，生活在农村或小城镇/城市与迁移到特大城市无差异，即居民在两个选择上可以得到相同的效用水平，则有：

$$\frac{(C_1 \cdot G_1^{\eta})^{1-\sigma} - 1}{1-\sigma} = \frac{(C_2 \cdot G_2^{\eta})^{1-\sigma} - 1}{1-\sigma} \tag{2-6}$$

化简，并将式（2-2）至式（2-5）代入上式，则有：

$$H = \left(\lambda - \frac{1}{\varphi^{\eta}} \right) \cdot Y_1 \tag{2-7}$$

换言之，只要流动成本小于式（2-7）给出的条件，居民就将选择由中小城镇/农村移居到特大城市。

由上述分析可知，即便居民迁移到特大城市，未必就能获得比原有水平高很多的收入，特别是在不断高企的房价等流动成本的推动下，迁移到特大城市可能还会造成可支配收入甚至消费水平的下降，但由于特大城市能提供远高于其他地区的公共物品消费，因而居民会因为这一点而被吸引到特大城市。

进一步分析可以看出，由于 G 是人均政府消费性支出，在政府投入不变的情况下，居民人数的增长可能会稀释政府消费性支出，特别是教育、医疗等具有竞争性的公共服务。这也是北京、上海、深圳等大城市居民反对外来人口迁移，特别是反对对非户籍人口开放教育资源的主要原因。

2. 深圳与梅州的模拟测算

式（2-7）给出了居民在具有更高公共支出的特大城市和中小城镇/农村的权衡比较。事实上，居民不仅从农村迁移到城市，而且也在从小城市迁移到大城市，这可以由梅州相当大规模人口向外迁徙的数据看出。因此，我们可以根据式（2-7）分析居民面对深圳与梅州的居住选择，探讨居民在什么样的条件下会选择从梅州迁往深圳居住。

首先要根据深圳与梅州的具体情况，对式（2 - 7）所有参数进行校准。参考严成樑与龚六堂（2009）的校准数值，将 η 设定为 0.3。从 CEIC 上得到深圳和梅州的人均可支配收入，2012 年深圳的人均可支配收入约为梅州的 2.2 倍，λ 取 2.2。2012 年梅州的人均可支配收入约为 18700 元，即 $Y_1 = 18700$ 元。

对于居民而言，最为重要的公共服务是教育和医疗，而这两个指标的资源投入水平在北京、上海、深圳等地特别突出。本部分研究中以教育资源投入质量作为公共服务的代理变量，一个合适的指标是中小学在校学生生均教育拨款（政府在教育方面的支出除以中小学在校学生人数）。这是因为，一方面义务教育的投资主要由城市所在的地级政府负责，而高等教育主要根据高校归属由省级政府和中央政府进行投资，城市所在地级政府教育支出与中小学教育投入之间的关系应当非常紧密；另一方面，由于城市居民的中小学就读子女一般就地入学，而高等教育很容易到外省或其他城市就读，因而居民关心所在城市的中小学教育质量，是否迁徙也会充分考虑这一指标，但相对来说不关心所在城市的高等教育情况。从数据来看，深圳的中小学生均教育拨款约为梅州的 3.8 倍，取 $\varphi = 3.8$。

城市化成本中，最为重要的是居民的住房支出。由于缺乏一致的各城市各年度的房租数据，本部分采用各城市商品房销售价格作为城市化成本的代理变量。这一变量也有其合理性，在中国目前的城市化过程中，迁入各城市的居民，特别是那些关心教育和医疗资源的有市民化意愿的居民，大都是以在迁入城市安家为目标的，因此深圳的房价就构成了迁移的主要成本。从房价数据来看，深圳和梅州的房价相差 5 倍，深圳 2012 年的商品房平均售价约为 19000 元/平方米。对于平均收入的个人而言，每年以人均购买 1.5 平方米左右计算住房支出是比较合理的。每人每年购买 1.5 平方米，家庭夫妻二人都参加工作则年均购买 3 平方米，经过 20 年则可购买一套 60 平方米的住房安家，比较符合现实。

将 $\eta = 0.3$，$\lambda = 2.2$，$Y_1 = 18700$，$\varphi = 3.8$ 代入式（2 - 7），可求得 $H = 28611$ 元。换言之，只要城市化成本低于 28611 元，从梅州迁移到深圳是完全合算的。从深圳 2012 年商品房售价来看，1.5 平方米的购房支出约需 28493 元，与前面计算的结果非常接近。考虑到近年来特大城市房价不断上涨，流动人口的迁移成本随之上升，因而乡城迁徙受到不同程度的压制，高房价吓阻了试图迁移到大城市安家的流动人口。这就解释了2008年来深圳常住人口增长率快速回落的现象。

从上述分析可以看出，城市公共服务的质量对于居民迁徙和定居决策具有重要的意义。同时，居民迁徙还受到以房价为代表的迁徙成本或城市化成本的影响。其政策含义在于，深圳等特大城市规模不断扩大，其原因主要是这些城市在教育、医疗等方面提供的公共服务质量远高于其他城市，对于公共服务的追求不断吸引着大批居民迁入这些城市。不断高企的房价成为平衡特大城市规模扩张的重要制衡力量，也已成为这些城市适当控制城市人口规模的重要政策手段。对于北京这种规模扩张过快的城市，政府通过打击群租、规范房屋租赁和二手房转让市场等方式，有意或无意地提高了流动人口的迁徙成本，从而在一定程度上能减少人口流入。对于深圳这种有意吸引流动人口迁徙并定居入籍的城市，可以采用提供政策性住房等方式适当降低居民迁徙成本，促进人口流入。

（三）城市化中的就业与社会保障

外地劳动者迁徙进入城市后，所面临的一个重要问题就是就业和是否缴纳社会保险。许多私有和民营企业出于成本等因素的考虑，并不为员工购买社会保险，而通过部分现金发放等形式降低企业用工成本。许多外地人口特别是农民工进入大城市，以劳务派遣、短期工、小时工等形式从事劳动就业，这种就业方式往往具有较大的不确定性，但能避免发生欠薪等法律纠纷。因此，这种就业方式往往不按照城镇职工标准缴纳各种社会保险，而将这笔原应缴纳社保的工资发放给劳动者，因而得到农民工的欢迎。这种规避社会保险的用工方式成为外地人口特别是农民工选择就业的主要形式，而这一选择对于所在城市的新型城镇化推行带来严重挑战。

养老保险是社会保障中的最重要组成部分。对于规避社会保险的劳动者，用工方不给他们缴纳保障水平较高的城镇职工养老保险，而是让他们自己选择带有一定水平政府补贴的城镇居民养老保险，从而降低了企业的用工成本。虽然我们缺少深圳和梅州城镇职工养老保险覆盖率的具体数据，但根据广东省总体水平可以大致推断这两个城市也面临就业非正规化的问题。根据《中国统计年鉴》有关数据进行计算可知，2012年广东省城镇职工养老保险（简称职工保）参保人数占总人口比例约为38%，低于北京的58%、上海的60%、浙江的40%，位列全国第四。考虑到广东较为年轻的人口结构、较低的政府机关事业单位工作人员比例（政府机关事业单位工作人员的养老保险主要是现收现付退休工资制），广东的城镇职工养老保险覆盖率并不是很令人满意，这意味着仍有相当大规模的就业人员并未加入城镇职工养老保险，而是选择了城乡居民养老保险（简称城乡保）。但这种做法减少了城镇职工养老保险的基数，增大了城镇职工养老保险的压力。更关键的是，非正规就业部门的形成，不利于劳动者工资收入水平的提高，也不利于社会的和谐稳定发展，拉美经济就是典型的例子。因此，有必要从个人利益最大化的角度分析劳动者对于正规/非正规就业的选择，以便得到推进就业正规化的条件与政策建议。

1. 养老保险的权衡选择

假定对个人而言，选择是否缴纳城镇职工社会保障是理性选择的结果，劳动者对两种方案本身无差异，则其考虑的就是工资和养老金形成的总体待遇水平的差异。仍以养老金为例，当劳动者缴纳城镇职工养老保险时，需要缴纳税前工资的28%作为养老金，其中20%进入社会统筹账户实行现收现付制的发放方式，8%进入个人账户进行投资实现保值增值，退休后个人账户养老金按退休后平均存活寿命进行发放。假设在最简单的情境下，个人工资 w（与社会平均工资相同）、保值率 r、通货膨胀率 ρ 为 0、个人缴费 a 年、领取养老金 b 年（个人余命与社会平均余命相同），则个人每年能获得的养老金由下式决定：

$$D_1 = 0.01 \cdot w \cdot a + 0.08 \cdot \frac{w}{b} \cdot \sum_{i=1}^{a-1} (1+r)^i$$

$$= 0.01 \cdot w \cdot a + 0.08 \cdot \frac{w}{b} \cdot \frac{(1+r)^a - 1}{r} \qquad (2-8)$$

等式右边第一项表示统筹账户养老金，为社会平均工资的一定比例，该比例的计算方法为每缴纳1年增加1%。右边第二项表示个人账户，计算方法为退休时个人账户养老金（包括缴费金额和投资增值部分）根据退休时余命分摊到每一年。为计算简便，假定退休后养老金不再进行投资，且记缴费期间当居民选择不缴纳城镇职工养老保险时，则根据有关文件要求，居民自动选择缴纳城乡居民养老保险，则每年可获得的养老金计算办法为：

$$D_2^j = g + \frac{h}{b} \cdot \sum_{i=1}^{a-1} (1+r)^i$$

$$= g + \frac{h}{b} \cdot \frac{(1+r)^a - 1}{r} \qquad (2-9)$$

式中，g 为政府补贴，h 为缴纳水平。由于居民可以选择养老保险的缴费水平，则假定 $h = s \times w$，则式（2-9）可以表示为：

$$D_2^i = g + \frac{s \cdot w}{b} \cdot \frac{(1+r)^a - 1}{r} \qquad (2-10)$$

对于不缴纳城镇职工养老保险的劳动者而言，少缴纳的养老金可以作为私人储蓄或消费，在这里假定居民可采用最保守的投资策略，即银行 1 年定期的储蓄，假定去除通货膨胀后的实际利率为 r'，则有：

$$\frac{0.28 \cdot w - s \cdot w}{b} \cdot \sum_{i=1}^{a-1}(1+r')^i = \frac{0.28 \cdot w - s \cdot w}{b} \cdot \frac{(1+r')^a - 1}{r'}$$

$$(2-11)$$

对于劳动者而言，要进行正规就业或非正规就业（即选择职工养老保险或居民养老保险）的决策，实际上就是比较职工养老保险给付水平是否高于居民养老保险和私人储蓄带来的回报水平，则在均衡状态下，两种选择的收入水平应该是相等的，即有：

$$D_1 = 0.01 \cdot w \cdot a + 0.08 \cdot \frac{w}{b} \cdot \frac{(1+r)^a - 1}{r}$$

$$= D_2 = g + \frac{s \cdot w}{b} \cdot \frac{(1+r)^a - 1}{r} + \frac{0.28 \cdot w - s \cdot w}{b} \cdot \frac{(1+r')^a - 1}{r'}$$

$$(2-12)$$

由式（2-12）可以看出，个人选择正规就业或非正规就业，取决于一系列参数的取值，特别是利率水平和政府补贴水平。

2. 深圳职工保与城乡保的保障水平比较

要比较深圳职工保与城乡保的保障水平，首先需要对式（2-12）的参数进行校准。假定两种利率相等且都等于 0，即养老金个人账户和个人储蓄的增值率与通货膨胀率相等，则有：

$$D_1 = 0.01 \cdot w \cdot a + 0.08 \cdot \frac{a}{b} \cdot w$$

$$D_2 = g + 0.28 \cdot \frac{a}{b} \cdot w \qquad (2-13)$$

要满足 $D_1 = D_2$ 且 $g > 0$，则必须有 $b > 20$，这意味着即便是没有补贴（$g = 0$）的情况下，居民也必须连续领取养老金 20 年，这要求居民存活时间足够长，寿命必须达到 80 岁。注意到这一条件与缴费年限无关。根据我国第六次人口普查数据，预期寿命只有 74.83 岁，这意味着大部分人难以领取养老金超过 20 年。因而只要政府有一定水平补贴，居民就一定会选择居民养老保险。

若养老金个人账户投资增值率高于个人储蓄水平，假定个人账户投资增值率为 5%，储蓄利率设为 0 （即完全被通货膨胀率所抵消）。进一步假定个人缴费 15 年（最低缴费年限），领取养老金 15 年（女性按 170 个月计算），则有：

$$D_1 = 0.01 \cdot w \cdot 15 + \frac{0.08 \times 21.6}{15} \cdot w = 0.265w$$

$$D_2 = g + \frac{s \times 21.6}{15} \cdot w + \frac{0.28 \times w - s \cdot w}{15} \cdot 15$$

$$= g + 0.44sw + 0.019w \tag{2-14}$$

进一步根据《深圳市人民政府关于印发深圳市实施〈广东省城镇居民社会养老保险试点实施办法〉细则的通知》，深圳市居民养老保险基础养老金水平（300 元/月，合 3600 元/年）和平均在岗职工工资水平（37129 元），求得 $g = 0.1w$，代入式（2-14），可得 $s = 0.309$。这一结果表明，在给定的政府补助标准下，若个人账户投资增值率高于个人储蓄利率水平，则参加居民养老保险必须选择较高水平的缴费额（本例中相当于平均工资的 30.9%）以上，才能保证与职工养老保险体系相同的保障水平。因此，如果居民养老保险能取得相对于个人其他储蓄形式更高的增值率，则会吸引大批劳动者选择职工养老保险。

对目前的中国养老金体系而言，由于养老保险个人账户全部由政府部门管理，除全国社保理事会管理的少部分社保基金外，绝大多数社会保障基金并没有专业投资机构和投资人员参与，因而多年来社保基金大都以银行存款、国债等保守资产的形式进行保管和投资，增值率非常低。与此同时，由于金融市场的不完善，家庭也缺乏必要的投资渠道，资金增值率非常有限，这都与本部分第一种情形非常类似，因而这种情况下必然导致劳动者选择不缴纳职工社会保险而转向城乡居民社会保险。要解决这一问题，就必须通过发展金融市场，提高养老金的增值率，过渡到本部分所讨论的第二种情形，才能解决这一问题。

类似的，相对于新型农村合作医疗（新农合）和城镇居民医疗保险，城镇职工医疗保险也有类似的影响（甘犁、刘国恩与马双，2010）。但由于新农合和城镇居民医疗保险尚未实现融合，对于没有加入所在城市户籍的流动人口和农民工而言，是否加入城镇职工社会保险实际上是在原城镇职工医疗保险和新农合之间进行比较和选择，由于城镇职工社会保险缴费水平较高，而这些缴费的流动人口大都是身体健康的年轻劳动力，因而对医疗的需求较低。因此，流动人口更不愿缴纳城镇职工医疗保险，更愿意领取现金。

（四）户籍的社会保障含义

本部分探讨户籍承载的社会保障功能。许多研究认为，城市居民身份带有重要的社会保障功能，但这一优势随着农村新农保、新农合的全面建立而逐渐消解。因此，讨论农村流动人口的城镇化意愿，就必须深入探讨户籍的社会保障含义，分析来自农村的流动人口面临户籍选择所包含的社会保障含义。

仍以养老金为例，上一部分的一个重要假定是居民能够自己储蓄进行养老，但这一假定往往不太符合现实。在现实中，由于居民个人的短视、通货膨胀的蚕食、金融工具的约束等主客观因素，居民往往无法自行储蓄养老，这也是各国强制推行社会养老保障的主要原因。居民个人实际上也清楚这一点，因而也往往注重采用其他形式的养老方式，如土地养老和养儿防老。由于计划生育的推行和社会流动的加大，养儿防老的可能性越来越低，土地养老成为传统养老模式中唯一仍然较具可能性的选项，在取消农业税、农村专业户发展的情况下，农村居民可将土地视为自己的社会保障方式。本部分讨论拥有土地的农民进城务工后出于养老目的对城乡户籍的选择。若社会养老保障基金投资管理得当，则对于进城农民而言，最理想的社会保障方式是能同时保持农村户口（意味着对土地地租的索取权）和城镇职工保险，但对于农民工而言，社会保障特别是医疗保险的领取和转接的难度，往往使得他们必须在农村户口和深圳职工保之间做出选择。这一选择对于养老金而言，主要取决于作为社会保障手段的土地保障＋城乡保相对于城镇职工保的相对水平。

1. 土地保障＋城乡保和职工保的权衡选择

当农民工仍然保留土地，则土地的保障方式水平取决于从土地获得的地租。假定土地主要用于农业生产，而农业部门生产函数包括资本、劳动和土地在内的三部门 CD 型生产函数（Echevarria，1998）。进一步假定生产函数满足规模报酬不变及稻田条件等常见条件，资本和劳动的产出弹性分别为 α 和 β，则土地的产出弹性为 $1-\alpha-\beta$，则农民人均地租水平由下式给出：

$$D_3^q = (1 - \alpha - \beta)\frac{Y^A}{L^A} \qquad (2-15)$$

当农民工选择城镇居民养老保险时，保障水平取决于：

$$D_2^j = g + \frac{s \cdot w}{b} \cdot \frac{(1+r)^a - 1}{r} \qquad (2-16)$$

则居民面临户籍选择的问题为比较下列两项保障水平的高低：

$$D_1 = 0.01 \cdot w \cdot a + 0.08 \cdot \frac{w}{b} \cdot \frac{(1+r)^a - 1}{r}$$

$$D_3 = D_3^q + D_2^j$$

$$= (1 - \alpha - \beta)\frac{Y^A}{L^A} + g + \frac{s \cdot w}{b} \cdot \frac{(1+r)^a - 1}{r} \qquad (2-17)$$

2. 深圳职工保与土地保障水平比较

要比较深圳职工保与土地保障水平，首先要对式（2 – 17）的重要参数进行校准。对于各要素的产出弹性系数，有许多不同的计量方法和结果［例如，Jacoby（1993）、Cornia（1985）、Echevarria（1998）等］。大致的结论是，劳动的产出弹性在 0.11—0.4 之间，资本的产出弹性在 0.05—0.08 之间，土地的产出弹性在 0.4—0.6 之间。因此，可以取 $\alpha = 0.1$，$\beta = 0.3$，则 $1 - \alpha - \beta = 0.6$.

考虑最简单但符合现实的情景，假定个人选择居民养老保险缴费额占工资的比例与职工养老保险相同，均为工资的 8%，且居民养老保险与职工养老保险个人账户的增值率相等，则 D_1 和 D_3 两个养老保障方案的个人账户养老金可以抵消，并假定缴费年限固定不变，则户籍选择转化为进城农民工对养老金的工资指数和农业部门地租收入与政府对居民养老保险基础养老金补贴之和的比较。当进城农民工的缴费工资指数较高时，他们倾向于选择加入城市户籍，缴纳城镇职工养老保险进行养老准备；而当进城农民工缴费工资指数较低，而农业地租收入和政府补贴较高时，他们将选择保持农业户籍，依赖地租和城乡居民养老保险进行养老安排。

我们可以大致计算出在深圳的农民工所面临的职工保和土地保障选择。地租按照全国平均水平计算，以反映到深圳农民工来自全国各地的现实。由于上述分析都是按人均（劳均）值计算，地租水平为农业部门劳均产出的 $1 - \alpha - \beta$ 比例，则采用《中国统计年鉴 2012》中有关第一产业产出值和第一产业就业人数计算得到农业部门劳均产出，则地租取

20000×0.6 = 12000 元。这一水平与我们在广东、梅州等地调研得到的每亩每月地租为 500—1000 元的水平持平。同时，也可见劳动所得相对非常低，仅为 2000 元，完全不能维持劳动者的基本生活，无法满足雇佣劳动的需要，这就是中国目前农业部门大都仍然采用家庭生产方式的原因。

假定农民工的工资水平为深圳平均在职水平 59010 元/年时，则 15 年的养老保险缴费能带来每年 8851.5 元的养老金，甚至都低于地租一项，而地租和深圳政府对城乡居民养老保险的补贴之和约为 15600 元，远高于养老金水平。

进一步进行测算可以发现，只有当农民工的指数工资水平（为个人工资和社会平均工资的加权平均）超过 104000 元时，参加职工养老保险才能超过土地养老。但农民工的工资水平往往低于社会平均工资，指数工资不可能达到那么高，因此农民工必然会选择土地与城乡保作为养老保障的重要方式。

3. 居民与政府的现实选择

在城乡居民养老保险已完全实现融合的条件下，农村居民是否加入城市户籍完全不会影响居民养老保险的保障水平。虽然农民工早年多在城市的非正规中小型企业就业，但现在已有相当大一部分农民工，特别是新生代农民工能够进入正规（上缴社保）企业就业，因而对他们而言，有机会选择城镇职工养老保险作为自己的养老保障方式，同时可预期土地收益也作为自己的养老保障，形成双重保障。但对这些农民而言，居住地的选择使他们享受土地保障和职工社保面临困难。进城农民若选择继续住在自己工作多年的大城市里养老，就能方便快捷地领取到养老金并享受大城市的各种公共服务，但这一选择的生活成本压力太大，失去劳动能力的老年劳动者往往无法负担大城市不断攀升的住房成本。因此很多人选择回到家乡附近以领取城市养老金，同时获得农业生产收取地租以供养老。

以在深圳打工的劳动者为例。如果按标准缴纳社保，缴纳 15 年后就可享受深圳社会保障。假定每年养老金为每月 1000 元，加上地租累积能达到 1500—2000 元，基本能在中小城市达到最低工资水平，满足在城镇的基本生活。因此，大量的农民工理性选择是在大城市打工，因为比小城镇打工的工资和社保水平高，而且容易找到工作，同时保留土地，回到家乡附近的中小城市养老。

这一理想方案的现实困难是，虽然养老保险已经基本实现了城乡融合和跨地提取转接，作为老年生活需求重要组成部分的医疗保险往往会遭受损失，这是由于城镇职工社会保险和新农保不设个人账户，且医疗保险资金的转移和使用有着诸多地域限制，离开原城镇和农村就往往意味着医疗保险失去作用。同时，对于地方政府而言，社保缴纳地和领取地之间的资金划拨方案虽然已经初步制定，但由于精算方案的缺乏和各地社会保障基金的统筹和管理方式差异，地方政府特别是中小城市/城镇地方政府对此极为谨慎，担心进一步引发社保基金的账目失衡。

梅州当前遇到了相当大的挑战也来自这方面，一方面梅州规定深圳社保可以结转，但另一方面政府又不敢接收，因为这样会把养老、医疗等大量支出落到梅州。由于梅州事实上已经成为深圳年轻人的输出地、养老的输入地，其作为养老地最为严重的问题是医疗支出难以应付，因为养老金可以以异地银行卡支取，但医疗保障难以转移过来，而老年最大的支出是医疗支出，按医保的要求交了医保，退休后不用再缴纳，而且享受70%以上的报销，如果没有更进一步的医疗资金从深圳转划拨到梅州市配套，梅州的医疗支出就将使财政不堪重负，会严重地影响梅州城市的财政平衡和发展。

有鉴于此，由于社会保障水平的差异和社保转移的难度，以及前文所述公共服务的差异，深圳和梅州两个城市对于劳动力的吸引力有着显著差异。虽然深圳对劳动力的吸引力有所下降，但仍然吸引着大批劳动者前往就业。广东省推动了双转移战略，深圳很多工厂转移到梅州市，主要是土地较为便宜，试图吸引深圳的企业向梅州转移。然而从调查的情况看，梅州的工资并不比深圳低，且本地员工加班意愿低，劳工成本更高，再综合公共服务和社会保障水平的差异，产业转移的根基并不牢固，因而梅州试图通过产业转移获得产出功能从而实现输入地和输出地统一的难度仍然相当大。本课题组调查的三个转移到梅州市的企业均认为劳工、地理方面没有获得竞争优势，因此仍有意向撤回深圳。这一事实从一个侧面表明，社会保障对于人口流动和城镇化发展有着重要的影响力。

（五）结语与政策建议

分析深圳、梅州的城镇化决定因素，对于探讨新型城镇化的推行有重要的现实意义。本部分基于居民追求利益最大化的目标，对城镇化特别是市民化过程中的可选政策选项的经济收益进行比较，从而得到对深圳和梅州乃至其他特大城市和中小城市有关的政策建议。

　　新型城镇化过程中居民关心的第一个问题是，城市对居民的吸引力。城市化过程中，居民因深圳等特大城市所提供的就业机会和公共服务所吸引，即便高昂的城市化成本吞噬了特大城市在工资和可支配收入方面的优势，特大城市的公共服务也将吸引大量人口迁移进来。特别是近年来各大城市的民生建设，无户籍的外来人口及其子女也能享受特大城市的教育、医疗等公共资源，从而成为流动人口不断流入的重要推动力量。从本部分的分析可以看出，城市公共服务的质量，也是居民关心的重要问题，对于居民迁徙和定居决策，具有重要的意义。同时，居民迁徙还受到以房价为代表的迁徙成本或城市化成本的影响。其政策含义在于，深圳等特大城市规模不断扩大，其原因主要是这些城市在教育、医疗等方面提供的公共服务质量远高于其他城市，对于公共服务的追求不断吸引着大批居民迁入这些城市。不断高企的房价成为平衡特大城市规模扩张的重要制衡力量，也已成为这些城市适当控制城市人口规模的重要政策手段。对于北京这种规模扩张过快的城市，政府通过打击群租、规范房屋租赁和二手房转让市场等方式，有意或无意地提高了流动人口的迁徙成本，从而在一定程度上能减少人口流入。对于深圳这种有意吸引流动人口迁徙并定居入籍的城市，可以采用提供政策性住房等方式适当降低居民迁徙成本，促进人口流入。

　　新型城镇化过程中居民关心的第二个问题是，到底选择正规就业部门缴纳社保，还是选择非正规就业享受城乡保，并将结余下的社保费用进行储蓄以供养老。从现实来看，外来人口流入进来，出于对养老金等社会福利成本的规避，大都选择进入非正规就业部门工作，引发劳动市场的种种问题。其主要原因在于正规就业部门所缴纳的养老金个人账户基金没有得到很好的投资管理，保值增值渠道不畅，使得居民参与社会保障缺乏激励。对目前的中国养老金体系而言，由于养老保险个人账户全部由政府部门管理，除全国社保理事会管理的小部分社保基金外，绝大多数社会保障基金并没有专业投资机构和投资人员参与，因而多年来社保基金大都以银行存款、国债等保守资产的形式进行保管和投资，增值率非常低。与此同时，由于金融市场的不完善，家庭也缺乏必要的投资渠道，资金增值率非常有限，这都与本部分第一种情形非常类似，因而这种情况下必然导致劳动就业的非正规化。要解决这一问题，就必须通过发展金融市场，提高养老金的增值率，过渡到本部分所讨论的第二种情形，才能解决劳动力市场的非正规化问题。

　　新型城镇化过程中居民关心的第三个问题是，是否应该放弃农村户口，转向依赖城镇职工养老保险进行养老。在调研中我们发现，不仅是中小城市，即便是在深圳，也有大量劳动者不愿意加入所在城市户口，而愿意持有农村户口以享受土地带来的社会保障。本章的测算结果表明，由于土地给农民带来的地租水平仍在较高水平，相对说来现有的养老保险社会统筹账户不能提供足够的社会保障水平，使农民仍然指望通过土地获得足够的养老金。这就是深圳等城市农民工不愿意转换户籍的原因。因此，对于那些希望扩大本地户口人口规模的城市（如深圳），要吸收农民工入籍加入城镇职工养老保险，就要努力创造条件提高城镇职工平均工资水平（可以提高农民工的指数工资水平），同时适当控制对城乡居民养老保险的补贴水平；而对于那些希望控制户籍人口的城市（如北京、上海），就可以通过适当提高城乡居民养老保险的补贴标准。像梅州这样仍处于较不发达的城市，要吸引劳动力和产业转移，就必须不断着力提高城镇公共服务和社会保障水平。

四　从积分入户到人才引进
——对近年来深圳市户籍制度
改革创新的分析

　　自经济特区成立开始，深圳市沿城镇化道路已经走过了30多个春夏秋冬，从原本人口不足3万的南方小镇，一跃成为人口超过千万的国际化大都市，是目前全国唯一没有农村的城市。可以说，深圳市是迄今国内城镇化最为全面、彻底的城市，是一个非常独特的城镇化案例。"推进人的城镇化，一个重要的环节在户籍制度。"① 深圳市城镇化建设的成功，与其不断完善的户籍制度不无关系。在过去的几十年里，深圳市在通过户籍制度改革积极服务于城市社会经济发展方面做出了有益的探索。2010年以来，为了适应新的发展形势，深圳市又实施了灵活的人才引进（旧称积分入户）政策。在当前全国以人为核心的新型城镇化深入发展的关键时期，研究深圳市户籍制度的改革，尤其是2010年以来从积分入户到人

---

　　① 习近平：《在中央城镇化工作会议上的讲话》，2013年12月12日。

才引进政策的变迁，具有十分重要的理论意义和实践价值。

（一）近年来深圳市进行户籍制度改革的背景

2010 年中央一号文件《关于加大统筹城乡发展力度，进一步夯实农业农村发展基础的若干意见》提出，把符合条件的农业人口转变为市民，特别是把新生代农民工转变为市民。关于农民工入户问题，多年来全国各地各有各招，不时地有新政策出台。但从实际效果看，这些新政策的尝试更像是敲开户籍坚冰的"春风行动"，春风化雨只能一年一次，沐浴到春风的人也少之又少，绝大部分农民工只能站在城外无法企及。

在这样的背景下，为了探索和完善流动人口管理，有效引导流动人口融入所在城市，广东省人民政府于 2010 年 6 月颁布了《关于开展农民工积分制入户城镇工作的指导意见（试行）》，在全省实施农民工积分制入户政策。这是一项综合考虑流动人口各个方面特点，以管理与服务流动人口为目的，采用定性与定量相结合的方法，通过累计积分进行科学计量，具有"简便明晰，通俗易懂，操作方便，管理灵活"特点的户籍制度改革措施。

深圳市的户籍、非户籍人口比例结构长期严重倒挂，户籍人口数不及常住人口数的 1/3，不利于构建和谐劳动关系，不利于社会稳定，也不利于经济长期持续发展，因此更需要通过制定合适的户籍政策和符合本市发展的人才战略，引进能为本地区经济社会发展所需的人才，完善人口结构。但传统的人才引进方式主要通过调干、招调工等渠道，采用条件评价方式，评价标准主要是学历、技能等，存在标准单一、方法简单等问题。鉴于以上种种不足，2010 年 8 月，深圳市政府出台了《深圳市外来务工人员积分入户试行办法》（深府办〔2010〕70 号），由此开始施行积分入户政策。

（二）深圳市积分入户政策的实施及其特点

1. 积分入户政策的实施

深圳市的积分入户政策既贯彻落实了中央和广东省的安排部署，又借鉴了中国香港和加拿大等地移民政策的经验。根据《深圳市外来务工人员积分入户试行办法》对积分入户政策及其适用对象进行界定，所谓积分入户，是指通过科学设置和确定积分指标体系，对外来务工人员入户深圳的条件进行指标量化，并对每项指标赋予一定分值，当指标累计积分达到一定分值时，外来务工人员可按深圳市招收技术工人办法申请入户。凡已办理深圳市居住证、纳入深圳市就业登记且缴纳社会保险的外来务工人员，均列入适用对象。不难理解，通过实施积分入户，"以分数换户籍、凭成绩论高低"，应该是当前最为系统、公平、便利并具可操作性的"外来务工人员本地化"的好政策。

积分入户政策实施后，深圳市就可以根据全市经济社会发展情况，按照统筹兼顾、稳妥有序的原则对外来务工人员积分入户进行宏观调控，将积分入户工作统一纳入户籍人口机械增长年度计划内进行管理。从政策实施的效果看，积分入户政策进一步畅顺市外人才的入户渠道，有利于增强广大外来务工人员的归属感，为深圳市引进更多符合经济社会发展的各类优秀人才，加快城市化进程，提高城市核心竞争力。

2. 积分入户政策的特点

从深圳市发布的外来务工人员积分入户指标及分值表看，积分入户政策具有以下特点：

（1）指标设置的积极导向特性。深圳市的积分入户指标可以划分为"正向指标"和"负向指标"两大类，从激励和惩罚两方面对外来务工人员进行引导。一级正向指标包括基本情况（含年龄、身体健康、就业状况等）、个人素质、居住情况、参保情况、奖励加分等。文化程度与得分高低成正比；专业技术职称与职业资格都是加分项，分值的设置结合了深圳市急需的技术性人才情况；参加献血、义工、青年志愿者服务、慈善捐赠等加分项目对于引导居民积极行为，凝聚主流价值观，构建和谐深圳有非常积极的意义。对居住条件和年限的导向有利于稳定外来务工人员，促进他们尽快融入深圳。一级负向指标只有一个，即"减分指标"，包括违反计划生育政策、违法犯罪、不良诚信记录等内容，如有涉及，将被大量减分。

通过科学地设置指标体系，合理设计指标的导向性特征，并用奖励和惩罚措施，积分入户政策对外来务工人员起到了一定的正向引导与社会化控制及其选择的作用。这种导向作用不仅体现在积分方向上，还体现在城市人力资源战略上，为引进急需的人力资源发挥引导作用，由此将增加和稳定人口、完善公共服务与获取城市发展所需人力资源巧妙地结合起来。

（2）实施形式上开放灵活。深圳市积分入户制度不再设定入户指标数额，仅以积分值为依据，申请人只要符合相应条件，达到一定的分值，就可依程序办理入户手续。全市按照综合评价、量化标准、公开透明、程序规范的原则，实行统一政策、统一审核标准、统一信息管理，最大限度地满足外来务工人员的入户需求。

（3）降低学历权重，注重人口的存量转换。过去，深圳市的入户政策把初中及以下学历人群排除在外。实行积分制以后，没有高学历的优秀人才，只要在个人素质、社会贡献等其他方面也比较出色，同样可以积累足够的分数，学历不再成为入户的"拦路虎"。

相比其他一些城市的积分制度，深圳市降低了学历的得分值，但更强调申请人的技能和贡献，按择优原则，有计划、有步骤地转化存量人口中的优秀人才。例如，按东莞市 2010 年的入户积分标准，本科及以上即可获得 80 分，而按同一年深圳的标准则只能得 60 分；在东莞市，初级工可得 30 分，而在深圳只能得 10 分；按东莞市的规定，参加城镇基本养老保险、基本医疗保险、失业保险、工伤保险、生育保险，每个险种每累计满 1 年积 1.5 分，深圳则规定，缴纳深圳市社会养老保险每满 1 年积 3 分，缴纳其他社会保险险种每个每满 1 年积 1 分。

（4）具体指标入户分数逐年确定，当年积分不转入下年。关于具体指标入户分数的确定，深圳市积分入户的分值是"动态"的，每年都会变化，今年积分入户分值为 100 分，并不意味着今后积分入户分值都是 100 分，而是要根据积分入户申请人当年积分情况以及入户指标情况，来确定最终的积分入户分值。

此外，深圳市规定积分分值不能跨年度使用，公示以后人事部门将受理已下达计划指标积分入户人员的书面申报资料。如果申请人由于书面申报资料不全等原因没能入户，其分值不能留在下一年使用。

（三）从积分入户到人才引进的转变

1. 人才引进制度的导入

在两年实施积分入户政策的成功经验基础上，深圳市于 2012 年全面取消招调工入户政策，统一通过积分制入户。2013 年，又进一步将招调工、调干与积分入户制度予以整合，由此开始了统一的人才引进制度。在人才引进制度框架下，深圳市对市外在职人才的引进实行统一政策、统一渠道、统一采用综合量化的评价方式，打破干部与工人的身份界限，建立了统一的在职人才引进渠道，提高了人才引进的整体协同性。从积分入户到人才引进的转变，不是单纯的渠道整合，而是人才引进、户籍改革领域的一项重大变革和创新，具有鲜明的特色。

（1）人才评价方式更加客观。这种方式突破了传统人才评价方式由政府主导的单一模式和以学历、职称、技能等条件为主的单一标准，而通过构建综合多元化的人才评价体系，对申请人的学历、技能、纳税、居住、社保、社会贡献等量化赋分，将人才综合素质及优势特点全面体现，强调靠实践和贡献评价人才，对人才评价方式更为科学、全面、客观。这样一来，深圳市就既能引进有一技之长的专门人才，还能引进综合平衡发展的通才，更好地满足企业的人才需求和城市的可持续发展。

（2）人才引进机制更加公平。通过建立统一的人才引进政策和渠道，对市外各类人才（包括干部、工人）使用统一政策、统一标准、统一渠道予以引进，只要达到核准分值均可申请入户，没有学历、身份、指标等条件限制。这种公平、公正、合理的人才引进方式，有助于更加客观地评价人才，为经济社会发展提供实用有效的人才保障，也有利于营造公平公正、尊重人才的良好环境。

（3）入户核准方式更加简便。通过制定人才引进综合评价指标和设定积分分值表，简便明晰，通俗易懂，方便群众熟悉政策内容；通过简化流程，提供尽可能便捷的服务，操作方便，管理灵活，方便群众掌握操作要求。例如，积分入户申请人可以自己对号入座在网上测试自己入户积分分值，每一项指标要素、评分标准及分值清晰明了，通过量化计分。更进一步地，这还有助于提升行政审批公开化和透明度，通过网上公示，接受社会和市民监督，公开透明。

2. 人才引进政策的重点调整内容及其原因分析

至今，深圳市实施人才引进政策已有两个年头。在 2013 年的工作经验基础上，深圳市又在 2014 年对人才引进政策作了进一步的调整和完善，其内容主要包括：

（1）全国计算机信息高新技术积分的调整。2014 年的政策增加了全国计算机信息高新技术考试的积分：获得两个以上高级模块合格证书的积 40 分；获得一中一高或两个中级模块合格证书的积 20 分，不累计。全国计算机信息高新技术考试作为一种模块化的考核，主要是为了辅助其他职业更好地使用计算机，属于工具性的辅助技能。在产业转型升级阶段，深圳市的人才需求主要集中在具有较高专业技能的技术技能型高技能人才。为此，深圳市对辅助性技能的分值进行调整，是为了确保所引进人才与深圳市产业转型阶段的用人需求相适应，同时引导和促使一线员工提升专业知识和岗位技能，以更好地适应深圳市企业的用人需求。

（2）专利积分规定的调整。与2013年的政策相比较，2014年删除了对"外观设计专利"的积分，同时将"实用新型专利"的积分由"获得1项积30分"降至"获得1项积10分"。这是因为，在近年来人才引进政策实施过程中，以及在修订分值表的两次征求意见时，相关行业主管部门及其他多个单位和社会公众都建议对专利积分指标和相关规定进行调整，因为具有核心创新能力的专利项目，主要集中在发明创造专利领域。通过对专利积分规定进行调整，能更好地适应创新型城市建设的需要。

（3）夫妻分居积分规定的调整。按2013年的积分标准规定：属于夫妻分居的，另加40分；但2014年的标准则删除了此条。其原因：一是通过人才引进制度入户的对象应是有一定生存发展技能的在职人才，对个人素质的指标项应主要体现个人的素质和能力。二是属于夫妻分居的人员，符合人才引进条件的，可通过人才引进渠道引进入户；不符合人才引进条件的，也可通过公安部门的随迁渠道引进，入户渠道是完全畅通的。三是在年龄减分规定中，对配偶为本市户籍的，不进行年龄减分，体现了在人才引进渠道中对夫妻分居人员的人文关怀。

（4）高中学历积分规定的调整。按2013年的积分标准规定：高中学历（含普高、中专、职高、中技），计40分；但2014年的标准则删除了此条。其原因是，为更好地适应产业转型升级对人才的需求，近年来深圳市重点加大对高技能型、专业型、创业型人才的引进力度，对高中及以下学历层次人员，通过调整积分政策引导其学知识、学技能、学文化，逐步提升自身的生存和发展技能，向高技能型、专业型、创业型人才发展，以更好地适应产业转型升级的人才需求。

（5）社会服务指标分值的调整。主要是将2013年政策规定中"参加献血（包括献造血干细胞），最高分不超过6分"降至2014年的"最高分不超过5分"；以及"参加志愿者（义工）服务，服务每满50小时积2分，最高分不超过10分"降至"最高分不超过5分"。其原因是，此类指标属于导向性指标，主要是发挥社会导向性作用，在人才评价指标体系中的权重和分值应合理设定，不宜过高。合理设置社会服务的积分，可以在引导公民从善助人的同时，鼓励和引导更多的人员通过学文化、学技术、学技能来提高自身综合素质，更好地适应深圳市的人才需求。

（6）中级工、初级工积分的调整。中级工、初级工积分在2013年分别是 50 分和 30 分，在 2014 年则依次降为 40 分和 20 分。这是因为：一是根据深圳市产业转型升级的需要，技能人才引进的重点应从一般性的技能人才逐步转移到引进高技能人才群体（即高级工以上）；二是通过调低中级工、初级工的分值，保持高级工以上分值，引导技能工人提高自身的技能水平，从而更好地适应产业转型升级需要。

（7）45 周岁以上的年龄减分规定的调整。根据 2013 年积分标准的规定，在 40 周岁以上，每增长 1 岁减 2 分。但 2014 年的规定有所调整：从 40 周岁起减分，其中，40—45 周岁期间，每增长 1 岁减 2 分；45 周岁以上每增长 1 岁减 5 分。其原因：一是有利于人才引进年龄结构的优化；二是在年龄规定上，更符合深圳市户籍政策"1 + 5"文件，以及原来调干政策和积分入户政策相关规定的精神。

（8）纳税积分规则的调整。与 2013 年比较，2014 年在纳税积分规则方面的调整主要体现在对个人所得税征税数额的调整，而且 2014 年更明确了个人所得税范围，即包括工资、薪金所得（含全年一次性奖金），劳务报酬所得，利息、股息、红利所得，其具体变化见表 2－3。从表 2－3 中可以看出，2014 年的积分纳税额有所提高。这是因为社会平均工资每年都有所增长，应该根据其每年的增长幅度，对积分分值所对应的个人所得税税额进行相应调整，同时将个人所得税的积分项目范围予以明确，剔除偶然所得等项目，能更为准确、客观地反映个人的实际能力和社会贡献度。

表 2－3　　　　　　2013 年与 2014 年个人所得税征缴积分调整情况

一级指标	二级指标	三级指标		指标分值
		2013 年	2014 年	
纳税情况（3 个年度内累计）	在本市缴纳的个人所得税	12 万元以上	13.4 万元以上	100 分
		10 万—12 万元	11.2 万—13.4 万元	90 分
		8 万—10 万元	9 万—11.2 万元	80 分
		7 万—8 万元	8 万—9 万元	70 分
		6 万—7 万元	6.9 万—8 万元	60 分
		5 万—6 万元	5.8 万—6.9 万元	50 分
		4 万—5 万元	4.6 万—5.8 万元	40 分
		3 万—4 万元	3.5 万—4.6 万元	30 分

除此之外，深圳市还对 2014 年社保、专利、房产、单位申报加分等指标的积分规则作了调整，以通过进一步完善积分规则，使积分体系更为合理，对人才的评价更为科学、准确，防范人才引进中的投机行为、虚假申报和违规行为。

3. 人才引进政策调整的特点分析

深圳市人才引进政策的优化方向是，坚持人才引进数量和质量并重、引进市外人才与转化存量人才并重，坚持人才评价的市场导向，坚持制度的持续完善。分析深圳市 2014 年出台的人才引进实施办法以及人才引进综合评价指标体系，不难发现，此次调整具有以下特点：

（1）更符合产业转型阶段的用人需求，通过加大高技能、专业型人才引进力度，进一步优化人才队伍结构。一是通过调整中级工、初级工分值，保持高级工以上技能分值，取消高中学历层次积分，引导技能工人努力提高自身的技能水平，向高技能型、专业型、创业型人才发展，以更好地适应产业转型升级需要。二是根据专业技术人才成长的规律，以及深圳市职称制度改革的精神，调整专业技术资格的积分规则，采取职称与学历组合的积分方式。三是合理调整社会服务等导向性指标的分值，在引导公民从善助人的同时，鼓励和引导更多的人员通过学文化、学技术、学技能来提高自身的综合素质。

（2）更强调和注重人才的实绩，通过进一步优化指标体系，对个人的实际能力和社会贡献做出更为科学、客观的评价。一是根据社会平均工资增长幅度调整投资纳税指标分值，同时将个人所得税积分项目范围予以细化，剔除偶然所得等项目，更准确、客观地反映个人的实际能力和社会贡献度。二是调整 45 周岁以上的减分规定，由原来的每年减 2 分调整为每年减 5 分，促进人才队伍年龄结构的优化。三是调整夫妻分居的积分规定，申请人配偶为本市户籍的，不另外加分，但年龄超过 40 周岁也不减分，以体现人文关怀。这一调整主要基于以下考虑：人才引进的对象是有一定生存发展技能的在职人才，其评价指标应主要体现个人的素质和能力；另外，夫妻分居人员如符合人才引进条件可通过申报人才引进，如达不到人才引进条件也可通过公安部门随迁入户，其入户渠道是完全畅通的。

（3）评价体系更为科学合理，通过进一步完善积分规则，防范人才引进中的投机行为、虚假申报和违规行为。一是调整专利发明人积分和计分规则，对发明人存在变更情况不予积分。二是调整社会保险计分规则，对补缴社会保险的年限不予计算。三是调整房产积分规则，对短期内频繁变更产权的房产不予重复积分。四是调整单位申报加分的条件，鼓励员工稳定就业，单位稳定用工，防止投机参保加分。五是将虚假申报人才引进等行为纳入不良诚信记录减分范围，营造合法依规、注重诚信的人才引进秩序和社会氛围。

（四）深圳市实施人才引进政策的成效

1. 对全市总人口的影响

2013 年年末，深圳市常住人口 1062.89 万人，同比上年增长 8.15 万人，增长 0.77%；相比 2010 年增加 25.69 万人，年均增幅 7.62%。在该年年末的常住人口中，户籍人口 310.47 万人，非户籍人口 752.42 万人；户籍人口在常住人口中的占比仍然只有 29.21%。但是，由于实施了积极的人才引进政策，四年来户籍人口占比呈逐年上升趋势，2010—2013 年分别为 24.20%、25.59%、27.28%、29.21%；相应地，非户籍人口占常住人口的比重依次是 75.80%、74.41%、72.72%、70.79%，呈逐年下降趋势（见图 2 - 5）。

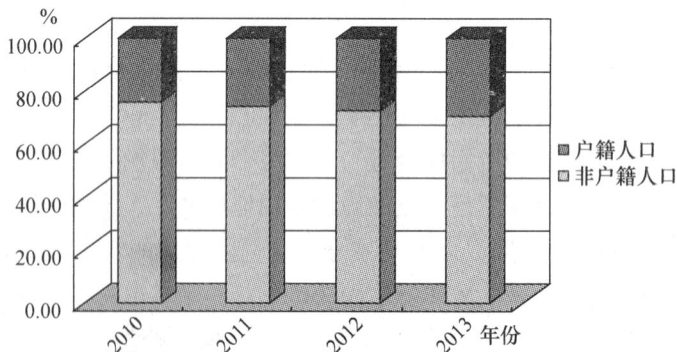

图 2 - 5　2010—2013 年深圳市户籍、非户籍人口比例

由上述可见，深圳市通过实施科学合理的人才引进政策，加大人口优化置换力度，为缓解户籍、非户籍人口结构比例倒挂问题，同时沉淀吸纳非户籍人口的优秀人才发挥了非常积极的作用。2013 年户籍人口同比上年增加了 7.95%，而非户籍人口则连续三年出现负增长。在新增户籍人

口的 20.8 万人中，纯粹的机械增长人口（政府接受迎接毕业生、调进军转军休干部、招生等）为 4.2 万人，仅占总体的 20.0%，而 80.0% 为非户籍常住人口政策性入户或出生入户人口。①

2. 对人口行业结构的影响

由表 2-4 可知，从行业分布上看，相比 2010 年，2013 年比重下降较大的有制造业（-20.34）、农林牧副渔业（-7.13）、科学研究和技术服务及地质勘查业（-5.69）、租赁和商业服务业（-5.17）；比重增加较大的有居民服务和其他服务业（+16.55）、卫生/社会保障和社会福利业（+7.89）、住宿和餐饮业（+6.56）、信息传输/计算机服务和软件业（+6.46）、交通运输/仓储及邮电通信业（+6.22）。高学历人口占比有逐年下降趋势：2013 年为 58.68%，而 2010 年则为 74.53%。

表 2-4　　　　2010 年、2013 年分行业新增户籍人口比重对比表　　　　单位:%

	2013 年	2010 年	对比增长
农林牧副渔业	1.02	8.15	-7.13
采掘业	0.00	0.02	-0.02
制造业	10.55	30.89	-20.34
电力、煤气及水的生产和供应业	0.07	0.29	-0.22
建筑业	1.90	3.27	-1.37
交通运输/仓储及邮电通信业	8.90	2.68	6.22
信息传输/计算机服务和软件业	13.54	7.08	6.46
批发和零售业	7.68	7.76	-0.08
住宿和餐饮业	7.43	0.87	6.56
金融业	3.44	4.87	-1.43
房地产业	2.52	2.39	0.13
租赁和商业服务业	1.85	7.02	-5.17
科学研究和技术服务及地质勘查业	1.18	6.87	-5.69
水利、环境和公共设施管理业	0.12	0.28	-0.16
居民服务和其他服务业	21.56	5.01	16.55
教育	6.29	9.97	-3.68

① 数据转引自深圳市发展和改革委《深圳市户籍人口机械增长计划实际完成情况表》。

续表

	2013 年	2010 年	对比增长
卫生/社会保障和社会福利业	8.69	0.80	7.89
文化、体育和娱乐业	1.40	0.97	0.43
公共管理与社会组织	1.85	0.79	1.06
国际组织	0.00	0.01	−0.01

3. 对人口素质结构的影响

首先，从技术职称（等级）看，高、低等级职称人口大幅度下降，但高级技术等级人口则大幅度增加（见表2-5）。

表2-5　　2010 年、2013 年新增户籍人口技术职称（等级）结构对比　　单位:%

	2013 年（占比）	2010 年（占比）	人口数增长
高级职称	0.07	1.18	−90.16
中级职称	0.19	0.38	−24.17
初级职称	0.14	0.47	−53.26
高级技师	0.04	0.02	161.29
技师	0.22	0.28	22.70
高级技术等级	8.82	5.91	133.52
中级技术等级	1.44	2.03	10.77
低级技术等级	0.09	1.57	−91.07
无	88.99	88.16	58.04

其次，从受教育程度看，2013 年大专及以上文化程度的新入户人数占新增入户总数的 58.68%，相比 2010 年的 74.53% 有较大幅度的下降。从 2010 年至 2013 年连续四年看，大专及以上文化程度的人口占比呈逐年下降的趋势，依次是 74.53%、67.39%、64.27%、58.68%；与此相反，未入学人口占比则以较大的增幅呈逐年上升趋势，依次为 7.31%、8.61%、10.39%、14.92%。初中、高中文化程度的人口占比也有所增加，分别从 2010 年的 4.33%、11.31% 攀升至 2013 年的 8.4%、15.66%（见图2-6）。由此可见，近年来深圳市在实施人才引进政策过程中，重视的是高新技术行业、实际技能水平和对本地区的贡献等因素，而对学历的重视程度不够，从而影响了户籍人口的学历水平。

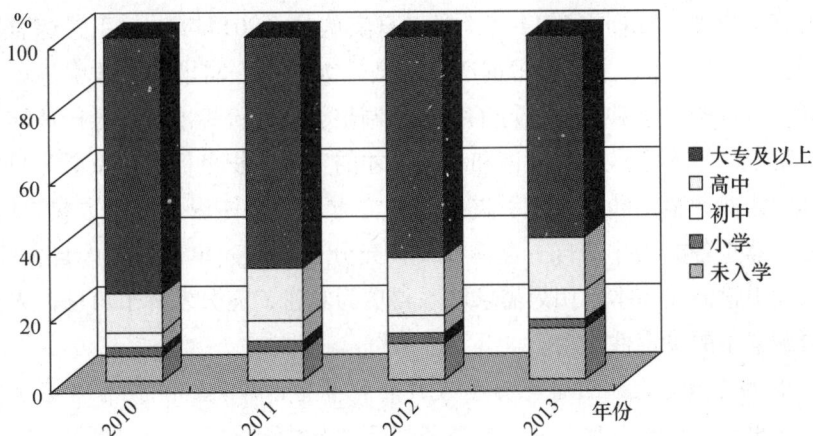

图2-6 近年来深圳市新增户籍人口受教育程度比例

（五）深圳市实施人才引进政策的经验

自2010年以来，深圳市的户籍制度改革是一项具有国际化、透明化和实操性的制度设计，不仅所有规则和指标全面公开，而且建立了网上测评系统。如果想申请入户，只要输入自己的信息，就可知是否达标。这种简明易操作的便民惠民政策，无疑对提高政府信誉和改善政府形象极有裨益。总的来看，可以从以下几个方面来总结深圳市近年的人才政策：

1. 强化人才评价的市场导向，探索建立政府、行业、市场相结合的多元化人才评价方式

除了实施综合评价的积分制改革之外，近年来深圳市人才政策调整的一大特点，就是强化市场导向，紧密围绕经济社会发展"不拘一格选人才"。首先是取消人才引进政策的多项限制性规定，打破人才引进壁垒，将市场用人标准的话语权交给企业，交给市场，让企业和市场决定如何选人、用人、进人。目前，深圳市在职人才引进政策对拟引进人员的专业、工种、指标、申办方式、学历、单位立户等均没有任何限制，凡符合城市建设发展需要的均予以引进。

其次是以市场导向优化人才引进综合评价指标体系，使引进人才更符合经济社会发展的需求。近年来，深圳市根据城市和产业的发展，对积分指标体系不断优化调整，在分值设计上注重技能、发明创造、投资纳税、参保情况、房产条件等指标，以充分反映人才的实际能力、工作实绩和社

会贡献。比如，深圳市 2014 年 1 月 1 日实施的《2014 年人才引进综合评价指标和分值表》，主要是根据产业转型升级的用人需求和人才引进工作实际，对评价要素和分值进行了完善和调整，使评价标准更符合产业转型升级阶段的用人需求，更强调和注重人才的实绩，积分评价体系更为科学合理。这些调整，涉及人才引进机制的方方面面，体现了市场主导原则，既充分尊重各类人才的自主选择权，又充分尊重用人单位的用人自主权，使人才引进流动与本市用人需求联系得更为紧密，充分发挥了市场在人力资源配置中的决定性作用。

2. 根据市外人才引进与存量人口转化并重的原则，积极为来深圳建设者扎根深圳创造条件，引导其不断提升自身技能

深圳市 30 多年来的发展和改革，离不开广大来深圳建设者的勤奋工作、积极奉献。因此，人才引进政策坚持市外人才引进与存量人口转化并重的原则，在大力引进市外人才的同时，同样注重吸纳具备一定生存发展技能的本市存量人才，为来深圳建设者扎根深圳积极创造条件。近年来，深圳市人才引进评价体系不断强化社保、居住、纳税、技术技能等方面的指标，并取消了引进指标和学历限制，如此等等均有利于促进存量人口的转化。

目前，深圳市的人才引进政策与其他一线城市和大中城市相比，门槛较低，条件较宽松，而且在学历、指标、户籍性质、工种、专业、申办方式等方面均没有限制，只要申请人具备一定技术技能，或者在深圳工作一定年限，基本上都能达到引进条件。根据 2014 年人才引进综合评价指标和分值表，在深圳工作 7—8 年的外来务工人员，具有中初级技能或自有住所或累计纳税到一定额度，即使没有学历，也可达到 100 分；具有高级工或初级专业技术资格，在深圳工作 3 年左右，也可达到 100 分；另外，还有很多外来务工人员通过参加技能竞赛、自主创业、参与技术研发等途径达到 100 分。2013 年，深圳市引进的技能工人达到 2.8 万人，不管是从条件的宽松度、政策的开放度，还是引进的力度来说，都超过同类城市以及很多大中城市。

另外，深圳人才引进政策在引导异地务工人员加强学习、不断提升技术技能和文化水平方面也发挥了重要而积极的作用。如 2014 年的评价指标体系对技能、职称、高中学历、社会服务等指标分值进行调整，就是为了引导劳动者积极提升自身素质，通过学文化、学技能、学技术，具备在

深圳持续生存发展的能力，以更好地适应产业升级阶段对高技能型、专业型人才的需求。

3. 以人为本，凝聚主流价值观

应该说，深圳市的人才引进政策是一项极具人性化的制度安排。无论入户申请人出生何地，背景如何，社会地位怎样，只要积分符合条件，就可申报深圳户口。在这一制度框架下，不仅能够有序扩大城市户籍人口数量，优化人口结构，更重要的是能有效地聚合主流价值观，让怀有梦想、渴望融入城市的务工人员有了努力的目标和方向。

人才引进政策激励人们好学上进，有利于凝聚积极向上的城市氛围。凡是勤奋学习、乐于吸纳新知、善于掌握一技之长的人，都在人才积分上占优势。在对高学历和高技能者给予鼓励的背后，实际上蕴藏着对诚实劳动、艰苦创业、苦学本领、通过努力获得成功的价值追求，进而引导人们走正道、行公道，以进取的姿态和脚踏实地的精神获得成就感和幸福感。那些尚未达到入户要求的人，因为有明确的指向，会持续努力，不断提升自己，自我成长，力争成为社会有用之人、城市所需之才，成为合格的深圳人，形成"城市促你成才，你为城市添彩"的良性互动格局。

人才引进政策鼓励人们尚德守法，有利于提升城市的温情和良知。凡参加献血、义工、青年志愿者服务等公益活动的人，都被计入入户分值，无疑可以极大地激励人们发挥爱心善意，参与公益活动，热心公众事业。这无形中会形成一种社会意识：要想成为深圳人，首先要具备公德心，做一个有社会责任感的善良人。这项制度向人们发出明确信号：深圳包容从事各种职业、各种层次的人，但排斥那些违法乱纪、缺德乏善的人。

4. 提升人才引进管理服务，打造便捷、高效、畅通的人才引进渠道

人才引进落户是关系到来深圳的建设者安家立业的民生福祉。近年来，深圳市坚持以人为本、务实便民的服务理念，不断简化人才引进手续，提高人才引进服务质效。例如，统一人才引进政策和渠道，对市外在职人才统一采用积分核准方式，不仅评价标准客观明晰，方便群众熟悉政策、掌握操作要求，而且审批流程公开透明，促进了依法行政、科学简政。

除此之外，深圳市还通过建立全市统一的人才引进信息系统，对人才引进工作实现统一管理、属地服务和全年滚动办理，为群众提供高效便捷的服务。通过信息比对等手段，简化申报材料，优化申报流程，进一步提

升服务效能。2013 年,深圳市人才引进业务人均办理时间(含准备材料时间)比 2012 年缩短 30% 以上,政府为企业提供的上门服务和预约服务率达到 70%。

（六）小结和建议

人才引进政策作为一项探索中的公共政策,如何保证政策制定的科学性以及政策执行的有效性,通过人才政策提升城市可持续发展能力,为国家新型城镇化建设破题探路,是一个重要的研究课题。深圳市通过制定人才引进政策实行户籍制度改革的过程也必然是一个不断探索、不断改进的过程。如何完善这一制度,需要来自实践部门和理论界专家的共同努力。本章根据已有的研究,对进一步优化完善深圳市人才引进政策提出以下参考建议:

1. 进一步完善人才综合评价指标体系和积分条件

正如前文提到,深圳市 2010 年实施户籍制度改革后,户籍人口的学历结构呈劣化趋势。照此下去,最终会影响到全市的人口素质,进而影响城市的可持续发展。建议深圳市根据人才引进数量与质量并重、引进市外人才与存量人口转化并重的原则,结合深圳市产业发展需求和人才引进工作实际,同时考虑到城市的长远发展,调整完善人才引进的综合评价指标体系和积分条件,既强化产业发展和企业实际用人需要的导向,又要注重人才素质结构的优化,建立完善的人才评价机制,将高学历人才进一步分级,逐级加大激励措施,从经济上给予扶持,从政策给予鼓励,增加对高学历人才的吸引力。

2. 进一步推进企业自评人才积分入户常态化

进一步拓宽人才引进渠道,改革以政府主导的人才评价结果作为引进人才标准的单一模式,改革以学历、职称和技能作为人才素质评价的单一标准,将企业评定的人才纳入引进范围,积极探索企业、行业和政府相结合的多元人才评价机制。建立健全以企业评价和市场评价为主体、以岗位能力为导向、以岗位绩效为重点、注重岗位技能水平的企业技术技能人才评价体系,建立常态化的企业自评人才积分入户工作机制,真正实现"谁用人,谁评价"。

3. 进一步提升人才引进服务水平和服务环境

作为一项新推出的惠民措施,人才引进政策要被广大群众接受和认可,除了要契合他们的实际需要,还要让他们对政策信息有充分的了解和掌握。因此，要加大政策宣传力度，通过多种渠道、采用多种方式开展政策宣传，同时优化人才引进代理模式，进一步简化入户申办流程，提高人才引进服务质量和效率。

建立更加民主高效的信息沟通渠道，在政策制定和完善的过程中，广泛向群众征求意见和建议，加强协商沟通，让群众的智慧参与到政策的制定、实施和修改完善的过程中来，这也有利于政策的科学制定和高效执行。

此外，还要建立人力资源市场执法的长效工作机制，及时有效地打击人力资源代理市场的各类违法违规现象，优化人才引进的服务环境。加强人才引进代理机构的规范管理，探索人才引进代理的市场化运作，切实解决群众的实际困难。

4. 积极探索建立利益补偿的均衡机制

在户籍制度改革过程中，一个非常现实的问题是对存量资源的利益再分配。时下各级各部门无不追求人才利益的最大化，同时又担心成为人才流动的成本承担者。如果仅仅站在某个地区自身的角度，这种现象诚然有其现实合理性。但从全国"一盘棋"的角度看，那些从"人口红利"获得收益的地区还应该针对人才的大范围流动去研究出台有关政策，避免让其他地区承担人才流动的成本，从而建立起区域性、整体性的利益补偿均衡机制，使人才的流入地和流出地都能受益，进而防止陷入利益纷争，确保户籍制度改革的可持续发展。

作为改革创新的先锋城市，深圳市更应该着眼全国，立足于推动全国新型城镇化建设，充分把握人口红利的"机会窗口"，积极探索建立行之有效的区域人才流动利益补偿的均衡机制。

5. 进一步增强城市对人口的承载能力

深圳市是一个人口规模超千万的特大型城市，户籍、非户籍人口倒挂现象在国内极具典型性，而且人口密度很高。随着人才引进政策的加快推进，户籍人口所占的比重将越来越高，那么其结果必然会对城市的可持续发展构成负面影响。因此，深圳市引进人才既要积极稳妥，又要规范有序，充分考虑城市的承载能力，优先解决存量，有序引导增量。

为增强对人口集聚和服务的支撑能力，深圳市首先要加强市政公用设施和公共服务设施建设，尽快增加义务教育、医疗卫生、公共交通、住房保障等基本公共服务供应。其次要强化城市产业的就业支撑，调整优化城市产业结构和部局，加快产业转型升级，增强经济活力，增加产业对劳动力的吸纳能力。最后要优化城市空间结构和改进社会治理能力，提高城市空间利用效率，强化社会融合，构建和谐社会关系，全面改善人居环境。

五　深圳和梅州入户政策分析

2014 年 4 月，中国社会科学院经济研究所一行奔赴深圳和梅州进行新型城镇化调研，重点关注户籍制度改革尤其是入户政策。之所以选择这两个城市，是因为深圳和梅州一个是经济高速发展的新兴大型城市，每年吸引着大批劳动力；另一个是历史悠久的中小城市，曾经的繁华不复存在，经济发展缓慢，每年向外输出劳动力。我们认为，选择一个人口输入城市和一个人口输出城市进行对比，更有利于发现城市化进程中存在的户籍问题。

（一）深圳市入户情况

截至 2013 年年底，深圳市常住人口 1062. 89 万人，比 2012 年增加 8. 15 万人，增长率为 0.8%。其中，户籍人口 310. 47 万人，占常住人口的 29.2%；非户籍人口 752. 42 万人，占常住人口的 70.8% （见图 2 - 7）。非户籍人口数量远远大于户籍人口。

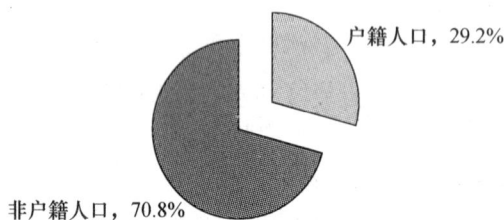

图 2 - 7　2013 年深圳市户籍与非户籍人口百分比对比

1. 深圳市现行的入户政策

为进一步优化人口结构，改革和完善人才引进工作，深圳市政府制定了积分核准制，通过建立科学合理的量化指标体系，对申请引进的市外人才进行多元评价、综合计分。目前，实行的人才引进实施办法主要适用于引进市外人才，包括从深圳市外调入干部和招调工人，以及引进留学回国人员。

（1）基本引进条件。

第一，年龄在 18 周岁以上，48 周岁以下；

第二，身体健康；

第三，已在深圳市办理居住证和缴纳社保（申报人须在本单位有社保缴交记录，且当前为正常缴交状态）；

第四，符合《深圳经济特区人口与计划生育条例》的规定；

第五，未参加国家禁止的组织及活动，无刑事犯罪记录。

符合上述条件的申报人，只要人才引进积分分值达到 100 分，就可以申请办理人才引进手续。

（2）特殊引进条件。如果申报人符合基本引进条件的第二、四、五项，且符合以下条件之一，就可直接申请办理人才引进手续，不需要再进行积分计算：

第一，两院院士；

第二，享受国务院特殊津贴专家，全国杰出专业技术人才，"百千万人才工程"国家级人选，国家、省（部）级有突出贡献中青年专家，国家重点学科、重点实验室学术技术带头人，年龄在 55 周岁以下的；

第三，广东省和国家部级以上自然科学奖、技术发明奖、科技进步奖或深圳市科技创新奖的项目主要完成人，年龄在 50 周岁以下的；

第四，经市人力资源保障部门认定并在任期内的高层次专业人才，且不超过其该类人才认定标准对应的最高年龄；

第五，经市人力资源保障部门认定的海外高层次人才，且不超过该类人才认定标准对应的最高年龄；

第六，取得《深圳市出国留学人员资格证明》，且年龄不超过 48 周岁的留学回国人员。

（3）可放宽年龄限制的申请条件。

第一，具有经全国统考取得的高级专业技术资格、广东省高级专业技术资格或经市人力资源保障部门审核的省外高级专业技术资格；

第二，深圳市依法登记注册企业的法定代表人，其所在企业在最近连续 3 个纳税年度内累计在深圳纳税人民币 300 万元以上的；

第三，深圳市依法登记注册个人独资企业的投资人、有限责任公司的自然人股东、合伙企业的出资（合伙）人，最近连续 3 个纳税年度内，以其投资份额占该企业实收资本的比例而累计分摊企业在深圳已缴纳税额人民币 60 万元以上的；

第四，在深圳市就业的个人，最近连续 3 个纳税年度内累计在深圳缴纳个人所得税人民币 24 万元以上的；

第五，在深圳市依法登记注册个体工商户的经营者，最近连续 3 个纳税年度内累计在深圳纳税人民币 30 万元以上的。

符合上述条件任意一条的申请人，其年龄上限可放宽至 50 周岁以下；符合第二至五项所规定人员，须在最近连续 3 个纳税年度内具备与申请事由相适应的身份资格；纳税额超过以上规定纳税额 1 倍以上的，其年龄上限可放宽至 55 周岁以下。

（4）深圳市人才引进综合评价指标及分值表（见表 2 - 6）。

2. 深圳市针对非户籍人口推行公共服务均等化

深圳市坚持两条腿走路，一方面吸纳当地常住人口加入深圳户籍，另一方面逐步推进户籍与非户籍的公共服务均等化。深圳市在教育、城镇企业职工养老保险和失业保险等方面进行了改革，提高外来务工人员和农村城市化人员享受到的公共服务水平。义务教育方面，深圳市严格按照就近入学原则加强学籍管理，积极创造条件逐步解决常住人口子女平等接受义务教育问题。从 2009 年 1 月 1 日起，符合规定的非户籍学生在公办学校就读的，一律取消借读费，免收杂费、课本费；就读民办学校的，按民办学校学杂费标准减除各级财政规定的义务教育阶段杂费和课本费补助标准（小学生每人每年补助 5000 元，初中生每人每年补助 6000 元）后交费入学。社会医疗保险方面，从 2014 年 1 月 1 日起，深圳市社会医疗保险实施改革，基本医疗保险分为一、二、三档，用人单位为其本市户籍职工投保基本医疗保险一档，为非本市户籍职工任选一档进行投保。这就意味着，如果用人单位为非户籍职工投保一档医保，则户籍职工与非户籍职工享受同等的医疗保险。此外，深圳市在卫生、殡葬、老年人（65 岁及以上）优待、专业社工服务、公共交通、公共文化体育设施的使用等诸多方面做到了"同城人、同待遇"。

（二）梅州市入户情况

梅州市位于广东省东北部，地处闽、粤、赣三省交界处，境内 85%的面积为海拔 500 米以下的丘陵地区，素有"八山一水一分田"之称。截至 2013 年年底，全市总人口 521.35 万人，劳动人口 261.9 万人，其中

表 2-6　　　　　　深圳市人才引进综合评价指标及分值表

一级指标	二级指标	三级指标	指标分值	实施说明	备注
个人素质	文化程度及技能技术等级	1. 博士研究生学历； 2. 硕士研究生学历并具有中级专业技术资格； 3. 高级专业技术资格； 4. 高级技师； 5. 专项职业能力一级	100分	1. 大专以上学历为普通高等教育全日制学历的，加10分，同时有学士以上学位的，另加10分。 2. 以中技学历积分，需同时具有中级工以上职业资格。以高技学历积分，需同时具有高级工以上职业资格。 3. 属于夫妻分居的，另加40分。 4. 具有高级工以上职业资格的，如有本市高级技工学校学历且毕业时间不超过4年，另加30分。 5. 由申请人提供学历、学位和技术技能水平证书，经验证后得分。 6. 持有非我市评定的专业技术资格（不含经全国统考取得），须经我市人力资源保障部门审核；持有非在我市参加考试的技能职业资格证书（含全国、全省统考类），须参加并通过我市人力资源保障部门组织的相应等级的综合水平测试。 7. 本项指标最高积分不超过100分，按就高不就低原则计分，不累计加分	1. 高中学历层次包括普高、中专、职高、中技。 2. 大专学历层次包括大专、高技。 3. 专业技术资格分为三级，分别为：高、中、初级，其中初级包括助理级和员级。 4. 技能人员职业资格分为五级，分别为：高级技师、技师、高级工、中级工、初级工。 5. 全国统考专业技术人员职业（执业）资格参照专业技术资格积分，具体目录和对应等级见《全国统考专业技术人员职业（执业）资格目录》。 6. 专项职业能力证书是指通过深圳市人力资源保障部门组织的新职业新工种专项能力考核所取得的证书，分为一、二、三级
		1. 硕士研究生学历； 2. 本科学历并具有初级专业技术资格； 3. 中级专业技术资格； 4. 技师； 5. 专项职业能力二级	90分		
		1. 本科学历； 2. 大专学历并具有初级专业技术资格、高级工	80分		
		1. 初级专业技术资格（助理级）； 2. 高级工； 3. 专项职业能力三级	70分		
		1. 大专学历； 2. 初级专业技术资格（员级）	60分		
		中级工	50分		
		初级工	30分		
		高中学历	20分		

一级指标	二级指标	三级指标	指标分值	实施说明	备注
个人素质	技能竞赛	在国家级一、二类职业技能竞赛中获奖；在广东省、深圳市、区人力资源保障部门举办或与有关行业联合举办的职业技能竞赛中获奖	国家级一等奖60分；国家级二等奖或省级一等奖50分；国家级三等奖、省级二等奖或市级一等奖40分；省级三等奖、市级二等奖、区级一等奖30分；市级三等奖、区级二等奖20分；区级三等奖10分	由本人提供荣誉证书，经验证后得分。近五年内有效，不累计	
	发明创造	发明专利	每获得1项积50分。多人共有专利的，发明人所得分数按50/（人数+1）计算，如为第一专利人的，加计一份平均分，即得分再"乘以2"。可累计	专利积分以发明人、设计人为准。由本人提供国家专利证书，经验证后得分。最高不超过50分	
		实用新型专利	获得1项积30分。多人共有专利的，发明人所得分数按30/（人数+1）计算，如为第一专利人的，加计一份平均分，即得分再"乘以2"。不可累计		

续表

一级指标	二级指标	三级指标	指标分值	实施说明	备注
个人素质	发明创造	外观设计专利	获得 1 项积 10 分。多人共有专利的，发明人、设计人所得分数按 10/（人数＋1）计算，如为第一专利人的，加计一份平均分，即得分再"乘以 2"。不可累计		
	表彰荣誉	获得国家部委及以上单位或广东省委省政府、深圳市委市政府表彰、嘉奖或授予荣誉称号	获得国家部委及以上单位或广东省委省政府表彰、嘉奖或授予荣誉称号的积 30 分；获得深圳市委市政府表彰、嘉奖或授予荣誉称号的积 25 分	由本人提供荣誉证书，经验证后得分。近五年内有效，不累计	
纳税情况（3个年度内累计）	在本市缴纳的个人所得税	12 万元以上	100 分	由本人提供纳税证明及与申请事由相适应身份资格的相关证明。（上限不含本数，下限含本数）	1. 最近连续 3 个纳税年度内累计缴纳。2. 在最近连续 3 个纳税年度内须具备与申请事由相适应的身份资格。3. 只能任选其中一类进行积分，不叠加计分
		10 万—12 万元	90 分		
		8 万—10 万元	80 分		
		3 万—8 万元	3 万—4 万元 30 分，4 万—5 万元 40 分，5 万—6 万元 50 分，6 万—7 万元 60 分，7 万—8 万元 70 分		
	本市依法登记注册企业的法定代表人，其所在企业纳税	45 万元以上	45 万元积 30 分，每增加 15 万元积 10 分，以 15 万元整倍数计分，最高 100 分		

一级指标	二级指标	三级指标	指标分值	实施说明	备注
纳税情况（3个年度内累计）	本市依法登记注册个人独资企业的投资人、有限责任公司的自然人股东、合伙企业的出资（合伙）人，以其投资份额占该企业实收资本的比例而分摊企业已缴纳税额	9万元以上	9万元积30分，每增加3万元积10分，以3万元的整倍数计分，最高100分		
	在本市依法登记注册个体工商户的经营者纳税	4.5万元以上	4.5万元积30分，每增加1.5万元积10分，以1.5万元的整倍数计分，最高100分		
参保情况	深圳市参保情况	缴纳深圳市社会养老保险年限	每满1年积3分	由深圳市人力资源保障部门直接从社会保险系统读取其正常缴纳社保数据后得分	参保情况总分最多不超过60分
		缴纳深圳市其他社会保险险种年限	每险种每满1年积1分		

续表

一级指标	二级指标	三级指标	指标分值	实施说明	备注
居住情况	在深居住条件	在深拥有合法产权住房	设有抵押权的20分；未设抵押权的30分。多人共有产权的，产权人所得分数按本人（含配偶）所占产权比例计算	由本人提供深圳房地产权证书，经比对市房产登记部门相关信息后得分	多套房产不累计，可申报所占产权比例较高的房产。居住情况只能任选其中一类进行积分，不叠加计分
	在深居住时间	持深圳市居住证年限	每满1年积1分，总分最高不超过10分	以取得深圳市居住证时间计算，持暂住证时间不计算	
年龄情况	实际年龄情况	18—35周岁	5分	以申请时实际年龄为准，上限不含本数，下限含本数	下列人员不适用年龄减分：1. 具有全日制本科以上学历和学士以上学位；2. 具有中级以上专业技术资格或技师以上技能等级；3. 配偶为本市户籍
		35—40周岁	1分		
		40岁以上	每增长1岁减2分		
奖励加分	社会服务（近五年内，深圳市范围）	参加献血（包括献造血干细胞）	每次2分，最高不超过6分	参加献血的由深圳市人力资源保障部门直接从市血液中心献血信息系统读取后得分，献造血干细胞的提供捐献造血干细胞荣誉证书，经验证后得分	社会服务指标最高分值为15分，各三级指标累计超过15分的，按15分计
		参加志愿者（义工）服务	服务每满50小时积2分，最高不超过10分	由本人提供深圳市志愿者机构出具的相应证明，经验证后得分	

续表

一级指标	二级指标	三级指标	指标分值	实施说明	备注
奖励加分	社会服务（近五年内，深圳市范围）	慈善捐款，接受捐款的单位必须是政府认定的慈善组织	每2千元积1分，最高不超过3分		
	申办类型	单位申办，最近在本单位连续缴纳工伤保险费6个月以上	10分	由深圳市人力资源保障部门直接从社会保险系统读取后得分	
减分	不良诚信记录	个人存在不良诚信记录	每条扣20分	由本人向深圳市个人信用征信系统提出申请，深圳市个人信用征信系统根据本人申请提供查询结果	
	经深圳市公安部门核实的违法（非刑事犯罪）行为	个人存在经深圳市公安部门核实的违法（非刑事犯罪）行为	每条扣80分	由市公安局核实并提供违法（非刑事犯罪）记录情况	
	违反计划生育政策	有超生行为	有超生行为的，自做出处理决定之日起5年内不得申请人才引进入户；接受处理满5年的，每超生一个子女扣50分	本人需提供深圳市计划生育证明	

城镇劳动力61.52万人，农村劳动力200.39万人。由于人多地少和工业发展滞后等原因，梅州大量劳动力流向外地寻求发展，目前，全市流向外地的劳动力总量为118.78万人，其中城镇劳动力24.45万人，占20.58%，农村劳动力94.33万人，占79.42%。面对劳动力流出的局面，梅州市政府实施"一园两特带动一精"，积极创造就业岗位，引导人才回

乡、资金回流、企业回迁。目前实行的落户政策主要是城区购房落户和引进优秀农民工落户。

1. 城区购房落户办法

梅州市推进城区购房落户管理制度，按照实际居住地登记和当地需要、当地受益、当地负担的原则，根据城市合理布局的要求，促进农村剩余劳动力向城镇转移，保障公民合法权益，维护社会稳定。

（1）基本规定。凡于 2009 年 2 月 9 日起在梅州城区［含梅县新城、广州（梅州）产业转移工业园］范围内购买成套商品房，并实际居住生活的公民，均可根据本人意愿在实际居住地登记为城镇居民户口，享受当地城镇居民的同等待遇。其中，对落户广州（梅州）产业转移工业园的农民，可保留其农村集体土地经营承包权，享有原村级集体资产的权益和集体可分配收益，承担相应义务。

用于落户的商品房必须是合法报批兴建的成套住宅，不包括厂房、仓库或其他用途的房产。申请落户的房产应具备入住的基本条件，并已编定了门（楼）牌号码。转让后的商品房须完成过户手续，取得合法有效产权证后，才可准予迁入新的家庭户。一套商品房允许所有者本人、配偶和未婚子女落户。属合资购买或产权属共有的成套商品房，只允许其中的一个家庭入户。

（2）落户手续。申请人本人持相关证明材料，向拟迁入地公安派出所（办证中心）提出申请，由梅江分局户政部门、梅县公安局户政部门审核后报市公安局审批。申请时须提供以下证明材料：属一次性付款购买成套商品房（包括二手房）的，须提供书面申请报告、房屋所有权证、户籍证明、居民身份证、家庭关系证明等证明材料。属银行按揭的，须提供房屋所有权证复印件、购房合同、购房发票、银行出具的相关证明等证明材料。

2. 优秀农民工进城落户办法

在梅州市城镇务工的农村劳动力，年龄在 35 周岁以下（对具有高级工以上职业资格或有特殊贡献的，年龄可适当放宽至 45 周岁），身体健康，无犯罪记录，纳入就业登记，签订劳动合同，缴纳社会保险，遵守计划生育规定，并达到以下条件之一的，可以申请在务工所在城镇入户，梅州市户籍的也可选择在务工地城镇入户。

（1）获得县以上（含县级）党委、政府或市局级以上（含市局级）

部门表彰、嘉奖或授予荣誉称号；

（2）取得高级工以上职业资格证书；

（3）取得中级工职业资格证书，且本市户籍的在本市某城镇务工并连续缴纳社会保险费满3年，外省、市户籍的在本市某城镇务工并连续缴纳社会保险费满5年；

（4）获国家、省和市职业技能竞赛三等奖以上；

（5）拥有专利、发明或专有技术成果；

（6）县以上（含县级）人民政府规定的，属于当地经济社会发展需要的紧缺技能人才或特殊岗位人员；

（7）在梅州投资达300万元以上（含300万元）或上年缴纳税金达30万元（含30万元）以上的。

（三）深圳和梅州入户政策的特点

深圳作为大型城市，和北京、上海等城市一样存在人口膨胀问题，面对日益庞大的外来人口，城市本身容纳程度有限，设置入户门槛是必要的，这能在一定程度上控制城市人口。梅州作为中小城市的代表，体现了中小城市发展中的困境，劳动力流失，经济发展速度慢，城市化进程缓慢。针对各自城市的特点，深圳和梅州实施了不同的入户政策。

1. 深圳现行入户政策的特点

这次调研中我们发现，深圳现行户籍制度的特点比较鲜明，基本围绕三个核心：一是吸引高学历和高技能人才；二是保障普通外来务工人员的进城通道；三是看重申请人诚信和守法方面的记录。

深圳市产业转型升级步入正轨，对高学历和高技能人才的需求旺盛，这直接体现在目前的积分入户制度上，对个人素质，尤其是文化程度及技能技术等级的偏重程度最高。符合以下条件之一的，如果不存在非法违纪或者不诚信行为，即可以直接申请入户：博士研究生学历；硕士研究生学历并具有中级专业技术资格；高级专业技术资格；高级技师；专项职业能力一级。

深圳关于外来务工人口城镇化的方法值得借鉴。深圳市情况特殊，户籍与非户籍人口严重倒挂，很多外来务工人员长期在深圳工作和生活，却没有深圳户口，因此，深圳进行户籍改革的重要目的之一，就是保障这部分人口的进城通道，使他们逐步转变成深圳籍。不过，深圳也意识到，通过户籍制度改革促进公共服务均等化的作用，是非常有限的，因此，深圳将户籍制度改革和推进医疗、卫生、教育、社会保障等服务均等化的措施同时进行。

深圳加减分并行的积分入户方式值得推广。目前，实行积分入户的城市不少，但是大多数城市的积分制度都只有加分没有减分。这次调研中，深圳市的减分政策引起了我们的注意，现行的减分政策涵盖了不良诚信记录、违法犯罪和违反计划生育三个方面，扣分幅度很大，至少是 20 分，甚至会取消 5 年内的申请资格。这体现了对人才看法的转变，不是高学历、留过学、获过奖就能称为人才，真正的人才应该遵纪守法、诚实守信。

2. 梅州现行入户政策的特点

梅州属于中小城市，本地能提供的就业岗位有限，并且自古以来就有外出务工的传统。现行的入户政策很好地结合了梅州自身的情况，通过打造工业园来增加工作机会，吸引劳动力回流；并且利用当地房价较低的优势，制定了买房入户政策，逐步吸收周边农业户口人群向非农户口转变，提高城市人口比例。

通过调研，我们发现工业园的建立对于吸引劳动力起着很大作用。虽然工业园区企业的工资比深圳市平均工资略低 800—1000 元，但是，考虑到当地生活成本较低且企业对员工要求相对较低，扣除生活费之后的净工资与外出打工大体持平，部分梅州劳动力选择回流，甚至吸引了梅州周边地区的劳动力前往梅州就业。而梅州市对落户工业园的农民，允许其加入城市户籍后仍保留原农村集体土地经营承包权和享有原村级集体资产的权益和集体可分配收益。该政策既满足了他们加入城市户籍解决子女上学问题的需求，又保障了他们继续享有农村的部分权益，对吸引符合入籍条件的优秀农民工具有很大吸引力。

调研中，我们发现城区购房入户政策对普通青年农民工的吸引力不大，面对当地 5000—6000 元/平方米的房价，刚刚开始工作的农民工尚不具备购买能力。但是，对于那些已经在外打拼了一段时间，略有积蓄，开始考虑孩子进城接受教育，但是又不符合引进落户条件的中年农民工来说，购房落户无疑是一项非常实惠的政策。按照现行政策，只要在城区购买一套商品房，就可以解决自己、配偶和孩子的户口，手续简单快捷。

（四）结论

深圳的积分落户政策总体来说是比较合理和公平的，既能满足深圳对高层次人才的需求，又能覆盖长期工作生活在深圳、遵纪守法农民工的入户要求。但是，现在的分数权重设置偏重学历和纳税额度，这恰恰是广大农民工最薄弱的环节。如何使分配权重更科学化，将是未来修改入户政策时应该重点考虑的地方。

梅州现行的落户政策符合当地发展的需要，引进优秀农民工落户政策保障了当地用工企业的要求，购房落户政策为当地农业人口向非农业人口转变提供了简便的通道。作为一个长期处于人力外流状态的中小城市，梅州应该抓住大城市结构转型的机会，承接部分转移产业，打造符合梅州发展的工业园区，创造更多的就业机会，增加财政税收，吸引优秀人才。

第三章 流动人口基本公共服务均等化

推动基础教育、公共医疗和社会保障等基本公共服务均等化是促进城乡劳动力有序流动、提升城市化水平和质量、实现新型城镇化战略的重要途径和保障，也是实现我国全面建成小康社会目标的必然要求。各级各部门深入贯彻落实党的十八大、十八届三中全会精神，全面落实"四个全面"战略布局，加快推进相关领域改革的顶层设计和战略部署，创新管理服务模式和措施，流动人口的公共服务水平得到明显改善。但是，新型城镇化发展面临经济放缓、结构转型以及区域不平衡等多重挑战，改革进程牵扯到户籍制度、土地制度、财政制度等多方面的复杂关系，基本公共服务均等化道路也必然是一个长期发展过程。

本章通过梳理近些年相关政策文件，对典型的人口流入地和流出地开展实地调研，与政府相关部门座谈研讨，深入基层与流动人口和用工企业进行交流，总结基本公共服务均等化的主要进展和成功经验，发现主要问题和障碍，提出进一步加快推进基本公共服务均等化的对策建议。研究发现，流动人口高度集聚、经济发展与公共服务水平地区不平衡对公共服务均等化带来重大挑战，在现有财税体制下，地方政府主导的改革模式难以为继，中央政府应该发挥其应有责任，主导设计总体改革思路，树立以人为本的管理服务理念，遵循全国范围内同步实施、制度统一、福利均衡、覆盖全体的原则，建立科学、合理的成本分担机制，优先保障教育、健康等公民基本权利，全面落实居住证制度，改革完善财税体制、土地制度、社会保障制度等相关政策，面向全面建成小康社会目标促进流动人口基本公共服务均等化。

[①] 课题组组长：张车伟；课题组成员：高文书、程杰、侯慧丽、陈秋霖、蔡翼飞；执笔人：张车伟、高文书、程杰。

一　主要进展

一是推动全面深化改革，制度政策逐步完善。基本公共服务均等化要依托于新型城镇化战略与户籍制度改革这两项重大系统工程。2013年中共十八届三中全会通过的《中共中央关于全面深化改革若干重大问题的决定》明确提出，要推进农业转移人口市民化，逐步把符合条件的农业转移人口转为城镇居民，稳步推进城镇基本公共服务常住人口全覆盖。2014年3月中央和国务院联合印发《国家新型城镇化规划（2014—2020年）》，明确了新型城镇化的战略思路和主要任务，基本公共服务均等化作为其中一项重要内容予以强调，进一步明确了改革发展方向。2014年7月，国务院发布《关于进一步推进户籍制度改革的意见》，确立了户籍改革的顶层设计，进一步明确了改革思路，要求全面放开建制镇和小城市落户限制，有序放开中等城市落户限制，合理确定大城市落户条件，严格控制特大城市人口规模。尽快建立城乡统一的户口登记制度，取消农业户口与非农业户口的性质区分，推进符合条件的农业转移人口落户城镇，到2020年努力实现1亿左右农业转移人口和其他常住人口在城镇落户，对在城镇居住但不能或不愿落户的农业转移人口，提供义务教育、就业服务、基本养老、基本医疗卫生、住房保障等城镇基本公共服务。2014年12月4日，国务院法制办就《居住证管理办法（征求意见稿）》向社会征求意见，根据意见稿规定，公民离开常住户口所在地，到其他设区的市级以上城市居住半年以上，符合有稳定就业、稳定住所、连续就读条件之一的，可以申领居住证；明确居住证持有人可与户籍人口享有同等的包括免费接受义务教育、平等劳动就业等多项权利，并可逐步享受同等的中等职业教育资助、就业扶持、住房保障、养老服务、社会福利、社会救助、随迁子女在当地参加中考和高考的资格等权利。《居住证管理办法（征求意见稿）》的出台，将是中国基本公共服务均等化的巨大进展。

二是加快落实户籍与基本权益脱钩，面向城镇常住人口提供基本公共服务。各地积极探索符合自身特征的基本公共服务均等化途径，缩小直接与户籍挂钩的基本福利和权益的范畴，尽可能地向包括流动人口在内的常住人口提供更多的公共服务项目。例如，人口结构长期出现"倒挂现象"

（即流动人口超过本地户籍人口）的深圳市，面临更加紧迫的基本公共服务均等化任务，探索出一些成功的经验办法。在城镇职工基本社会保险方面，实现了本地劳动力和外来劳动力的四个统一，即统一政策、统一管理、统一征收、统一待遇，户籍不再成为参保与享受待遇的限制条件，社会保险参保人数快速增加，转移接续也更加顺畅。特别是失业保险率先在全国实现本地与外地职工同等待遇，政策出台后失业保险参保人数持续攀升，享受失业保险待遇的人数也呈现几何级增长，截至2014年5月，深圳全市失业保险参保人数已达940万人，在全国各大城市位居第二，是2012年同期参保人数的3倍，2014年1—5月全市共申领失业保险金20365人，是2012年同期待遇申领人数的12倍，其中非本地户籍流动人口为17996人，占到88%。在公共卫生和基本医疗服务方面，采取了不分户籍的"四个同等"做法：其一是同等服务，明确社康中心以包括流动人口在内的全部人口为服务对象；其二是同等标准，"社区公共卫生服务包"对流动人口和户籍人口一视同仁，提供相同标准的基本公共卫生服务；其三是同等保障，将基本公共卫生服务经费标准提高到每位常住居民（包括流动人口）40元；其四是同等考核，不管服务对象为户籍人口还是流动人口，社康中心的考核标准和经费激励保持一致。

三是提升流动人口管理服务理念，将农民工纳入统一人才战略与政策体系。首先从理念上认同农民工也是城市经济社会发展的不可或缺的组成部分，将农民工视为人才队伍建设和发展的重要构成，制度层面与大学毕业生，甚至海归并无二异。例如，深圳市已经将农民工落户融入人才引进政策体系中，不再单独实施农民工积分入户政策，这既是一种理念的进步，也是管理模式的创新。其次是积分制度采取核准制以替代指标配额制。一些城市吸取经验教训，优化改进积分入户政策，建立统一多元、量化赋分的人才引进评价体系，只要积分值达到一定的门槛要求，即可按照规定申请落户，并不直接受年度指标数量控制。不少地方的积分制实际上采取配额管理，操作上倾向于严格控制，导致大量有意愿的人无法落户，而管理部门又面临配额指标无法完成的困扰。最后是打破了地域或区域分割。很多地方的城镇化很大程度上仍然偏向于本地城镇化，排斥外域流动人口。新型城镇化建设走在前面的一些地方，积极主动消除了农业与非农业户口，落户政策对于省内与省外的流动人口没有区别，本市之外的人员一视同仁并无地区差异或特殊保护。

　　四是逐步扩大基本公共服务项目，提升公共服务均等化质量。一些城市结合自身财政负担能力，在国家规定的基本公共服务项目之外，自主扩大服务项目和范围，基本服务项目更加广泛，意味着公共服务均等化质量被推向更高层次。例如，深圳市在国家规定的 11 项公共卫生服务项目的基础上，积极主动地为流动人口提供具有深圳市特色的基本公共卫生服务。在全国率先将流动人口肺结核患者纳入项目管理，率先启动预防与控制梅毒母婴传播项目，自主项目还包括麻风病防治、艾滋病防治、降低孕产妇死亡率和消除新生儿破伤风，此外，还为流动人口免费提供婚前及孕前优生健康检查。国家规定的基本公共卫生服务由社康中心免费向常住人口提供，深圳市自选的公共卫生项目由专业公共卫生机构、医疗机构、社康中心共同免费提供。通过公共卫生服务机构、医疗机构协调联动，各专业公共卫生机构负责辖区内医疗机构和社区健康服务中心公共卫生工作的督导和培训，有效地提升服务质量。不少城市的养老服务机构和设施均面向非深圳户籍老人开放，社区星光老年之家、老年人日间照料中心对本地人口和外来人口实行同样待遇。

　　五是加强现代服务网络体系建设，提高公共服务资源供给能力和效率。在现有公共服务资源相对有限条件下，一些地方积极探索，通过整合资源、提高使用效率，挖掘面向流动人口提供更多公共服务的潜力。其一是构建公共卫生服务体系。一些城市建立了"市区两级架构、三级管理"的公共卫生服务体系，实施市级专业公共卫生机构、区级专业公共卫生机构、各级医院防保科和社区健康服务中心三级管理的"横向到边、纵向到底"的公共卫生服务网络。其二是完善社区卫生服务网络。例如，深圳市按每 1 万—2 万名居民一个社康中心的规划，目前 609 家社康中心已实现街道、社区全覆盖，服务半径为步行 15 分钟距离范围内，承担了更广泛的服务供给功能，实行劳务工医保绑定社康中心和社区首诊制度，按人头包干付费，门诊每年 800 元限额，住院可报销费用最高达 35 万元，报销比例达 76%，社康中心全部配备国家和省基本药物，基本药物平均降价幅度达 29.1%。其三是计生服务网络标准化建设。深圳市计划生育技术服务网络有 1 个市级、6 个区级、42 个街道级共 49 个计生技术服务机构、625 个社区生育文化中心，计生技术服务机构全部完成标准化建设。其四是提高公开、透明的信息管理能力。一些城市的积分制落户的标准、评价指标以及评分结果等整个流程和各个环节，均可以通过网络进行信息公开，提高操作透明化，确保公平公正，也提高了管理服务效率。

二　主要问题与挑战

一是地方政府主导的模式难以持续，中央政府尚未充分承担应有责任。推进流动人口公共服务均等化必然要求财政投入予以保障，在当前财政分权体制下，地方政府面临财权与事权不匹配的矛盾，即便是经济发达地区的城市也难以长期承受新增公共服务所需要的大量财政支出，从而导致很多地方的公共服务均等化和新型城镇化建设出现浓厚的观望情绪和态度。地区经济发展不均衡与流动人口高度集聚，决定了完全依靠地方政府主导推进公共服务均等化的道路是不可行的。根据我们课题组研究发现，经济发展与公共服务水平的地区差异都很大，流动人口又高度集中在经济发达和公共服务水平较高的城市，由此导致公共服务均等化所需要的财政投入和成本分布高度不均衡，基本公共服务均等化成本排前十位的地级城市累计成本就占到全国总成本的3/4，公共服务水平高、流动人口集中的大城市必然承担更高成本、改革负担更重，而一些公共服务水平较低、流动人口较少的中小城市，经济和财政能力有限，同样难以承担长期公共服务均等化的刚性支出。因此，在中央政府没有承担起教育、医疗卫生、社会保障等更大责任的情况下，仅依靠地方政府主导推动公共服务均等化的阻力和难度很大。

二是区域不平衡矛盾突出，统筹协调推进任务紧迫。公共服务水平的地区不平衡程度并不亚于经济发展水平的地区差距，根据我们课题组研究发现，城市规模在300万人以下的中小城市，公共服务水平差异并不太大，当城市规模达到500万人以上，公共服务水平会随着城市规模增大以递增的速度大幅提高，目前人均公共服务水平最高的北京市是省会城市中最低的（石家庄市）5倍多，是所有地级城市中最低的（湖北天门市）10倍多，即便在省份内部也存在巨大差异，如广东省中东莞市、深圳市的公共服务水平排在全国前五位，而揭阳市则排在全国倒数第二位。不同地区基本公共服务水平的较大差异，也直接导致流动人口基本公共服务均等化的进程不尽相同，相对来看，有利于地方经济发展的就业政策推动较快，但涉及财政投入较多、可能与本地户籍居民形成竞争关系的公共服务政策推进比较缓慢，农民工子女入学手续烦琐、变相收费、城乡教育对接补偿、融入困难等问题比较普遍。农民工及其随迁家属纳入当地医疗救助逐步开展，中西部省份如江西、广西等地执行力度比较大，而东部发达地区反而执行力度不够大。部分城市试图积极主动地加快公共服务均等化进度，但由于缺乏全国整体协调推进，担心造成福利"洼地效应"，积极主动反而可能会出现被动。例如，深圳市在财政上能够保障进一步扩大流动人口的公共服务项目，但又担心福利提高后将吸引全国各地的流动人口加快涌入，从而导致本地财政难以负担，也造成城市人口管理压力，按照地方政府管理者所说，"深圳即便是再发达，再有能力，也无法为全国人民埋单"。因此，流动人口公共服务均等化缺乏全国整体协调推进，必然将造成地区不平衡日益扩大，并最终阻碍改革发展的步伐。

三是享受公共服务要求直接与其贡献对等，非就业关联的福利被排斥在外。尽管一些地方在扩大流动人口的公共服务与福利方面已经做出了积极进展，但更多基于就业的服务项目，背后暗含着服务的获得必须要与其贡献直接联系，通过就业创造 GDP 或者贡献财政税收，或者参加社保缴费一定年限，地方政府狭义地理解为，只有这类流动人口才算是为本地作出贡献的人，才有资格享受部分公共服务和福利。然而，非就业、非缴费的基本公共服务仍然排斥流动人口，目前居民养老保险、居民医疗保险、最低生活保障等非缴费或者财政负担为主的福利项目只有本地户籍人员才能享受。地方政府主要担心进一步放宽后，将会面临比较突出的财政压力，而且，在这些保障体系没有实现全国范围统筹情况下，也会存在转移接续和地区衔接问题，本地优先放宽可能会导致重复享受福利问题，的确也存在某种不公平。从流动人口所享受的公共服务和福利范围来看，公共服务均等化仍然有较长的路要走。

四是流动人口排斥出现隐性化特征，直接制度排斥转变为间接苛刻条件约束。一些地方改进相关制度，消除了直接排斥流动人口的不合理歧视性政策，但新建立的统一政策体系中以高端人力资本为导向，普通流动人口尤其是广大农民工实际上仍然被排斥在外。例如，深圳市将农民工视为人力资源，纳入整体人才引进体系中是一大进步，但在实际政策制定中倾向于更多依据人力资本条件、经济能力、就业正规性等标准，而这些标准对于农民工群体而言必然非常严格和苛刻，即便是长期在本地务工就业的农民工也难以满足落户条件。根据统计，2013 年实际落户的人员中，属城镇户口的 122684 人，占 81.3%；农业户口的 28205 人，占 18.7%，真正意义上的落户农民工很少。从这个意义上来看，对于农民工群体的排斥方式已经发生了转变，从直接制度排斥为主变成了间接的苛刻条件约束，大多数农民工融入城市的实际情况可能并没有明显改变。

五是从事灵活就业的流动人口，成为公共服务均等化的盲区。社会保险是与就业关联的，只有与用人单位形成正式劳动关系的受雇劳动者才能够参加社会保险，而那些自我经营或家庭帮工等灵活就业者，由于没有正式的劳动关系则不能加入现行的社会保险体系。2011 年 7 月 1 日《中华人民共和国社会保险法》施行后，社会保险开始对城镇灵活就业劳动者开放，但在实际操作中基本仅局限于城镇本地户籍灵活就业者。进城农民工中约 30% 是灵活就业者。由于社会保险体系不向城镇灵活就业农民工开放，即使现行社会保险制度实现了对进城农民工的"应保尽保"，从事灵活就业的农民工永远也不可能被社会保险体系所覆盖。《居住证管理办法（征求意见稿）》也规定，只有符合有稳定就业、稳定住所、连续就读条件之一的才能够领取居住证。这意味着，从事灵活就业的农民工，如果在城镇没有稳定住所，获得基本公共服务仍然是缺乏制度保障的。

六是核心权利保障仍然薄弱，教育公平被迫让位于严格人口调控。教育是流动人口最关心、最核心的权利，尽管"两为主"（以公立学校为主、以流入地为主）方针早已明确，但实际执行过程中没有得到很好的落实，流动人口的教育问题始终没有得到根本的解决，流动儿童和青少年被迫辍学、过早进入劳动力市场，成为脆弱的群体。更为严峻的是，户籍制度已经成为北京、上海等特大城市人口控制的重要手段，教育公平的目标某种程度上被迫让位于人口调控。按照目前户籍改革的基本思路，中小城镇将逐步放开，而大城市尤其是特大城市将严格控制，面对流动人口调控的一大难题，地方政府正是抓住流动人口最为关心的"教育"这一要害，利用削减教育机会的方式以达到挤出流动人口的目标，前些年流动子女还有机会在北京、上海等城市享受职业教育，目前这一政策也收紧，流动子女的受教育权利被进一步削减，同时也造成城市优质教育资源浪费。

七是城乡与地区之间制度不衔接，阻碍公共服务均等化顺利推进。社会保险、医疗卫生、户籍改革等制度尚未形成全国统一、可衔接的体系，城乡之间、流入地与流出地之间无法有效衔接，仅仅流入地城市推进改革也无法顺利推进相关政策落实。例如，深圳市养老保险的缴费费率长期保

持较低水平，曾经一度为个人8%、企业10%，而全国标准的企业费率为
20%，但养老保险制度转移接续制度规定，企业缴费的12%可以转移、
8%留在本地，深圳不仅没有留存，甚至还要额外补充，以致不得不将企
业缴费比例提高（目前为13%）。在落户政策方面，同样也存在与其他流
出地在承包地、宅基地、户籍管理等方面的衔接，目前很多地方只能做到
设定自身标准，不考虑流出地政策要求，容易造成户籍管理的混乱。

三　对策建议

加快农业转移人口进城落户和基本公共服务均等化是推动新型城镇化
的两大途径，建制镇和小城市落户限制基本全面放开，中等城市和大城市
落户限制将有序放开，考虑到资源环境承载力，特大城市在较长时期内仍
然需要严格控制，基本公共服务均等化成为推动大城市新型城镇化建设的
重要路径。由于缺乏全国层面的整体设计和协调推进，公共服务成本在地
区之间分布极度不平衡，流动人口集聚的地方政府承受很大不确定性、缺
乏内在改革动力，依靠地方政府主导推进公共服务均等化面临极大挑战。
中央政府应该发挥其应有责任，主导设计总体改革思路，遵循全国范围内
同步实施、制度统一、福利均衡、覆盖全体的原则，尽快建立合理的成本
分担机制，中央财政有必要全部负担最基本的公共服务项目，财税体制、
农村产权制度、土地制度、社会保障制度等相关政策需要尽快完善。

第一，中央政府统筹协调并发挥主导作用。流动人口高度集聚、公共
服务水平地区差异巨大决定了依靠地方政府为主推动改革必将面临很大阻
力，从全国整体层面看，公共服务均等化的财政负担并非不可承受，需要
全国整体协调推进，中央政府发挥主导作用，避免地方政府之间的博弈出
现"囚徒困境"，北上广深等特大城市并非主要受制于财政约束，关键在
于解决"不能为全国人民埋单"的矛盾，在中央财政承担应有的职责情
况下，地方政府应该有动力，也有能力加快推进均等化进程。因此，中央
政府在推进公共服务均等化过程中应该遵循"全国同步推进、兼顾地区
差异"，必须在所有城市有效落实，同步推进有利于保障改革成本在地区
和城市间的合理分摊，避免造成"洼地效应"，从而引发人口无序流动，
阻碍改革平稳推进。地区差异化政策必须要打破现有的行政区域分割，以

城市的实际改革负担能力为基本依据，而不能简单地以大中小城市或东中西区域划分，流动人口较少的地区和城市同样也可能存在改革负担，东部地区同样也存在经济和财政能力有限的城市。

第二，建立科学、合理的成本分摊机制。根据我们课题组研究测算，若将基本公共服务覆盖范围包括教育、医疗卫生、社会保障、最低生活保障等，假定2030年城镇化水平达到70%，到2030年公共服务均等化所需要支付的总成本累计为7.3万亿元，仅相当于全国财政累计用于与民生密切相关支出的11%，这意味着未来几十年更高质量城镇化所要求的基本公共服务均等化所带来的财政负担并非无法承受，关键是要建立一套科学、合理的成本分摊机制，即"钱"由谁出、各出多少。在现有财政体制没有较大调整情况下，成本需要由中央财政负担更大比例。最基本的公共服务可考虑完全由中央财政全部负担，如教育尤其是义务教育和中等教育，中央财政应该肩负起兜底的功能。就业、医疗卫生、养老保障等随着统筹层次逐步提高，中央财政也应该承担更高比例，在一些准公共服务和投资性福利项目方面如住房保障、社区服务等，地方政府可根据自身情况平稳推进。同时，应该加快改革完善财政体制，健全中央和地方财力与事权相匹配的体制，完善促进基本公共服务均等化的公共财政体系，构建地方税体系，形成有利于结构优化、社会公平的税收制度，建立以常住人口为服务口径的公共转移支付制度，厘清中央和流入地、流出地政府的责任，增强流入地城市政府接纳进城农村人口的积极性。鼓励地方政府积极扩大公共服务范围，在一些准公共服务和地方特色的福利项目方面，如住房保障、社区服务、养老服务等，引导和鼓励地方政府根据自身情况逐步推进，扩大覆盖范围，提高福利水平，逐步缩小与本地户口拥有者享受权利的差距。

第三，构建全覆盖、一体化的公共服务与福利体系。基本公共服务体系与各项制度应该全国统一，建立基本公共服务的项目内容和最低标准，并且能够覆盖全部常住人口，由中央财政负担的福利水平和标准也要全国一致，地区之间、城市之间的居民养老、居民医疗、最低生活保障等账户可以无缝衔接、自由转移，确保人口在流动过程中并不影响其基本公共服务的权利，中央转移支付的公共服务资金可以随着人的流动而灵活地进入流入地政府。改变流动人口享受服务与其贡献直接挂钩的狭隘理念，逐步将基于就业权的公共服务体系转变为基于公民权的公共服务体系。目前公共服务均等化主要面向有单位、稳定就业且参加社保的流动人口，对于自雇和灵活就业的以及未就业的流动人口来说仍然不能与本地人享有同样的参保权利。应该尽快建立普惠制、可携带的福利制度，公民不论在何地居住，以公民权为基础就可享有权利和福利，而不是只有就业才能享受。

第四，充分尊重和考虑农民工群体特征。推进流动人口基本公共服务均等化需要树立以人为本的管理理念和新公共服理念，转变对流动人口认识理念基础上，在制度设计和政策细则方面要消除技术性的间接排斥。一是更加重视农民工的群体特征。目前入户政策和指标设置显然更倾向于高学历、高技能、年轻化的人才，优先考虑拥有住房、社保等正规就业人员，长期在本地务工生活但学历较低的农民工则处于弱势地位，尤其是大量从事个体经营和非正规就业的农民工更是难度很大，相关政策和规定有必要尊重农民工群体特征。二是考虑以家庭为单位的综合评价体系。人口流动模式正在从以劳动力迁移为主向家庭迁移转变，同时，综合考虑家庭成员结构特征也具有合理性。目前入户政策的评价对象是个人，可以考虑逐步探索以家庭为单位申请入户，并调整相关指标设置。

第五，将流动子女教育权利放在优先位置。教育权是公民最基本的核心权利，教育公平应该优先保障，严格禁止将子女教育作为大城市人口调控手段，教育权利必须要得到基本保障，流入地城市应负责保障流动人口子女平等接受义务教育的权利，将其纳入教育发展规划和教育经费预算中。以公办学校为主接受农民工子女，政府按照统一标准向学校划拨生均经费。支持社会力量举办"农民工子弟学校"，对于愿意承担义务教育任务、具有办学师资和安全设施的民办学校在师资培训、教学设备购置、校园用地等方面予以支持，并按学生人数给予财政补贴，保证农民工子女能接受质量合格的基础教育。确立农民工子弟学校的合法地位，妥善地将农民工子弟学校纳入国家教育体系，使办学者能进行长期的追加投资，设计学校的长远发展规划，填补农民工子弟学校正规教育供给不足的缺陷。

第六，尽快完善和落实居住证制度。居住证制度应做到重服务轻管理，发挥人口流动信息服务的基本职能，为准确地将公共服务与福利覆盖流动人口提供依据。居住证与暂住证的核心区别在于其基本功能属性，前者更强调公共服务，而后者则更强调人口管理。若仅将其视为一种新的流动人口管理工具或手段，那么居住证的意义将会大打折扣，甚至成为暂住证的另外一个代名词。居住证获取条件应该逐步与社保缴费、纳税、购房、学历或技能水平等脱钩，主要与居住生活年限关联，保证在本地稳定居住达到一定期限的正规就业人员、非正规就业人员以及非就业人员，均能够根据居住证确定基本公共服务的享受资格，建立全国统一、信息共享的居住证系统平台，为公共服务的可携带提供基础信息支持。应该逐步赋予居住证更多的公共服务与福利，保障居住证持有者享受各项基本公共服务，逐步缩小与本地户口拥有者享受权利的差距并最终拉平。

第七，保障流动人口在流出地的财产权利。流动人口在流出地农村地区的承包地、宅基地以及集体经济等财产权利无法得到充分保障，成为城镇化推进中的一大阻碍。应该针对不同区域发展现实，探索因地制宜的产权制度模式。在经济发达地区或者高城镇化区域，土地用途多样化，权属情况复杂，土地确权成本过高，可以将部分产权留在公共领域，在经济还不发达或者远离城市的区域，土地利用形式比较单一，土地确权简单易行，可以采取将全部产权作价入股的方式确定集体财产的归属。探索试点农村建设用地直接入市交易，建立市场主导的价格发现机制，允许农村宅基地使用权、土地承包经营权、林权等进行担保、抵押，建立农村产权流转交易市场，实现"同地、同价、同权"，在农村财产权利得到保障的基础上，更好地推进流动人口公共服务均等化和城镇化。

第八，加强城乡与地区之间的政策衔接。中央与地方政府应该协调政策，尽量减少流动人口转移接续中的利益损失，处理好地方政府间的利益关系。户籍制度与土地制度改革协调推进，前者可视为"拉力"，后者可视为"推力"，共同推动公共服务均等化与更高质量的城镇化。流入地与流出地的相关政策需要有效衔接，首先要保障农民在农村的基本权益不受侵害，保障农民集体经济组织成员权利，赋予农民对集体资产股份占有、收益、有偿退出及继承的权利，分享集体资源和经营性资产的收益，深化农村产权制度改革，建立农村产权流转交易市场，促进农业农村资源资本化，增加农民财产性收入。允许进城农民自愿有偿退出承包地和宅基地，同时也要尽快完善相关制度政策和操作办法，避免出现已经在城市落户享受城镇居民待遇的农业转移人口，在农村又占有耕地、宅基地以及享受农村社会福利的新问题。

第四章　新型城镇化的产业支撑

工业经济研究所课题组[①]

当前，我国整体上已进入工业化后期阶段，城镇化率超过50%，但是地区之间的发展差异非常明显。在东部地区工业化即将完成、产业结构发生明显转换、城镇化快速推进之时，西部地区普遍处于工业化中期乃至初期阶段、城镇化率严重滞后于东部地区和全国平均水平。因此，西部地区城镇化以及城镇化进程中产业的发展具有其特殊性。在对西部地区代表性城市进行调研的基础上，本书从西部地区城镇化过程中的工业、服务业发展以及县域经济发展等方面，对西部地区城镇化进程中的产业支撑问题进行研究并有针对性地提出对策建议。

一　西部地区产业发展的特征

长期以来，我国第二产业和工业一直是推动经济增长的最主要力量，第二产业比重长期高于第三产业，直到2013年发生了转折性变化。2013年，第二产业比重为43.9%，第三产业比重为46.1%，第二产业比重第一次低于第三产业（低2.2个百分点）。2014年，第二、第三产业比重间的差距进一步拉大到5.6个百分点（见图4－1）。工业占GDP比重从2007年开始下降，2014年下降到35.8%。

但是西部地区的产业结构表现出与全国趋势不同的特征。从表4－1可以看到，中西部许多省份的第二产业和工业比重持续提高，第三产业比重持续下降。例如，与2007年相比，安徽、四川、广西、湖北、吉林

---

① 课题组组长：史丹；课题组成员：李晓华、叶振宇、邓洲、刘奕、刘佳骏；执笔人：李晓华、叶振宇、邓洲。

2013 年的第二产业比重分别提高 9.9 个百分点、7.5 个百分点、7.0 个百分点、6.3 个百分点和 6.0 个百分点，其中工业比重分别提高 9.5 个百分点、6.8 个百分点、4.9 个百分点、5.3 个百分点和 5.4 个百分点，第三产业比重分别下降 6.0 个百分点、1.3 个百分点、2.4 个百分点、4.0 个百分点和 2.8 个百分点。部分西部中心城市（特别是省会城市）服务业的比重持续走低。

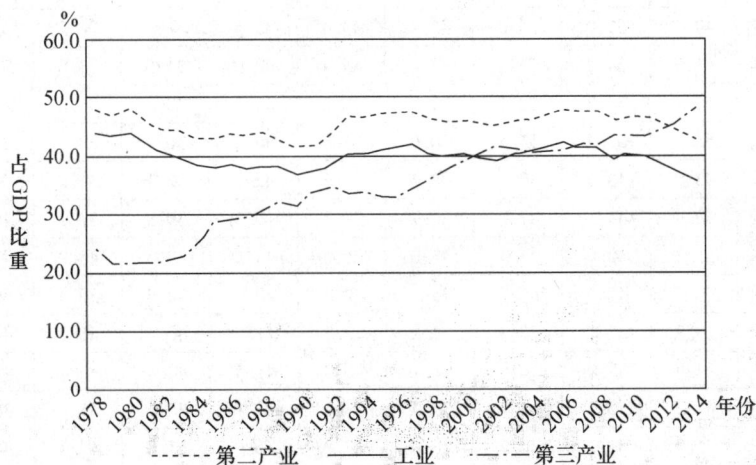

图 4-1　1978—2014 年我国产业结构变化

资料来源：2014 年数据引自《2014 年国民经济和社会发展统计公报》，其他数据引自《中国统计年鉴》（2014 年）。

表 4-1　　　　　2007—2013 年我国分地区三次产业结构变化　　　　单位:%

地区	第二产业			工业			第三产业		
	2007 年	2010 年	2013 年	2007 年	2010 年	2013 年	2007 年	2010 年	2013 年
北　京	26.8	24.0	22.3	22.3	19.6	18.1	72.1	75.1	76.9
天　津	57.3	52.5	50.6	52.7	47.8	46.5	40.5	46.0	48.1
河　北	52.8	52.5	52.2	47.8	46.8	46.6	34	34.9	35.5
山　西	60.0	56.9	53.9	54.8	50.6	47.9	35.3	37.1	40.0
内蒙古	51.8	54.6	54.0	45.0	48.1	47.2	35.7	36.1	36.5
辽　宁	53.1	54.1	52.7	47.2	47.6	46.2	36.6	37.1	38.7
吉　林	46.8	52.0	52.8	41.1	45.3	46.5	38.3	35.9	35.5

续表

地区	第二产业			工业			第三产业		
	2007 年	2010 年	2013 年	2007 年	2010 年	2013 年	2007 年	2010 年	2013 年
黑龙江	52.3	50.2	41.1	47.1	44.4	35.4	34.7	37.2	41.4
上　海	46.6	42.1	37.2	43.5	38.1	33.5	52.6	57.3	62.2
江　苏	55.6	52.5	49.2	50.6	46.5	43.3	37.4	41.4	44.7
浙　江	54.0	51.6	49.1	48.4	45.7	43.6	40.7	43.5	46.1
安　徽	44.7	52.1	54.6	37.4	43.8	46.9	39	33.9	33.0
福　建	49.2	51.0	52.0	43.4	43.4	43.5	40	39.7	39.1
江　西	51.7	54.2	53.5	41.4	45.4	44.9	31.9	33.0	35.1
山　东	56.9	54.2	50.1	51.7	48.2	44.3	33.4	36.6	41.2
河　南	55.2	57.3	55.4	50.0	51.8	49.6	30.1	28.6	32.0
湖　北	43.0	48.6	49.3	37.4	42.1	42.7	42.1	37.9	38.1
湖　南	42.6	45.8	47.0	36.7	39.3	40.8	39.8	39.7	40.3
广　东	51.3	50.0	47.3	48.0	46.6	44.1	43.3	45.0	47.8
广　西	40.7	47.1	47.7	35.1	40.3	40.0	38.4	35.4	36.0
海　南	29.8	27.7	27.7	22.8	18.7	17.5	40.7	46.2	48.3
重　庆	45.9	55.0	50.5	38.1	46.7	41.5	42.4	36.4	41.4
四　川	44.2	50.5	51.7	37.3	43.2	44.1	36.5	35.1	35.2
贵　州	41.9	39.1	40.5	36.8	33.0	33.6	41.8	47.3	46.6
云　南	43.3	44.6	42.0	36.1	36.0	32.1	39.1	40.0	41.8
西　藏	28.8	32.3	36.3	8.1	7.8	7.6	55.2	54.2	53.0
陕　西	54.2	53.8	55.5	46.6	45.0	46.8	34.9	36.4	34.9
甘　肃	47.3	48.2	45.0	39.4	38.9	35.5	38.4	37.3	41.0
青　海	53.3	55.1	57.3	44.0	45.4	46.2	36	34.9	32.8
宁　夏	50.8	49.0	49.3	42.8	38.1	36.8	38.2	41.6	42.0
新　疆	46.8	47.7	45.0	39.9	39.7	36.2	35.4	32.5	37.4

资料来源：《中国统计年鉴》（2014 年）。

　　工业化和城镇化是相辅相成的，城镇既是工业化的产物，也为工业产品创造了巨大需求。目前，我国西部地区正处于城镇化和工业化高速推进的发展阶段，按照国内外发达地区的发展经验，在这一时期，工业是西部地区城镇化最重要的产业支撑。近年来，西部地区城镇化快速发展中工业比重也有所提高正是这种规律的反映。

　　省会城市作为区域中心，无论从规模经济效应还是对周边区域的市场辐射或扩散效应来看，在发展服务业方面都远比小城市更具效率和竞争力，因而一直是我国服务业发展的主要阵地。但是，2008 年以来，在发达地区大城市服务业高歌猛进的同时，西部一些省会城市三次产业占比无论从全市范围还是市辖区范围看，均出现了持续走低的现象。近 10 年间，有接近一半的西部省会城市三次产业占比出现了下行的趋势，有超过一半的城市出现了服务业对经济增长拉动迟滞的现象。虽然在工业化的中期，工业占 GDP 的比重会有所提高，但作为省会城市服务业比重的下降需要得到重视。

二　工业发展与西部地区的城镇化

（一）工业发展对西部地区城镇化的必要性

城镇化的推进需要产业发展作为支撑已经成为共识，但是对于在现阶段应当发展什么样的产业却有不同的认识。有观点认为，西部地区的城镇化可以像东部地区一样主要依靠服务业的发展作为支撑，第二产业特别是工业并不重要。这种观点已经在一定程度上影响了西部一些地方政府的政策，工业项目的审批难度加大，社会各方对发展工业的热情度降低，抵触增多。但事实上，西部地区城镇化过程中工业的发展不仅符合经济发展和城镇化的一般规律，而且对于保持我国国际竞争力、促进服务业更好的发展都具有至关重要的意义。

第一，城镇化率与第二产业（工业）比重并非此消彼长的关系，而西部地区当前正处于城镇化发展且工业比重提高的阶段。从我国城镇化的发展过程看，改革开放以来城镇化率即呈不断提高的趋势，第二产业和工业的比重虽然有波动，但相对比较稳定，甚至在某些阶段（2003—2006年）还出现比重提高的情况。目前，西部地区一些城市虽然仍处于工业化的中期甚至初期阶段，但其服务业比重超过第二产业，实际上是第二产业未经充分发展形成的产业结构的"虚高度化"。从已经进入工业化后期的东部一些城市的发展历史看，在城镇化高速推进的时期，由于大量人口涌入城市带动生活性服务业的高速发展，也出现过服务业比重"虚高"的情况。例如，深圳市服务业占地区 GDP 的比重在 1986 年就达到52.9%，但 1993 年下降到 44.2%，到 2005 年之后才重新回到 52% 以上。可见，西部一些城市和地区服务业比重高于全国平均甚至东部并不能说明其城镇化水平高或产业结构水平高，相反正是西部地区较低的工业化和城镇化水平的具体特征体现。

第二，大力发展工业是提高西部地区区域竞争力的需要。近年来，由于包括劳动力工资、土地、原材料等成本的快速上涨，以及环境管制更加严格、人民币汇率升值等因素的影响，沿海地区的价格优势逐步被削弱，低端加工组装环节的劳动密集型行业出现向内陆迁移甚至转移到国外的趋势。中国是一个发展中的大国，生产力水平由东向西存在多个不同的梯度。虽然由于成本上涨较快，劳动密集型产业在沿海地区失去了竞争优势，但西部地区的低成本优势仍然存在。西部地区承接东部的产业转移、促进工业的大发展，既能够使我国低成本的产业竞争力得到维持，为产业转型升级赢得时间、争取空间，也能够在西部地区创造新的就业机会，推动人口向城镇的集聚，实现城镇化与产业的协同发展。随着近年来西部地区基础设施显著改善，西部地区发展工业的成本优势开始转变为产业优势，不仅有效推进了西部地区的工业化进程、缩小了与东部地区的发展差距，更有力地保障了我国工业大国的地位，并为实现从工业大国向工业强国转型创造了条件。

第三，大力发展工业是满足西部地区城镇化投资、消费需求，缩小城乡基础设施差距的需要。城镇化的过程一方面需要进行大规模的固定资产投资，包括道路、水、电、气、通信、供暖等城市基础设施以及住房、商场、医院等各类建筑的建设，这将带动钢铁、水泥、建材、建筑、房地产等相关产业的需求。另一方面城镇化是农民转变为市民的过程，会带来生活消费方式的巨大变化，带动对住房、家具、汽车、家电等耐用消费品以及餐饮、教育、医疗、文化等服务型消费需求的增长。随着东部地区城镇化率提高速度的逐步趋稳，西部地区城镇化的快速推进带动某些产业投资和消费重心的西移。在西部地区建设生产中心，能够就近满足当地的生产和生活需求，减少运输成本、加快市场反应。特别是对于如水泥、建材等单位重量或体积的价值低、经济运输半径小的产业来说，在当地建厂的重要性就尤为突出。

第四，大力发展工业也是服务业可持续、高水平发展的需要。服务业不仅包括满足城乡居民消费需求的生活性服务业，还包括为工农业乃至服务业本身提供服务的生产性服务业，如金融保险、仓储物流、研发设计、软件和信息服务、法律咨询等。2010 年，我国生产性服务业占全部服务业的比重只有46%，占GDP比重不到20%，尚不及发达国家的一半。这就意味着，工业的发展能够进一步带动服务业的发展，并创造出更多的服务业就业岗位。另外，在产业分工日益深化的今天，价值增值有向产业链两端的研发、设计、品牌推广、营销、供应链管理、物流、投融资等生产性服务环节转移的趋势，这些生产性服务业的科技含量更高、附加价值更大，因此工业发展能够带动服务业的高水平发展。西部地区的服务业中，中低端生活性服务业的比重较高，中高端生产性服务业比重较低，服务业发展后劲不足和向高端升级困难的问题已经显现，其重要原因就在于工业发展的滞后。按照工业化的一般规律，在进入工业化中期后半阶段之后，服务业的升级不能继续依赖城市人口规模的扩张，而应该借助工业的发展和人口素质的整体提高。

（二）当前制约西部地区工业发展的主要因素

第一，西部地区工业产业基础薄弱，配套条件较差。与服务业比较，工业行业具有产业链长、产业间分工程度高等特点，一家企业很难从事产业链的所有活动，需要众多配套企业相互协作才能实现产品的生产与价值的创造。我国东部地区在劳动密集型产业以及高技术产业的劳动密集型环节的国际竞争优势很大程度上来源于完善的产业配套体系，包括上下游配套环境、物流环境、销售渠道等。例如，广东东莞和江苏苏州电子信息产业的本地配套率高达95%以上，大多数产品能够在接到订单一天之内开工生产；相比之下，西部地区大多数产业的本地配套率都不足50%。西部地区一些城市由于工业规模小、在国民经济中的比重低，企业数量少，造成产业基础薄弱，产业配套条件差，降低了在承接产业转移时的吸引力，严重制约了地区工业的发展。

第二，西部地区劳动力素质较低，合格劳动力供应不足。与餐饮、住宿等生活性服务业相比，工业特别是制造业对劳动力的素质要求更高，质量稳定、成本低廉的工业制成品必须以熟练劳动力供给作为支撑。由于西部地区城市的工业比重低、工业规模小，在工业行业就业的劳动力数量偏少。2012年，全国城镇就业中，制造业占27.97%，东部的江苏省、浙江省和广东省制造业就业占城镇就业比重达到43.29%、34.81%和41.48%；相比较，广西壮族自治区、四川省、陕西省、贵州省、云南省等西部地区制造业占城镇就业比重只有19.83%、17.87%、20.96%、17.66%和17.95%。从教育资源看，西部地区教育资源有限，高等院校和职业教育学校的专业设置也没有以服务于工业为主导，企业也缺少大规模培训技能工人的能力，每年毕业和培训的工程师和高水平技工人才的数量有限。从工资水平看，西部地区工资水平低，尽管本地区农村剩余劳动力的规模可观，但难以吸引熟练工人和技能型工人。例如，2012 年，广西壮族自治区城镇制造业就业人员平均工资为 33317 元，而广东省的平均工资为 41712 元。显著的工资差异使得大量剩余劳动力前往东部发达地区就业，而西部地区企业（包括外资和港澳台资在内）普遍存在招工不足的情况。

第三，可持续发展要求提高，西部地区节能减排约束大于东部发达地区。国务院先后于 2007 年和 2011 年印发《节能减排综合性工作方案》，把节能减排指标作为政府领导干部综合考核评价和企业负责人业绩考核的重要内容，把污染物排放总量指标作为环评审批的前置条件。东部地区的工业比重高、规模大，减少高耗能、高污染产业比重对地方工业产值和 GDP 增长的影响较小，通过工业结构调整实现能耗物耗减少、污染物排放降低的空间较大。随着东部地区实现工业化，工业占 GDP 的比重出现下降，工业行业开始向外转移，虽然国家对东部地区节能减排的要求较高，但实现节能减排目标的压力并不大。"十一五"时期，江苏省、浙江省超额完成降耗 20% 的任务，广东省也超额完成降耗 16% 的任务。西部地区的许多城市刚刚进入工业发展快于服务业的阶段，同时由于工业规模小、产业结构偏轻，污染物和二氧化碳排放的基数小，给发展适合当地发展阶段和市场需求的重工业项目造成很大的限制。受发展阶段的影响，在保增长的前提下，西部地区完成节能减排任务面临巨大的困难，一些地区为了完成节能减排指标不得不采取全城限电、商场停电等极端举措，对经济社会发展造成不良影响。

三　服务业发展与西部地区的城镇化

（一）服务业发展对西部地区城镇化的必要性

城镇对居民生活的改善不仅体现在更加完善的公共基础设施上，也表现在建立在这些基础设施上的各种服务，这些服务不仅包括餐饮、零售、交通等日常生活服务，也包括教育、医疗、环卫等公共服务；同时，在工业生产效率提升用工需求减少的情况下，服务业的发展成为城镇吸纳就业，特别是吸纳第一产业转移就业的重要部门。在工业化发展的中后期和后工业化时期，生产性服务业的比重会显著提高，这类产业不仅能创造更高经济效益，同时也是工业和农业部门转型升级的重要支撑。

服务业包括生活性服务业和生产性服务业两种，前者的发展依赖于人口的集聚和收入水平的提高，后者则依托于第一、第二、第三产业的提档升级和劳动者素质的提高。选择服务业外源性增长方式，有利于实现省会城市经济结构提升和收入结构优化的良性互动，其实现仰赖于人口、资金、高技能产业和人力资本等要素的集聚；而对于西部欠发达地区来说，现阶段依托城市化走外源式增长之路，在认识层面和政策层面仍存在不少限制，需要在未来的发展中予以破除。

(二) 西部中心城市服务业增长缓慢的原因

第一，城市蔓延带来的人口密度下降。2000 年以来，西部部分省会城市的建成区土地面积迅速提高，许多城市（市辖区）建成区面积增加一倍以上。与此同时，由于市区人口增长速度远跟不上城市蔓延的速度，市辖区人口密度持续下降。许多城市为了增加建设用地指标，将下辖"县"改设"区"，提出建设"生态城市"或"花园城市"的目标，加上地铁等公共交通及城市新区等的兴建，"蛙跳式"或零散的扩展形态、依赖小汽车的土地开发、就业地与居住地的分离等因素，使得城市尺度越拉越大。低密度带来的结果是，服务业无法达到其实现盈利所需的人口和产业阈值，导致城市服务密度降低，服务业供给不足。

第二，区域中心城市服务业层次和效率偏低。如果我们将服务业就业人口和产业发展结合起来看，就能够发现近年来一些欠发达地区中心城市第三产业增加值占 GDP 比重与三产从业人员占总就业人员的比重之间的差距逐渐拉大，这与全国服务业就业占比显著低于增加值占比的情况截然相反——2011 年，我国服务业增加值占比 43.1%、就业占比 35.7%，相差 7.4 个百分点；而发达的中心城市如上海，二者的差距相对较小，2011年，上海服务业增加值占比 58%、就业占比 56.3%，低 1.7 个百分点。欠发达地区的中心城市，二者之差为负值且呈差距连年拉大的趋势，反映了这些城市服务业看似占比较高，但层次和效率实则较低的现实。

第三，空间依赖的城镇化无法为服务业发展形成有效的腹地支撑。在空间拓展和产业发展过程中，中心城市没能承担起对邻近区域的辐射带动责任，导致区域内产业梯度分工与产城融合的格局一直未能有效形成。一方面，中心城市与周边城市在服务业发展上功能定位和协同分工不够清晰，使得整个区域服务业发展竞争有余、错位不足。每个城市的服务业发展都自成体系，追求不断增长的新功能（如总部经济、会展中心、物流园区、专业市场、大学城、生态岛、文化创意园区、科技园）使得建成区持续扩大，城市间同构化的服务投资迅速转变为过剩的服务设施产能。由于城乡统筹在何种层面上统筹尚不明确，导致各省、地市、区县、乡镇分别编制各自的城乡统筹规划，而每个层级的规划均力图在封闭孤立的条件下解决全部问题，使得本应在城镇化进程中发挥重要作用的区域中心城市在很多城乡统筹规划中消失了，异化为以就地城镇化为主的农村产业发展规划。另一方面，长期以来资金和用地指标主要向中心城、重点地区、重大项目倾斜，往往会挤压周边各新市镇的用地指标来贴补平衡，从而使欠发达地区中心城市的工业占比在市辖区范围内持续提高。由于周边乡镇产业结构未能转型或在转型初期，服务业发展刚刚起步，"退二进三"困难比较大；早早纳入中心城市功能体系在很大程度上制约了边缘地区的产业规模和空间布局，既不符合其近期的客观发展诉求，也不利于长远可持续发展。

第四，片面追求高端的服务业发展方式缺乏就业包容性。传统上认为，服务业在创造就业岗位方面具有优势，因而发展服务业有利于增加家庭收入并实现包容性增长。然而，近年来区域中心城市在提升产业层次和吸引高技能人才方面不遗余力，促进服务业的政策偏向于发展高知识含量和技术含量的现代服务业如金融业、信息技术服务业等，而这些行业在创造就业岗位方面往往是力不从心的。虽然 2009 年开始中央要求直辖市外的各地城市对非本地户籍普通高校专科以上毕业生逐步取消限制，但由于从周边地区流入的劳动者较少具有大专以上学历，且通常会先从事低技能服务性的工作，因此伴随城镇化推进而转移到城市的居民，在地方政府挑选"产业"和"劳动者"的竞争中依然处于劣势，无法在区域中心城市中得到平等的就业及落户机会。物美价廉的生活性服务业是城市软环境的重要体现，对发展知识密集型服务业至关重要。然而，"唯高端"和"以业控人"的服务业发展政策导向，既不利于欠发达地区中心城市吸纳城镇化转移的"低端人口"，又无法满足"高端人才"的生活服务需求，不利于提升城市的吸引力。

四　县域经济在西部地区城镇化的发展

（一）加快西部县域经济发展的重要意义

加快县域经济发展是吸引农村转移人口就近就业的抓手。我国西部地区很多中心城市工业发展基础不强，服务业内部结构不合理，服务业增加值占地区生产总值的比重虚高，并主要集中于低附加值的传统服务业，而工业增加值占比非常低，工业对当地经济带动作用很弱。这样的产业结构很难有效消化、吸收农村转移人口就业。在这种情形下，加快县域经济发展，激发县域经济活力，发挥其强大的乘数效应，依托各类园区等产业载体，利用当地低成本的要素优势促进适宜性产业发展，能够实现本地剩余劳动力的就近就业。

加快县域经济发展是人口城镇化的主要动力。我国西部中心城市多数属于经济后发地区，县域经济发展缓慢，传统农业占据主导地位，许多农村居民到东部沿海地区务工经商，形成季节性迁徙。可见，县域经济实力弱，对农民进城落户吸引力就小，而今后及未来一段时间，如能启动县域经济这个发动机，那么西部地区中心城市城镇化水平和城乡一体化发展就有可能顺利实现预期目标，这样就可以以非农产业跨越发展促进农村转移人口就近就业和就近实现城镇化。

加快县域经济发展是疏解城市主城区过重包袱的实现途径。近年来，我国西部很多省会城市为了凸显区域性中心城市的地位，片面追求提高城市的区域首位度。城市人口规模及其增速水平是衡量城市首位度提升的一个主要指标，这些中心城市近几年通过改善外来人口基本公共服务、加强流动人口服务管理等方式吸引了大量的外来人口，但城市主城区人口规模快速膨胀也给当地财政带来了一个不小的包袱，也就是说，城市主城区在教育、医疗等优质资源开始向外来人口倾斜的同时，也继续吸引了大量的低收入、低技能的外来人口集聚，进而带来更大规模的地方财政支出。并且，在现有财政转移支付体制之下，这种状况只会趋于恶化。另外，在现有资源环境容量和城市公共设施服务能力短期内难以实现明显改善的条件下，过多的进城人口涌入中心城市主城区生活、就业，很快就出现了一些典型的城市病症状，如进城低收入人口在城乡接合部或旧城区扎堆聚居；

新建中小学校因跟不上城市人口快速增长而出现"大班化"现象等。加快县域经济发展，疏解中心城市功能，无疑是一条可行的统筹城乡发展之路。

（二）西部县域经济存在的主要问题

长期以来，县域经济发展相对滞后严重影响了西部中心城市的城镇化水平和质量"双提升"，特别是主城区与郊区县发展不协调问题非常突出。西部城市县域经济的发展主要存在如下问题：

一是缺少特色产业支撑，对带动经济结构和就业结构调整的作用有限。目前，虽然各县都设立了规模不等的产业园区，但园区配套设施水平低，管理粗放，难以吸引优质企业入驻。进园企业普遍存在"小、弱、散"问题，市场竞争优势不明显，难以为当地财政带来较快的税源增长。产业对就业的带动能力有限，主要是吸纳距县城3—5公里范围内农村转移人口就近就业。由于县域吸纳就业不足，因此西部很多中心城市每年仍有数百万的农村劳动力到东部沿海地区务工。

二是城市功能配套不足，无法满足城乡公共资源均等化的要求。由于市域层面城乡统筹力度小，各县城基本上孤立发展，县城规划建设起点很低，城市配套设施滞后，缺少教育、医疗等优质资源，对有条件从农村进城的人口吸引力较小，从而导致县城人口集聚能力不足。在西部的许多县，县政府所在城关镇人口一般在3万—10万之间，占县域人口比重普遍低于15%。

三是各级财政投入有限，难以支撑城乡一体化的基础设施投资。省会城市县级地方政府普遍反映，现行的"省管县"行政管理体制没有起到政策预期效果，由于省级财力原本就弱，难以承受那么多直管县财政支出保持逐年适度增长，所以，跟改革前相比，省会城市下辖县获得的上级财政投入"不增反降"。由于各级财政投入减少，许多县无法保障城镇化进程中财政支出保持合理性增长，于是在举债无门的情况下，很容易出现城市配套设施明显滞后、基本公共服务欠账较多等问题。

四是城市中心辐射很弱，对农村建设和农业产业化的带动有限。在统筹城乡发展过程中，中心城市主城区不是在全市域范围内有效配置资源和城市功能，而是集中更多的优质资源重点打造中心城区。同时，中心城市主城区仍处于经济极化阶段，就像抽水机一样抽取周边地区的产业和人口。县城和中心城镇不但无法获得中心城区的产业辐射和带动，在政策层面也得不到足够的重视。

五　政策措施

（一）依靠工业发展促进西部地区城镇化的对策建议

工业在西部地区城镇化中的作用是不能忽视的。针对目前西部地区工业发展存在的制约和障碍，不仅需要地方政府高度重视工业发展，也需要中央政府给西部地区工业发展营造适度宽松的政策环境。

一是大力承接产业转移。抓住国际和国内区际产业转移、国家实施新一轮西部大开发的战略机遇，积极吸引国内外投资。特别是要以世界500强、中国500强、中央企业和行业龙头企业为重点，大力吸引符合本地产业发展方向、带动作用强的重大项目。通过大企业和大项目带动本地区配套企业的发展，加快产业配套环境的完善，形成工业发展的有利条件。

二是加强人力资源开发。一方面，加大对农村应届初高中毕业生、进城求职农村劳动者、企业在岗农民工、返乡农民工等人员的就业培训，通过政府购买服务的方式发挥市场机制的作用，调动各方的积极性，实现"企业出清单，学校出项目，学校选课程，政府来埋单"。国家就业专项资金、特别职业培训资金、继续教育基地补助经费适度向西部地区的中心城市倾斜。另一方面，建立就业信息发布平台，积极吸引在东部沿海制造业集聚区的外出务工人员回乡就业和创业。

三是适当放宽节能减排指标。针对西部城市工业特别是能源密集型产业规模小、能耗和排放基数小的现实情况，综合考虑资源禀赋、环境容量、经济发展水平和技术潜力，适当放宽节能减排指标，并制定出更细化的目标。比如，分行业设立节能减排的目标，这样可以在保证西部地区不断提高能效和改善环境治理水平的同时，给产业发展以较大的空间；再如，可以对西部地区的重大项目进行单独审批或核准，一事一议。

四是促进工业的高水平发展。西部地区承接东部地区的产业转移，并不是对东部产业的简单复制，更不是承接东部地区的落后产能。西部地区发展工业，必须要避免发达国家普遍走过的和东部地区正在经历的"先污染，后治理"的老路。设立能耗和环境准入门槛，对"高消耗、高排放、高污染"的重化工项目的立项进行严格论证和审核；大力推进循环经济建设，发展循环经济园区，减少污染物的排放；鼓励新设项目采用国内外最先进的节能减排技术，特别是积极利用大数据、数字化制造、3D打印等先进技术，减少资源的浪费。

（二）依托中心城市促进服务业外源式增长的政策建议

服务业代表着我国产业结构的延边方向，它既是城镇化过程中满足城镇居民不断增加的各种更高水准的生活服务的要求，也是第二产业和工业更好发展的有力支撑。因此尽管西部地区的服务业比重在下降，仍然要对服务业的发展高度重视，特别是要大力推动中心城市服务业的发展。

一是发挥中心城市在服务业发展中的辐射带动作用。通过集聚效应和规模效益不断循环并向外辐射能量，运用市场力量将周边地区纳入大城市的服务业发展空间体系中，从而带动周边地区发展。为适应新时期城镇化发展路径的转变，西部地区省会城市还应依托其在医疗卫生、教育文化等方面的资源优势，延长公共服务产业链，着力发展健康服务、教育培训、养老服务、文化创意、休闲旅游等新兴服务业，提升城市的宜居度和吸引力，拓展外源式增长的市场空间。

二是依托城市群，实现服务业的空间梯度发展。以整合区域空间和创新区域一体化政策为前提，以都市区空间协调管制和战略性服务设施布局为抓手，积极推进以城市圈、城市带为依托的区域服务业发展格局，使得服务业从分散的地方性自主发展逐渐转向都市区网络化整合发展。依托快捷的交通、通信和金融以及多种社会服务网络，推动区域中心城市的生产性服务业发展，并以此为核心带动相邻地区制造业的发展，在空间上形成生产性服务业集聚与制造业集聚相互协调的布局，形成有竞争力的区域产业链分工和区域产业集聚。

三是提高服务业用地效率，防止城市低效蔓延扩张。注重产城融合，促进服务业与城镇化协同发展。年度土地供应要适当增加非居住类服务业发展用地，同时推动服务项目建设向集约型转变，提高仓储物流、文化创意、休闲旅游等服务业发展的土地利用效率，严格控制旅游、物流、商贸等服务业设施重复低效建设或占用耕地。在工业园区内建设鼓励发展的物流、研发、工业设计等生产性服务业，可参照执行工业用地政策。

四是改革基于学历和行业的歧视性户籍管理政策，畅通人口转移渠道。优先在政策和法律上确立常住人口的权利和义务，尽快建立起以居住地划分城镇和农村户口的户籍登记制度。比如，在部分欠发达地区中心城市，规定凡是在城镇已经有合法稳定的非农职业或已经有稳定的生活来源，在城镇有合法固定的住所并已经居住满一定年限（如两年）的，可以办理城镇常住户口，享受"居民待遇"。在此基础上，应做好定向劳动力转移配套政策服务，同时构建更为完备的政策性职业培训体系，畅通人员自由流动的渠道。

（三）促进西部县域经济发展的政策措施

西部地区在工业化、城镇化的过程中，除了要重视中心城市人口的扩张和经济的增长外，也要对县域经济给予足够的重视，使中型城市和中小城市对城镇化和工业化发挥更大的推动作用。

一是启动市域全覆盖的新型城镇化规划。按照《国家新型城镇化规划（2014—2020 年)》的要求，编制全市域的新型城镇化规划。坚持因地制宜、长短结合、中心带动、辐射县域的原则，有规划、分阶段、差别化地培育发展少数几个重点县域中心镇率先发展，使之成为带动县域经济发展的增长极和产城融合发展的样板，同时也可分担中心城市功能，有效防范"城市病"发生。

二是支持优势特色产业发展。根据每个县的产业基础，规划一些适合当地比较优势、就业吸纳能力强、环境友好的优势特色产业发展。同时，充分利用国内外产业转移的有利时机，优先选择一批县级开发区进行试点，改造升级为省级承接产业转移示范区，创新合作模式，完善园区配套设施和服务管理，依托产业载体吸引东部地区产业和劳动力"双转移"。

三是引导优质服务资源均衡发展。采取对口协作、异地设立分支机构、合作共建等方式将中心城市主城区的优质教育资源、医疗资源等辐射到周边县城，让县域的城乡居民就近享受到更多的优质资源，进而缓解大规模人口过度向主城区集聚。

四是建设连接县城的高速交通网。以已建的高速公路为依托，加快打通县与中心城市主城区之间、县与县之间的连接高速公路，完善市域高速公路网络，新建、延伸部分高速路段，彻底改变部分区（县）不通高速的历史，打造市域一个小时经济圈，尽快让全市的要素流动起来、市场统一起来，产业活络起来。

五是完善"省管县"制度。对于财力较强的中心城市，如省会城市，其下辖的县不再列入"省管县"范围，由这些城市直接管理和财政投入，并确保实现财政投入的合理增长，以满足城镇化水平提高而带来的财力增长需求。

第五章　新型城镇化的财税支撑

财经战略研究院课题组①

一　引言

新型城镇化关系到国家现代化建设全局，是全面建成小康社会中极为重要的一环。目前，我国的新型城镇化建设已经进入深入发展的关键时期，深刻认识城镇化对经济社会发展的重大意义、充分利用城镇化蕴含的历史机遇、有效甄别新型城镇化发展中的趋势特点，是我们妥善应对当前经济结构调整、社会价值转型、要素禀赋变化等一系列挑战的必然选择。在推进城镇化的过程中，政府要在市场起决定性作用的前提下发挥引导作用，运用政策工具激发全局活力，以潜在激励调动各方积极性。

在政府的"一揽子"工具中，财税政策具有综合性和基础性的特点，牵一发而动全身，是引导改革的重要抓手。在改革中，理应以深化财税体制改革为契机，建立起与新型城镇化相适应的现代财政制度，为新型城镇化发展提供强有力的制度保证。

基于以上考虑，我们选取典型城市对新型城镇化的进展情况进行实地调研，通过分析来自实践的第一手资料，提出有理论支撑的、科学的、系统的、可操作性的财税政策方案，力求使财税改革在促进新型城镇化有序推进的同时，与总体改革步伐、经济社会发展相适应，形成各板块改革的联动。

---

① 课题组组长：高培勇；课题组成员：倪鹏飞、杨志勇、刘柏惠、李超；执笔人：刘柏惠。

二　对新型城镇化发展情况的实地调研

为了更加深入地了解当前城镇化发展实践，我们分别选取西部地区的四川省成都市和东部地区的山东省济南市开展实地调研，在对比和总结地方城镇化发展经验的同时，提出对城镇化整体发展具有参考价值的建议。

从全国范围来看，我们所选取的两个城市都极具代表性。成都作为西部地区中心城市，在近十余年推进城乡一体的新型城镇化发展过程中做出了很多探索，形成了极具代表性的城市与乡村并存的圈层结构，具有借鉴意义。山东虽然是典型的东部地区发达省份，经济体量较大，但省内和周边却缺乏对要素具有强大集聚作用的特大城市，面临着巨大的人口转化和迁移压力，农村人口的就地转化成为城镇化的主要依赖路径。其中，济南市地处省内发达和欠发达两个发展级次的分界点区域，发挥着极为重要的承接作用，城市定位非常典型。

（一）成都市城镇化发展情况

1. 财政支持城镇化发展的经验

目前，成都市的城镇化率已接近70%，在取得这一成绩的过程中，财税政策的创新直接带动了基本公共服务、基础设施建设的发展，强化了城镇化进程中义务教育、医疗卫生、公共文化、社会保障等方面待遇的城乡均等化，保证了城镇化的质量。这突出表现在以下几个方面。

第一，理顺县乡财政利益关系，建立财力与支出责任相匹配的乡镇财政体制。根据发展水平、财政收入状况、承担的社会事务等因素，确定对乡镇的财政管理体制，对财政实力较强的重点镇，统一实行相对规范的分税制财政体制，调动其增收的积极性。

第二，完善市级财政对区县均衡性转移支付制度。增加均衡性转移支付中促进发展补助的规模，将新型城镇化发展需求纳入促进发展补助的保障范围。在教育、社会保障和就业、文化体育与传媒、医疗卫生等政策性转移支付分配的因素测算时，采取常住人口指标替代户籍人口指标，调动吸纳农村剩余人口的积极性。

第三，率先开展村级公共服务和社会管理改革，建立持续的财政投入机制。建立村级公共服务和社会管理专项资金，纳入市县两级财政预算，并建立随财政收入增长而增长的机制，使得乡村基层政府在面对农村的公共服务建设时"有钱办事"。

另外，整合财政支农资金，搭建现代农业投资、小城镇建设等投融资平台，引导社会资本进入农业农村。采取财政贴息、适当补贴等手段，引导社会资金投向公共产品和服务领域。

以上财税政策的效果是非常明显的。在社会保障方面，成都市已经实现了社会保险制度的城乡全覆盖。建立起了城镇职工和城乡居民养老、医疗保险，保险关系相互转移，实现了制度间的无缝对接。城乡居民养老保险参保率达到95%，医疗保险参保率达到98%，并建立起与地方经济社会发展相适应的保险待遇调整机制。在教育方面，已经建立起城乡一体、机会均等的教育体系，并将进城务工随迁子女接受义务教育制度化。

2. 城镇化深入发展中面临的挑战

尽管成都市的公共财政制度创新为其城镇化发展提供了重要保障，但城镇化发展的深入推进又提出了诸多亟须破解的问题，这其中既有全国发展中的共性问题，又有极具地方特色的特殊问题。总结起来，体现在以下几个方面。

首先，人口流入加大了支持公共服务发展的财政压力。成都市在2005年前后转变为人口净输入型的城市，成为西南地区吸纳外来人口的洼地。流入的人口中，有相当大的比例是具有养老需求的老人和有入学需求的儿童，这形成了对教育和养老等公共服务的巨大压力。例如，在养老方面，源于良好自然环境的吸引，成都市承接了大量周边省市老年人输入性的养老需求，为了保证足够的床位供给，政府为每个民营的社会养老床位补贴7万元，再加上建立信息平台、老人的餐补等，耗资巨大。

其次，财政基金来源紧张，地方债问题开始显现。目前，地方政府通过银行贷款和融资平台实现融资日渐困难。虽然专项审计对成都市地方债的总体评价是规模可控、局部有风险，但在某些区县，问题已经较为突出。特别是在一些面临灾后重建的区县，负债水平过高，面临严峻的偿债压力。这些问题在城镇化的推进过程中可能还会趋于严重。

最后，财权事权不匹配、缺少"稳定"的财政资金来源是困扰发展的根本问题。从目前的财政体制看，地方政府发展中缺少保证财源稳定的主体税种，却承担了社保、教育、医疗这些民生工程中的"重头戏"，这使得地方政府在发展中面临重重压力，更难以应对城镇化中公共服务和基础设施建设需求的飞速增长。

（二）济南市城镇化发展情况

目前，济南市城镇化率达到 66%，比全省平均水平高出 12 个百分点，初步形成了规划合理、协同推进的格局。总体来看，其城镇化的"成绩单"上有颇多亮点。

1. 支持"人的城镇化"的财税政策

新型城镇化的核心是"人的城镇化"，即充分尊重自主意愿，让人们有经营、工作、生活的出路，这不仅仅涉及生活方式的改变，更涉及生产方式的转变。为了兼顾到各类人群，济南市对农业转移人口的市民化采取分类对待的措施，对于那些已经脱离土地的农民，在城镇化建设中着力为他们提供长远的就业机会，提供相应的就业技能培训；对于不愿意脱离土地改变生活方式的农民，对他们的生活环境进行整治。通过统筹加强城镇基础设施建设，提升城镇社会治理水平，推动城镇基本公共服务常住人口全覆盖，打造出功能完善、公平包容、充满活力的城镇环境，不断提高农业转移人口的归属感和满意度。

首先，改革户籍制度，让农村人口"进得来"。在推进新型城镇化的进程中，不断降低市区购房落户的门槛，并在市区完善现行落户政策，将持有居住证作为外来人员申办常住户口的基本前提，为在城市居住生活、参加社会保险一定年限的外来人员落户提供"阶梯通道"。以"就近就地"为基本途径，鼓励在县区、县政府驻地和其他建制镇有合法稳定职业、合法稳定住所的人员及其共同居住生活的配偶、未婚子女及父母在当地申请登记常住户口，并享有养老、教育、医疗、就业与住房保障等相应城镇居民待遇。

其次，支持农村转移就业劳动者职业技能培训和公共就业服务体系建设，让进城农民"落得住"。自 2009 年起，财政支持启动提高进城农民就业与创业能力培训项目。与此同时，积极落实农村劳动者转移就业职业介绍补贴和职业技能鉴定补贴政策，鼓励其参加职业技能鉴定，拓展农村劳动者就业渠道。近年来，基本建立起了市、县、社区各级人力资源服务平台，形成了遍布城乡、布局合理、辐射力强、运行规范的实体化公共就业服务体系，促进了城乡劳动者自由有序流动。

最后，健全社会保障体系，加强基础设施建设，让进城农民"过得好"。在住房保障方面，济南自 2007 年以来已经启动棚户区安置房 6.8 万套 800 万平方米、城中村安置房 16 万套 1900 万平方米，已有近 10 万户居民搬进了新家。目前，已经确定将城中村、"村改居"统一纳入城镇社区公共服务管理，享受城镇居民同等待遇。同时，研究制定了城中村改造居民安置房办理房产证政策，明确规定农村居民转入城镇户口后，原有的土地承包经营权、宅基地使用权、林地经营权保持长久不变。在基础设施建设方面，重视老城区、城中村、城乡接合部、农村社区等基础设施和公共服务设施建设，切实改善城乡低收入人群、弱势群体聚居地的人居和交通环境。在社会保障方面，逐步剥离户籍登记之外的户口附加功能，让居住在城市的外来人口与市民共享社会服务和福利。扩大社会救济覆盖面，将符合条件的农民工逐步纳入社会救济范围。在随迁子女接受义务教育方面，对农民工随迁子女在城市义务教育阶段学校就读的，与所在城市义务教育阶段学生享受同等政策，全部免除杂费，全面取消借读费。城市义务教育学校按照就近入学的原则，积极接纳农民工子女就读。各级财政筹集资金改善接收农民工随迁子女学校的办学条件，提高教育质量。

2. 推动"可持续城镇化"的财税政策

新型城镇化的一个鲜明特色是"生态文明的城镇化"，这要求在城镇化发展中秉持有序开发、协调发展的原则，既保持步调一致，又保留地区特色，顺应自然，涵养资源，实现可持续健康的城镇化。济南市立足于"泉城"特色，将可持续发展的理念融入发展的全过程，出台了一系列创新型的政策。

首先，支持城镇污水处理配套建设。配合省政府的相关政策，统筹安排资金支持区县加强污水管网建设，改善城镇基础设施条件。采取以奖代补、贷款贴息方式，支持列入《"十二五"山东省城镇污水处理及再生水利用设施建设规划》中的新建扩建城镇污水处理、再生水利用、污泥处置和升级改造等项目，以及列入《"十二五"山东省城镇生活垃圾无害化处理设施建设规划》中的城镇垃圾处理、城乡生活垃圾收集运输、餐厨垃圾收集和处理等项目，加快推进城镇污水垃圾处理设施建设。

其次，大力支持建筑节能与绿色建筑发展。筹集资金支持既有居住建筑供热计量及节能改造。另外，与省财税政策同步，推行绿色建筑发展财政扶持政策，在中央财政奖励基础上（二星级绿色建筑每平方米奖励 45 元、三星级奖励 80 元），对一星级绿色建筑再奖励 15 元、二星级奖励 30 元、三星级奖励 50 元。

最后，加强城乡环境综合整治。济南有"家家泉水，户户垂杨"的美誉，"山、泉、湖、河、城"相映生辉。在城镇化规划中，济南市注重保存这种深厚的历史文化底蕴和独特的自然文化遗产，处理好城镇化过程中开发建设和历史文化遗产保护利用的关系，切实做到在保护中发展、在发展中保护。财税补贴等政策在鼓励城镇和村落的历史文化遗产保护、非物质文化遗产挖掘保护和民间艺术传承方面，起到了极为关键的作用。

3. 推动小城镇发展的财税政策

与山东省所推行的中心城市、县城、小城镇、农村新型社区共同发展的格局相适应，济南市在城镇化发展整体布局中，着力构筑以中心城区为核心、以次中心城市为支撑、以中心镇和一般镇为基础、以新型农村社区为补充的"四级新型城镇化体系"，基本形成"中部集聚、南北优化、两翼展开"的城镇化发展格局，取得良好成效。其中，对中心镇的财政制度创新极大地激发了地方政府积极性，是促进农民就地转化的重要措施。

首先，着力扩大示范镇的财权。济南市为合理划分县、镇收支范围，探索建立了新型的财税分配机制，为小城镇发展提供资金支持。对地方小税，如城镇土地使用税、契税、印花税等，原则上留给示范镇。在示范镇区域内产生的部分非税收入，如土地出让金净收益、城镇基础设施配套费、社会抚养费等，现属市以下部分，除国家和省规定有明确用途外，重点用于示范镇。在以上措施的基础上，为鼓励城镇吸引外来人口，持续加大对城镇基础设施的投入，探索按照常住人口规模安排财政转移支付，建立激励吸纳外来人口的长效机制，确保其城镇化发展中具备充足的财政资金来源。

其次，加强小城镇配套设施建设。对小城镇发展专项资金实行切块安排机制，由示范镇统筹用于工业园区、集中居住区公共配套设施项目，镇区道路交通、供水、污水处理、垃圾处理、供气、供热等基础设施建设，以及社会保障和就业服务平台等建设，优化了示范镇居住和投资环境。与此同时，落实收费减免优惠政策，对城市规划区内城中村、城边村、经济园区和建制镇驻地农房建设项目中的村民安置房，减免有关行政事业性收费，助推城镇化发展。

最后，强化小城镇发展的产业支撑。建立示范镇产业贷款贴息制度，对示范镇内工业企业重点技术改造项目、战略性新兴产业项目、现代服务业项目、现代农业产业化龙头项目且单笔不低于50万元的贷款给予贴息。

同时，积极培育小城镇产业龙头企业和农民专业合作组织。筹集资金支持龙头企业开展自主研发、农产品精深加工、生产基地建设和品牌培育活动。支持农民专业合作组织提供多种形式的生产经营服务，例如开展生产加工、仓储保险、市场营销等。

（三）实践经验总结和启示

1. 值得借鉴的共同经验

在城镇化的过程中，两市虽然面临不同的自然条件、区位特点和经济优势，但在以财政政策推动城镇化发展的很多方面，都采取了类似的尝试。这些在实践中摸索出来的共同经验，值得在全国城镇化推进过程中予以推广。

第一，理顺地方政府间财政关系。

在城镇化的推进过程中，两市都着力理顺市县乡间的财政利益关系，建立财力与支出责任相匹配的乡镇财政体制。对于实力较强的重点镇和示范镇，实行较为规范的分税制财政体制，甚至将地方小税和非税收入全部留在镇级财政，扩充地方可支配财力，支持地方城镇化建设。在地方政府间转移支付方面，基本上都确定了按照常住人口数量分布确定公共服务转移支付额度的方法。这些政策显著增强了城镇提供公共服务的能力，极大地激发了地方政府吸纳外来流入人口的积极性，为城镇化推进提供了内部动力。

第二，建立专项资金推动小城镇发展。

两市都建立了明确的城镇化发展规划和布局，其中小城镇的地位都得到了充分强化。在发展中，两市分别遴选出重点镇和示范镇，在这些镇实行先行先试的政策，摸索适合本地的可行做法，再将成功经验推广到全部城镇，带动城镇建设的整体发展。在资金调拨方面，为了发挥小城镇在城镇化中的基础性作用，两市都建立了针对小城镇（或村）的专项资金，用于基础设施建设和公共服务发展。专项资金在管理中纳入市县级预算，并建立随财政收入增长而动态增长的机制。在分配中，采取"切块"下拨的方式，分解落实到具体的项目。

第三，建立多渠道的资金筹集机制。

城镇化率每增加一个百分点意味着有超过 1000 万的农村人口进城。从全国来看，每增加一个城市人口平均需要增加投资 9 万元，在山东这一数字为 13 万元，济南这样的城市可能会更高。在巨大的资金压力下，单纯依靠财政收入推进城镇化，势必难以同时兼顾质量和速度，必须加快城镇化融资创新。两市在城镇化进程中都已建成了较为成熟的多方融资机制，搭建起多种形式的投融资平台，吸引社会资金投入到城镇化建设中。随着城镇化的进一步推进，对融资机制的探索和创新势必还将进一步深入。

第四，健全城镇化发展的配套机制。

城镇化的推进是一个系统工程，财政政策的创新必须同其他板块的改革相互配合，才能取得实质性的成果。济南市已经着手对阻碍人口流动的户籍制度采取松动和局部变革措施，扫除农民进城的根本性障碍。两市都对土地进行了"多村整合、连片开发"的措施，极大地提高了城镇化中土地资源的利用效率。这些区域性的成功经验为全国性改革方案制定提供了很好的线索。

2. 对城镇化中财政政策的进一步思考

研究探索城镇化的发展战略、发展目标和实现途径，要切合我国的国情。来自调研的鲜活的第一手材料，在帮助我们总结出适合推广的成功经验的同时，也促使我们更为深入地思考财政政策在推动城镇化中进一步改革的空间。

第一，构建稳定、健康的融资机制。

在城镇化资金筹集方面，各地在实践中探索出了可行的融资平台，但往往也伴随产生了较为严重的地方债问题，触发了发展中的不稳定性和不可持续性。这提示我们在下一步的融资机制建设中：①要注重发挥财政资金的引导作用。探索建立财政专项资金集约化使用机制，重点将分散在各部门的用于农村建设的项目资金整合打包，集中投向小城镇建设。②要鼓励信贷资金支持城镇化建设。构建促进城镇化发展的金融支持体系，重点支持乡镇和县域经济发展，以推动产业结构优化和中小企业发展为主要目标。金融机构要改进信贷管理模式，丰富信贷品种，支持城镇工业化、农业产业化和第三产业的发展。③要加强基层金融机构建设。各地应结合实际，创新基层金融服务，构建多层次、适应竞争的农村金融服务体系，支持引导社会资本参与设立农村金融机构，有效盘活农村经济资源。④要广开渠道吸引社会资本。拓宽城镇化建设吸引社会投资的途径，鼓励和引导各类社会资本参与城镇市场领域的开发、建设和运营。另外，需要尤为注意的是，城镇化进程既要适度提速，又要量力而行，既要满足城镇化建设资金的合理需求，又要注意防范财政金融风险，构建稳定的城镇化发展融资支持机制。

第二，形成完善的公共服务体系。

在城镇化中的财政支出方面，要进一步完善以人为本的教育、医疗、社保、就业和住房体系，各板块要统筹协调，整体进度要循序渐进，扎实稳妥地解决好农业转移人口的市民化问题。在公共资源的整体布局中，应该服务随人走，杜绝人口在公共服务供给丰富的地方扎堆的现象。具体来看，要把握好以下几点：①教育体制改革的关键在于强化城乡统一和机会均等。当前最紧要的是保证义务教育阶段资源分布的均衡性，保证农民工随迁子女具有公平接受义务教育的机会，并研究制定在流入地受教育后直接在当地参加升学考试的办法。②医疗卫生体系发展要加快实现城乡统一。建立医务人员到乡村基层医疗服务机构工作的激励机制，改善基层医疗机构的"用人荒"问题。逐步提高农村人均基本公共卫生服务经费标准，切合实际需要，加强乡村医疗机构的硬件建设。③社会保障政策要以城乡统筹、统一标准为努力方向。为有效应对增强公平性、适应流动性、应对老龄化、保证可持续等多方面的挑战，要下力气使社会保障的各个板块扩大覆盖面、提高统筹层次、完善接续制度。④劳动就业制度要构建公平竞争的劳动力市场。健全覆盖城乡的劳动就业服务体系，开展有针对性的职业培训，支持农业转移人口自主创业，提升劳动就业全过程的服务能力。促进实现劳动力市场的"同工同酬"，杜绝用工中的身份歧视问题。⑤住房保障政策要首先解决好进城农民的安居问题，进而保证城镇住房保障政策的公平性。建立完善的土地转换机制，通过土地制度改革和住房制度改革，探索多种渠道的住房供给模式，大力发展住房租赁市场。逐步将符合条件、有稳定职业的外来务工人员纳入城镇住房保障范围。

三 适应新型城镇化需求的财税体制改革方案

新型城镇化关系国家现代化大局，离不开财税改革的强有力支持。在以上调研分析基础上可以看出，当前财税制度还存在诸多与新型城镇化不相适应之处。在接下来的改革中，应以深化财税体制改革为契机，建立起与新型城镇化相适应的现代财政制度。

（一）新型城镇化亟待财政支持

第一，缩小公共产品和公共服务城乡差距需要财政支持。

城乡差距较大不仅仅表现在收入水平上，而且还表现在公共产品和公共服务水平上。无论从交通基础设施，还是从教育、医疗、住房保障、养老等服务来看，乡村远落后于城镇。

新农合和新农保虽然经历了持续的扩面和提标过程，但农民的医疗和养老保险水平仍然偏低；义务教育虽已覆盖全国，但农村优质教育资源匮乏，教学点分布极不合理，农村家庭为寻求好的教育要付出更高代价。

另外，大量农民流入城市支撑了经济社会的繁荣，却无法享受与城市居民同质的公共服务。农民工整体收入水平偏低，还要为得到基本公共服务背上比城市居民重得多的公共服务支出负担，这势必导致其生活水平的进一步降低。

第二，市民化的巨额成本依赖于财政支持。

无论是农民工市民化，还是农村人口就近就地城镇化，要保证他们与城镇户籍人口享受同等待遇，都离不开财政投入。

要让悬在半空中的城镇化做实，还需解决"三个 1 亿人"的问题。一是已在城镇就业但没有享受当地户籍人口待遇的 1 亿人；二是棚户区和城中村的 1 亿人，亟须住房保障和其他公共服务的完善；三是中西部地区需要就近就地城镇化的 1 亿人。如果仅按照农民工市民化成本人均 10 万元来算，解决以上问题就需要 30 万亿元，这项巨额成本显然不是所有地方政府仅凭自身力量就能够负担的。

第三，产业化困境迫切需要财政支持。

可持续的新型城镇化离不开适合当地特点的产业发展。缺乏产业支撑必然会减少当地就业机会，导致非农收入降低，进而导致当地人口外流。在人不愿意待或无法待下去的地方，即便为了新型城镇化而提供再高水平的公共产品，也只会成为资源的浪费。但在现阶段，很多地方仅凭当地政府或市场力量，难以形成具有可持续性的有竞争力的产业。在产业发展的初期，财政支持显得尤为重要。

第四，地方政府面临可支配财力的约束。

1994 年财税体制改革的直接目标是"提高两个比重"，即提高财政收入占 GDP（国内生产总值）比重和提高中央财政收入占全国财政总收入的比重。这一目标已实现。财力向上集中的结果之一是不少地方财力相对不足。城镇化支出压力最大的县乡基层政府，可支配财力更是受到严重的约束。即便是财政收入相对充裕的地区，一般公共预算收入也只能保证当地经常性支出需要，没有余力解决公共产品的历史欠账难题、农民工市民化和区域间人口流动的公共服务成本分摊难题、产业化资金支持难题。

实际上，地方建设性支出长期以来只能依靠一般公共预算收入之外的其他资金。其中，国有土地使用权转让金收入在地方政府可支配财力中扮演了重要角色。2013 年，用于经常性支出的地方本级一般公共预算收入68969.13 亿元，而国有土地使用权转让金收入达到 39142.03 亿元，成为基础设施建设资金的主要来源。土地融资已成为城镇化进程中最重要的融资形式。

但与此同时，土地财政的负面效应也是显而易见的。政府土地融资推高了房地产价格，带来了目前较为突出的房地产调控难题，还带来了一系列社会问题，特别是在有较大利益空间的城市拆迁与农村征地方面，以侵犯人民财产权益为代价的开发商暴富和部分官员腐败问题已成为社会中新的矛盾点。土地财政的不合理和不可持续性决定了地方政府必须具备持续的可支配财力。

（二）适应新型城镇化的财税制度改革的基本原则

1. 以人为中心

新型城镇化是以人为中心的城镇化，公共产品和公共服务的提供都必须恪守这一原则。这就要改变财政支出安排以户籍人口为依据的做法，适应人口流动的新形势，作出相应的调整，在农村人口和城市人口间统一标准。

2. 尊重市场规律

顺应市场规律的城镇化才有可持续性，有效的财政支持必须建立在尊重市场规律的基础之上。财政干预不能妨碍市场在资源配置中决定性作用的发挥，尊重市场规律可以让财政资金的注入起到"四两拨千斤"的作用。

3. 量力而行

新型城镇化所需财政投入规模巨大，不是一时一刻即可全部弥补的。财政投入应在正确方向指导下，统一规划，分期分步进行。这还可以避免超越能力许诺问题的出现。

4. 因地制宜

中国幅员辽阔，各地差异很大，即使是经济发达地区，内部发展也不均衡。新型城镇化在保持全国一盘棋的同时，也要因地制宜。尤其是财力紧张的中西部地区，应当根据当地实际情况，选择适宜的城镇化模式。

（三）按照新型城镇化的要求，加快财税改革

第一，改革预算管理制度，进一步提高财政透明度。

适应新型城镇化背景下人口流动的特点，按照农民市民化的要求，统一农业人口和非农业人口财政支出标准，补齐教育、医疗、养老、住房保障、生态环境保护、文化保护等支出差距，突破户籍制度限制，按照常住人口数量安排预算支出。同时，以此标准计算地方公共产品和公共服务所需财力，确定标准支出数。标准支出与标准收入的数量缺口，通过财政转移支付弥补。

进一步提高财政透明度，加强外部监督，以此提高财政资金使用效率。这既可以在一定程度上缓解财力不足的困境，又可以直接改善公共服务效率，提高公共服务水平。

第二，调整政府间财政关系，进一步提高地方政府可支配财力。

要创新农村基础设施和公共服务设施决策、投入、建设、运行管护机制，推动形成城乡基本公共服务均等化体制机制，就要增强地方政府的可支配财力水平。

首先，加快省以下财政体制改革，赋予县乡两级政府更多的可支配财力。"营改增"完成之后，宜将增值税和消费税作为中央和地方共享税，从根本上保证地方具有真正可持续性财力。同时，加快房地产税立法并适时推进税制改革。房地产税改革牵涉面广，难度大，短期内还无法形成地方政府可支配财力的重要形式，但可将之作为中长期收入。

其次，加大新型城镇化专项转移支付力度。建立新型城镇化公共服务成本的中央和地方分摊机制。新型城镇化中的一次性支出项目，可更多地借助专项转移支付解决，追加专门经费可减少地方财政支出的压力。

最后，适当发行地方债，弥补地方公共服务可支配财力的不足。给予地方政府更多的财权（包括税权和债权）是大势所趋。2014年8月31日通过并于2015年1月1日生效的新预算法正式赋予地方政府发债权，但地方发债权只授予省级政府，且对发行规模、使用方式等有较多限制。这在地方债存量较大的条件下有一定合理性，但很可能还无法满足新型城镇

化地方公共服务融资的需要。因此，仍应在处理好地方债存量和增量矛盾的前提下，更务实地发挥地方债在新型城镇化中的作用。

第三，创造良好的外部环境，稳步推进地方的产业化。

产业发展是新型城镇化可持续的关键。除了靠近大城市群或邻近中心城市的郊区，其他区域的城镇化在产业升级上往往都面临困难，其中，人才是重要"瓶颈"。面对人才严重外流的现实，仅靠市场力量无法解决。一些地方城镇化经验表明，政府可以在吸引人才上有所作为，例如，在住房保障、事业发展等方面提供帮助。

要使产业化具有可持续性，不能仅靠短期的外部输血，更为关键的是使当地经济具有自生能力。从城镇化经验来看，政府支持产业化必须尊重市场规律。对于基础条件好的地区，政府主要在整体规划、基础设施和公共服务建设上着力，为企业创造良好的外部经营环境。政府的行为不应扭曲市场的资源配置，而应更多地充当市场秩序的维护者。对于经济较为落后地区的产业化，政府对产业发展的扶持作用确实不可或缺。但应注意的是，在扶持某种产业时，也不应采取直接补贴某一企业的做法，而应面向整个市场，对符合条件的企业一视同仁，帮助地方发展最适合当地特色的产业。这里的特色产业，不应限于工业和服务业，特色农业、与农业联系紧密的产业，以及体现地方区位优势的产业，都是可以选择的。

第四，加快土地制度改革，进一步提高土地利用效率。

土地融资仍将在新型城镇化中扮演重要角色。关键是要充分发挥农民的积极性，提高农民在新型城镇化中的参与度，用好土地收入，盘活土地资源，提高土地利用效率。

首先，提高国有土地使用权转让收入使用效率。土地收入属于政府可支配财力，国有土地部门主要负责专业管理，财力应归财政部门统筹支配。所有土地收入都应纳入财政部门统一管理，并通过提高财政透明度，加强对财政部门的监督。

其次，探索集体土地制度改革新路径。加快农地流转制度和宅基地制度改革，鼓励集体土地直接开发，这既能降低土地所有权转换成本，也符合集体产权实现的要求。这虽然会减少政府的土地差价收入，但可以减少征地冲突，减少因此诱发的社会问题，与新型城镇化的目标一致，应该加以鼓励。

第六章 新型城镇化的金融支撑

金融研究所课题组①

一 问题的提出

根据 2014 年 3 月 16 日新华社授权发布的《国家新型城镇化规划 (2014—2020 年)》的表述,城镇化"是伴随工业化发展,非农产业在城镇集聚、农村人口向城镇集中的自然历史过程"。2014 年中央经济工作会议对城镇化又做了进一步阐述,指出"推进城镇化健康发展是优化经济发展空间格局的重要内容,要有历史耐心,不要急于求成"。这一论断表明,经济学意义上的城镇化最根本的内涵就是各类要素在空间上实现优化配置的过程,这一过程能够带来生产效率的提高,推动经济持续健康发展。

因此,新型城镇化的主要任务之一就是改变过去的以"摊大饼"式的造城运动为主体的城镇化模式,转而充分发挥城镇化在提高要素资源配置效率方面的关键作用。投资是城镇化进程得以持续的重要基础,建立多元可持续的资金保障机制,提高资金的配置效率和使用效率也自然是新型城镇化的题中之义。

在 2013 年 12 月举行的中央城镇化工作会议上,习近平总书记指出新型城镇化的主要任务,其中之一就是"建立多元可持续的资金保障机制"。实际上,资金保障一直是城镇化的核心问题。党的十八届三中全会提出,建立透明规范的城市建设投融资机制,允许地方政府通过发债等多

---

① 课题组组长:杨涛;课题组成员:费兆奇、蔡真、林楠;执笔人:杨涛、费兆奇、蔡真、林楠。

种方式拓展城市建设融资渠道。① 此外，《国家新型城镇化规划（2014—2020 年）》也明确提出，要创新城镇化资金保障机制。② 2015 年 5 月习近平总书记在中共中央政治局第二十二次集体学习时进一步指出："要完善农村基础设施建设机制，推进城乡基础设施互联互通、共建共享，创新农村基础设施和公共服务设施决策、投入、建设、运行管护机制，积极引导社会资本参与农村公益性基础设施建设。"③

应该说，构建多元可持续的资金保障机制是新型城镇化建设的前提，而建立合理、高效的资金配置机制是新型城镇化建设的核心。在此思路下，财政与金融部门都在着力落实相关工作重点。对于城镇化融资问题，中国人民银行行长周小川曾指出需要认真总结和回顾过去的一些做法，深入研究如何更好地解决城镇化建设过程中出现的问题。例如，以债务方式投入的资金能不能在未来得到足额偿还？什么样的投融资方式更有效率？④ 此外，现行融资机制缺乏必要的风险约束，从偿债资金来源看，也存在过度信赖一次性土地出让收益等问题。⑤

此外，财政部副部长刘昆曾表示，在保障城镇化建设资金方面，一是加大地方政府债券支持城镇化建设的力度，二是推广使用政府与社会资本合作的模式，三是进一步加强地方政府融资平台公司的管理。⑥ 综合来看，应该说相应的配套政策主要涉及完善财政转移支付制度、地方税体系，建立健全地方债券发行管理制度，制定政策性金融专项支持政策以及非公有制企业进入特许经营领域的办法等。

需要注意的是，新型城镇化的概念内涵仍然在不断完善过程中，也存在一定的模糊性，这也影响到分析城镇化资金供求的准确性。从需求的角度来看与新型城镇化有关的资金问题，一方面，基于传统概念，主要是指各类城市建设投资需求，但与此同时，工业化与城镇化投资实际上难以简

---

① 参见《中共中央关于全面深化改革若干重大问题的决定》辅导读本，人民出版社 2013年版。

② 参见《国家新型城镇化规划（2014—2020 年）》，人民出版社 2014 年版。

③ 参见《习近平在中共中央政治局第二十二次集体学习时强调健全城乡发展一体化体制机制让广大农民共享改革发展成果》，《人民日报》2015 年 5 月 2 日。

④ 参见周小川《城镇化及其融资问题》，《比较》2011 年第 55 期。

⑤ 参见潘功胜《加快健全规范透明可持续的城镇化融资机制》，载中国金融四十人论坛课题组《城镇化转型：融资创新与改革》，中信出版社 2015 年版。

⑥ 参见《国家新型城镇化规划（2014—2020 年）》，人民出版社 2014 年版。

单区分开来；另一方面，在强调以人为本的城镇化思路下，与完善社会保障、改善生活"软"环境等相关的投资资金支持，也可以纳入城镇化资金需求范畴。

从供给的角度来看，政府仍然是城镇化资金配置的主导者，政府的"有形之手"通过直接或间接的方式来影响资金流动。与此同时，随着激活民间资本、金融深化和投融资体制改革等的推进，市场化的资金配置方式也在城镇化进程中发挥着越来越大的作用。对于后者来说，从宏观层面来分析资金供求平衡问题，其难度较大且不具有太大意义。

综合来看，在现有背景下，要从探讨城镇化资金供求差距的角度来分析可持续资金保障机制，显然还存在诸多问题。一方面，短期内我们能够做的，是从城镇化过程中政府主导的资金来源和资金运用的角度，考察现有状况及存在的问题，努力提出进一步完善和优化的建议。另一方面，长期内仍需强调要加快推动投融资体制改革，强调更多地由市场来进行投资资金配置，这样才能避免政府不断陷入融资与债务困境和投资效率不高并存的矛盾中，所谓地方"城镇化缺钱"的普遍难题也会逐渐迎刃而解。

本报告的研究重点是，在全国层面上考察政府主导的城镇化资金配置问题，包括地方政府债务（典型的城镇化资金来源）和固定资产投资中的政府资金应用（典型的城镇化资金运用）。在此基础上，还展开对于多元化融资模式和运用途径的更多分析。另外，以湖北省的情况作为具体案例，试图对相关问题进行更加深入的剖析。

二　新型城镇化的资金来源考察

（一）地方政府债务情况

当前城镇化的主导力量是地方政府。虽然在城镇化过程中，政府建设资金的来源通常包括地方政府债务、土地出让收入、财政收入等几方面，但是绝大多数地区的城镇化建设资金还是以地方政府债务的形式出现，这主要是受到修改前的《预算法》的约束，地方政府原本合理的建设资金需求难以满足，逐渐异化为各类平台公司的负债。我们的研究也主要围绕地方政府债务来展开。

根据审计署 2013 年 12 月底公布的《政府性债务审计结果》，截至 2013

年6月，我国各级地方政府债务总规模17.9万亿元，其中负有偿还责任的债务10.9万亿元，负有担保责任和救助责任的债务分别为2.7万亿元和4.3万亿元。

除了规模总量惊人外，更令人担忧的是地方政府的债务规模增速。地方政府债务自2007年年初的约1万亿元上升至2013年6月的17.9万亿元，保持了年均56%的增速（见图6-1）。这固然与当年为应对金融危机的4万亿刺激计划有关，然而在后续央行的流动性紧缩以及银监会的"名单制"管理等监管措施的打压之下，这种过快增长的势头依然没有控制住：2009年信托融资规模首次超过债券，2010年平台贷款融资规模仅保持个位数增长，财政部代发的地方债券每年也控制在2000亿元的规模，但信托和银行间债券市场为地方政府融资大行其道，其余额为贷款的25%—50%。快速增长的规模和品种的多样化并不意味着形成了有效的债务风险分担机制，而只不过是城镇化过程中资金饥渴症的被动反应。

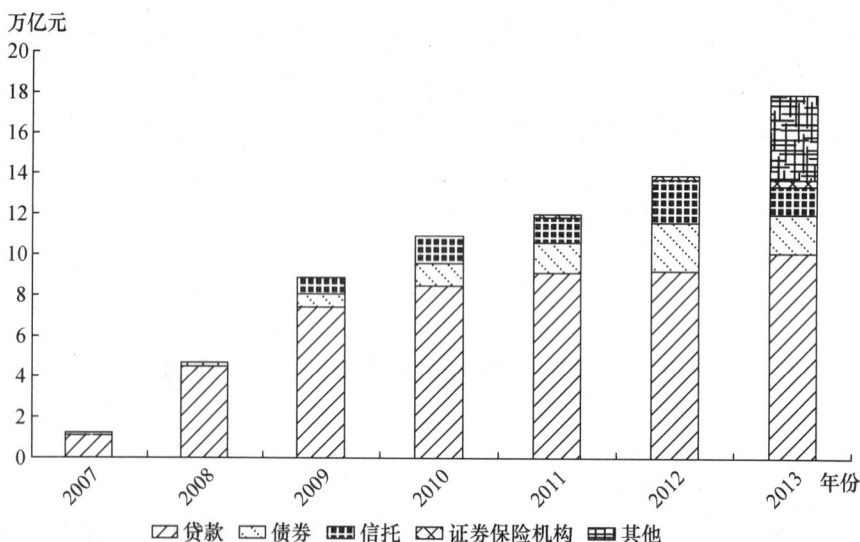

图6-1 地方政府债务规模（2007—2013年）

资料来源：金融生态评价课题组估算。

表6-1展示了审计署2013年年底公布的地方政府举债主体的情况，从表中可以看出，融资平台公司在各类举债主体中的债务份额最高，三类负债总的债务份额为38.98%；国有独资或控股企业所占份额也较高。从

举债主体的分布可以看出，地方政府举债目的主要是用于公共基础设施建设。

表6－1　　　　　　　　地方政府债务举债主体规模和占比情况　　　　单位：亿元，%

举债主体类别	政府负有偿还责任的债务		政府负有担保责任的债务		政府可能承担一定救助责任的债务	
	绝对额	占比	绝对额	占比	绝对额	占比
融资平台公司	40755.5	37.44	8832.5	33.13	20116.4	46.36
国有独资或控股企业	11562.5	10.62	5754.1	21.59	14039.3	32.35
政府部门和机构	30913.4	28.40	9684.2	36.33	0.0	0.00
经费补助事业单位	17761.9	16.32	1031.7	3.87	5157.1	11.89
自收自支事业单位	3462.9	3.18	377.9	1.42	2184.6	5.03
其他单位	3162.6	2.90	831.4	3.12	0.0	0.00
公用事业单位	1240.3	1.14	143.9	0.54	1896.4	4.37
合计	108859.1	100.00	26655.7	100.00	43393.8	100.00

注：表中数据经过四舍五入处理。

资料来源：《全国政府性债务审计结果》（审计署2013年12月30日公告）。

表6－2为地方政府债务的层级结构，举债份额最高的是市级政府，其次是省级、县级，最后是乡镇。这一资金供给的层级结构一方面与我国财政集中度较高有关，另一方面也反映出城镇化发展的内在经济要求，即城镇化意味着集聚效应的充分发挥，更大规模的城市更易发挥集聚效应，其建设发展的资金需求量也就相应越大。

表6－2　　　　　　　　地方政府债务的层级结构　　　　　　单位：亿元，%

政府层级	政府负有偿还责任的债务		政府负有担保责任的债务		政府可能承担一定救助责任的债务	
	绝对额	占比	绝对额	占比	绝对额	占比
省级	17780.8	16.34	15627.6	58.63	18531.3	42.70
市级	48434.6	44.49	7424.1	27.85	17043.7	39.28
县级	39573.6	36.35	3488.0	13.08	7357.5	16.96
乡镇	3070.1	2.82	116.0	0.44	461.2	1.06
合计	108859.1	100.00	26655.7	100.00	43393.7	100.00

注：表中数据经过四舍五入处理。

资料来源：《全国政府性债务审计结果》（审计署2013年12月30日公告）。

（二）地方政府债务风险

根据审计署《政府性债务审计结果》（2013 年年底）的风险测算结果，我国政府债务风险水平整体安全可控。以负债率论，2012 年年底全国政府负有偿还责任的债务余额与 GDP 的比率为 36.74%，对担保债务和负有救助责任的债务进行折算加总后，这一比率为 39.64%，低于《马斯特里赫特条约》规定的负债率 60% 的参考值。以债务率而论，2012 年年底，全国政府负有偿还责任的债务的债务率为 105.66%，对担保债务和负有救助责任的债务进行折算加总后，总债务率为 113.41%，处于国际货币基金组织确定的 90%—150% 的参考区间内。

尽管总体风险水平可控，但受制于财政分配体制、房地产市场波动、金融市场发育等多方面原因，地方政府在城镇化建设中的资金供给机制隐藏着诸多风险。

1. 财力向中央集中产生的风险

图 6 - 2 是根据 2014 年年初各省公布当地政府性债务情况计算出的各省负债率情况。从图中可以看出，除了贵州省的负债率超过 60% 国际风险控制标准外，其他都在安全线以下。就平均而言，30 个省、市、自治区（除西藏外）的负债率平均水平为 24.98%，低于审计署公布的全国水平。产生这一差异的原因是：负债率的分子部分不包含中央政府债务，而分母部分同为 GDP，数值不变。

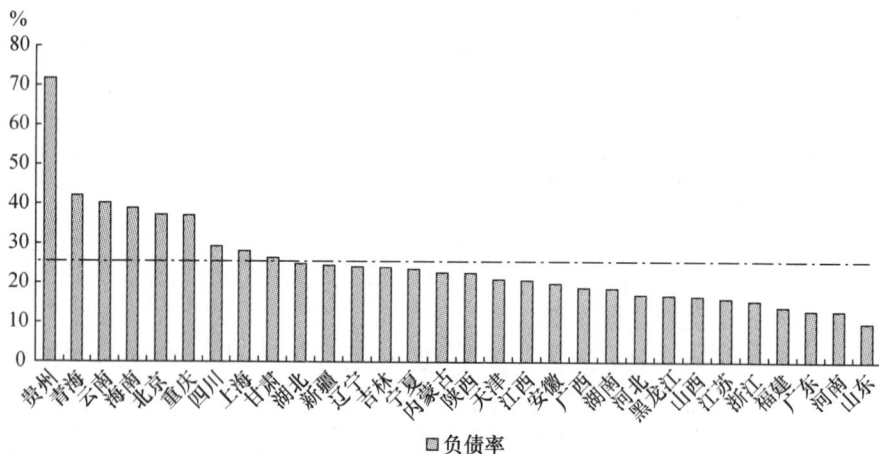

图 6 - 2　2013 年地方政府债务负债率

资料来源：作者根据 2014 年初各省公布的政府性债务审计结果整理计算，其中西藏没有查找到审计公告。

考察城镇化的资金供给的风险，更为客观的指标是债务率。因为负债率的分母对应 GDP，从国民核算的收入法的角度看，GDP 包含工资、企业利润、地租、税收，政府税收只是很小的一部分，而且这四者之间的结构关系也是动态变化的，因此以负债率衡量政府债务风险水平对实践指导意义并不大。

债务率计算对应的分母为地方政府综合财力，这一指标直观地对应政府有多少财力支撑债务。图 6-3 反映了两种计算债务率的方法：债务率 1 的计算分母只考虑公共财政收入，即包括税收收入和非税收收入的情形；债务率 2 是更宽口径的计算方法，其分母除公共财政收入外还包括政府基金收入，这其中以国有土地出让金为主，我们以国土资源部公布的土地出让价款近似替代。

图 6-3 反映出两个基本事实：

其一，债务率 1 和债务率 2 指标各省平均值分别为 217.91% 和 148.93%，远高于审计署公布的总债务率 113.41%。造成差异的原因是中国财政收入体系往中央集中，地方的财力与当前城镇化过程中的地方政府事权并不对应。尽管总水平上无债务风险之忧，但地方宽口径的债务水平已接近风险上限（150%），这也意味着地方发生风险时，中央的救助成本也将增加。

其二，债务率 1 显示的风险水平明显高于债务率 2，这意味着地方缺乏用于偿债的稳定收入来源（以债务率 1 表示的风险水平只有山西、山东、广东未超国际标准线）。此外，地方的税源渠道较窄，只有营业税和与房地产相关的税种是完全的地方税种，这就意味着地方政府缺乏增加财政收入的有效手段。目前"营改增"的改革还在推进，尽管对企业而言综合税负是降低的，但地方政府的税源进一步萎缩，其偿债能力也将进一步下降。

从区域上看，西部省份整体风险较高，中部的湖北、湖南及河北的债务水平较高，东部地区中的海南和北京的风险较大。

2. 地方债务风险与土地价格高度关联

上文我们已经分析财政分配格局向中央集中，导致地方政府债务率水平过高，除此之外，还导致另外一个现象的流行，即在土地实行招拍挂制度下，土地出让金成为地方政府弥补财政赤字的重要手段，这就导致地方政府的偿债能力与土地价格以及房地产市场高度相关。

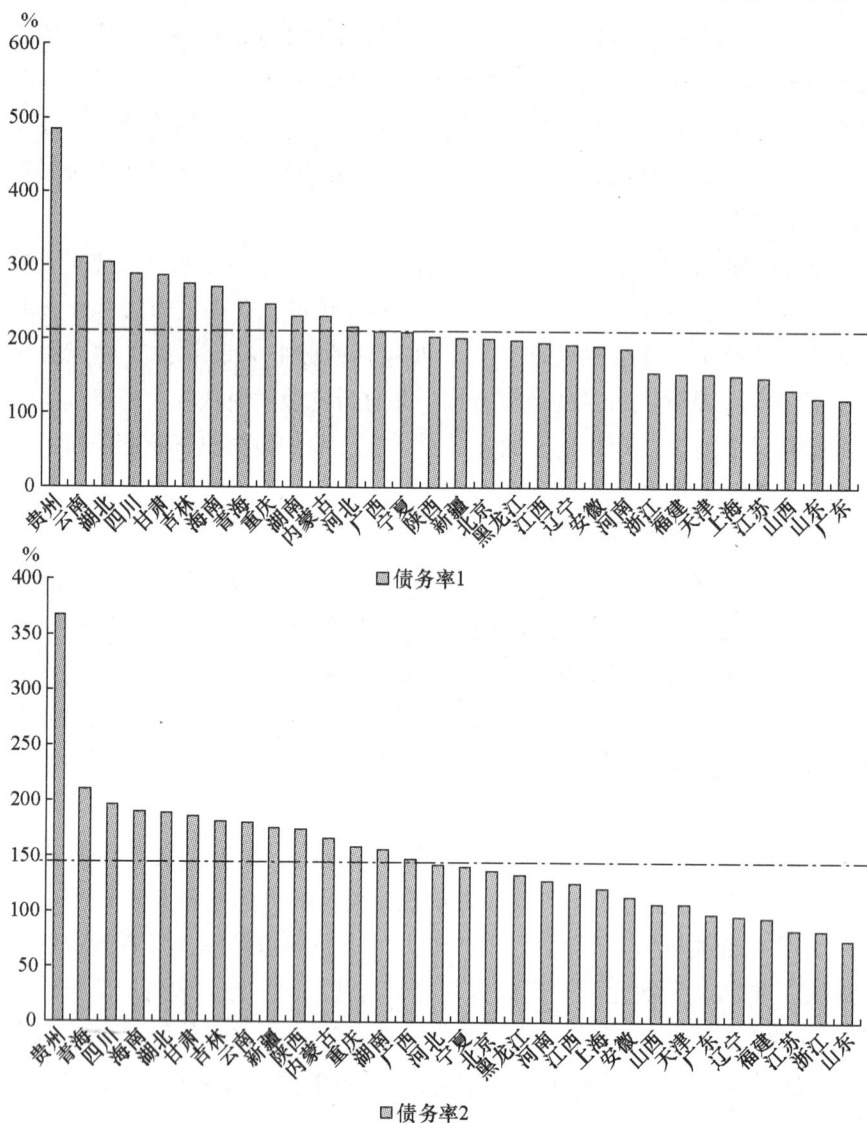

图 6-3 地方政府债务率水平

注：债务率 1 指分母只考虑公共财政收入；债务率 2 指分母考虑政府基金收入，图中计算以国有土地出让价款近似代替。

资料来源：作者根据各省公布的政府性债务审计结果整理计算，其中西藏没有查找到审计公告。

1994 年我国开始实行分税制改革，主要思路是中央集中财权，包括消费税划归中央、增值税共享，2002 年还进行了所得税的共享改革。图

6-4是土地出让收入与地方财政赤字之间的关系图，这两张图大体对应四个阶段。

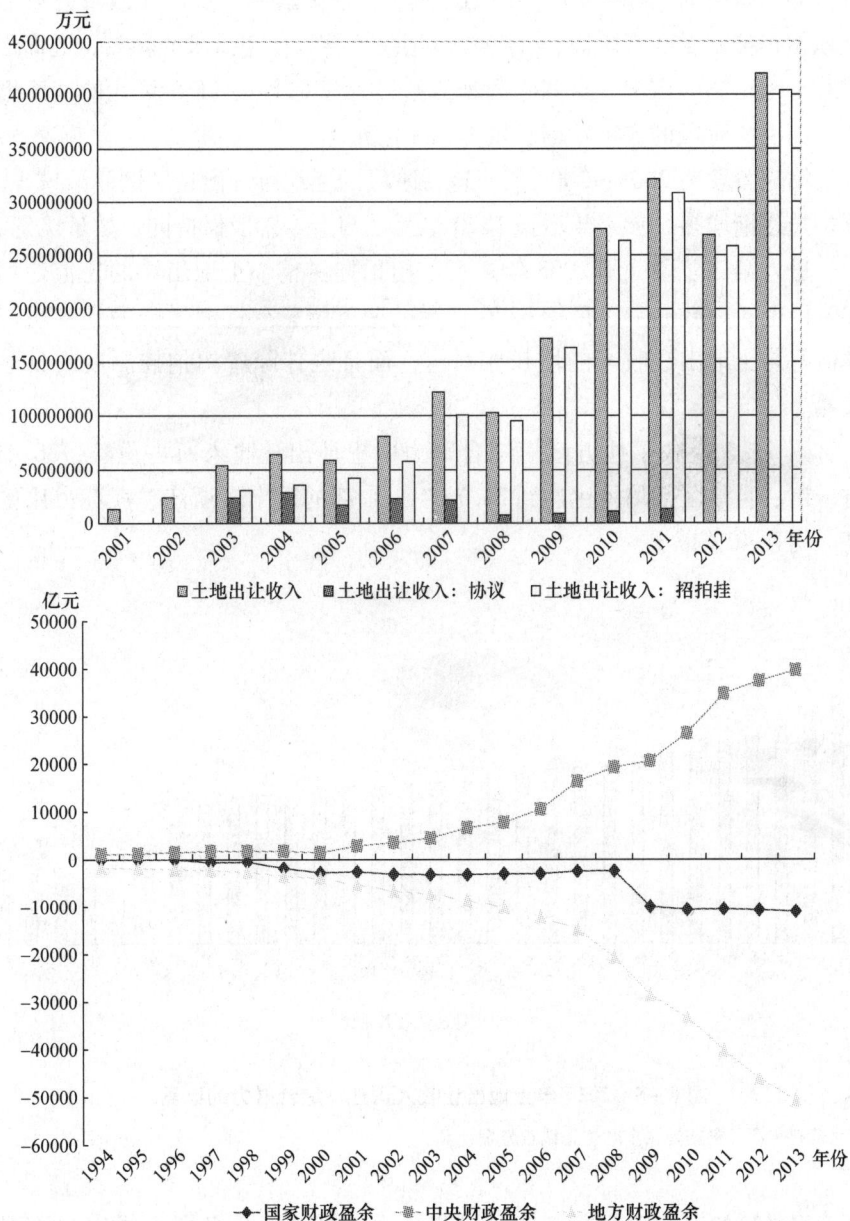

图6-4 土地出让收入与地方财政赤字

资料来源：同花顺数据库。

第一阶段为1994—1998年，地方的财政赤字并没有明显增长，这说明财力向中央集中后，地方基本保持以收定支的局面，赤字并未膨胀。

第二阶段为1999—2002年，这一阶段为我国住房货币化改革开始至土地招拍挂制度实行阶段，住房货币化改革导致住宅需求的释放，进而形成对土地市场的需求，这四年间地方财政赤字每年以1135亿元的速度增长，而上一阶段的赤字年增长仅为236亿元。

第三阶段为2003—2007年，这一阶段的土地协议出让比例逐渐减少，招拍挂逐渐增多，赤字年增长1820亿元，与上一阶段保持同一数量级别。

进入第四阶段，即2008年之后，招拍挂占整个土地出让的比重达到90%以上，财政赤字以每年6276亿元的速度增长。逐渐增长的赤字增长率恰好与土地出让收入的增长相对应，而且也伴随着招拍挂制度的日益成熟。

图6-5反映了地方政府综合财力中土地出让收入所占份额，30个省、市、自治区平均占比达到31.74%。东部的辽宁、浙江、江苏占比更高，均在40%以上。

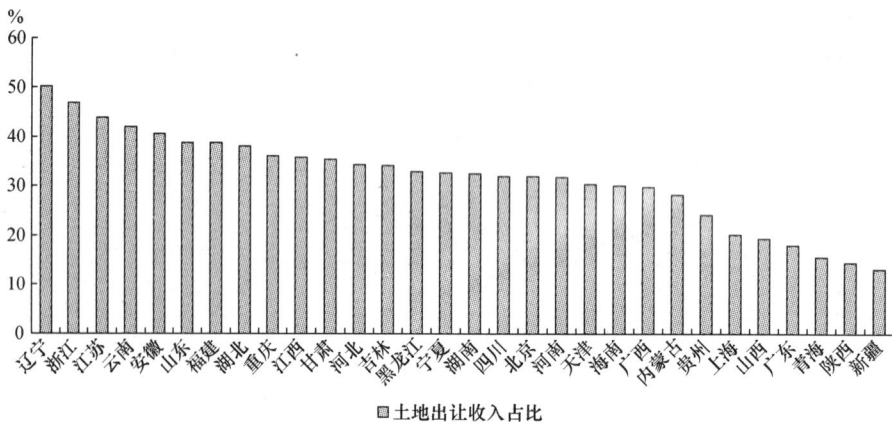

图6-5 2013年土地出让收入占地方综合财力的比重

资料来源：根据地区金融生态调查整理计算。

审计署的《政府性债务审计结果》公告指出，债务资金投向主要用于基础设施建设和公益性项目，形成了大量优质资产，其中用于土地收储债务形成了大量土地储备资产。我们认为这种提法还需要商榷，上文分析表明地方政府综合财力与土地市场高度相关，这也意味着地方政府的债务风险与土地市场紧密联系，而土地市场的收入与住宅市场的最终需求又联系在一起。

图6-6绘制了土地出让收入增速与住宅销售率的关系。住宅销售率数据用住宅销售面积除以住宅竣工面积得出，大于100%表示供不应求，其数值越大表示供需缺口越大。从图中可以看出，住宅销售率增长越快，土地出让收入的增速越快，下跌的时候也一样，两者的相关系数为74.61，几乎表现出同周期的情形。这意味着住宅销售形势的波动会很快传导到土地市场，进而影响到地方政府的综合财力，最后可能触发地方政府债务风险。

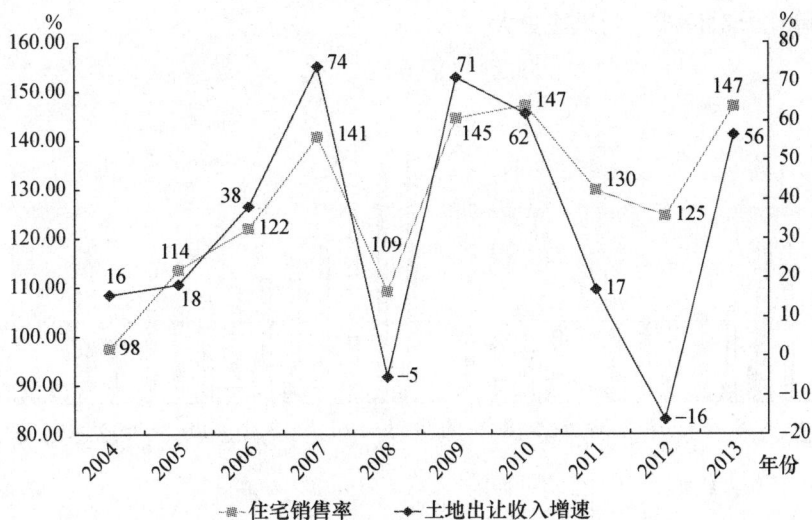

图6-6　土地出让收入增速与住宅销售率的关系

资料来源：同花顺数据库。

3. 债务渠道单一及期限不匹配的风险

地方政府债务风险另一大风险表现为融资渠道单一，主要渠道是银行贷款，这与我国银行主导的金融结构有很大关系。根据审计署《政府性债务审计结果》：银行贷款在政府负有偿债责任、负有担保责任以及可能承担一定救助责任的三种债务中的占比分别为50.76%、71.59%和61.87%，平均占比达到56.56%。

银行贷款的另一个突出问题表现在资金期限不匹配，即城镇化的资金需求大多为长期资金，一些公路、基础设施项目从建设、运营到回收成本需要十年以上的时间，但银行贷款的期限通常在五年以下。

4. 系统重要性风险

除了上述三类风险外，地方政府债务风险还表现为系统重要性风险。首先，债务主要集中在中心城市，而这些城市的负债率又相对较高。图6-7是2012年省会城市与该省其他城市负债率的比较情况：东部地区除山东、海南外省会城市负债率全都超过60%的国际风险标准；中部情况略好，只有安徽的省会负债率超标；西部除内蒙古、山西外省会城市负债率都超过60%的警戒线；东北地区负债率没有超标的情况。上述所有省份中，非省会城市负债率无一超过60%。这就意味着债务集中模式下的风险比分散模式下的风险更大。

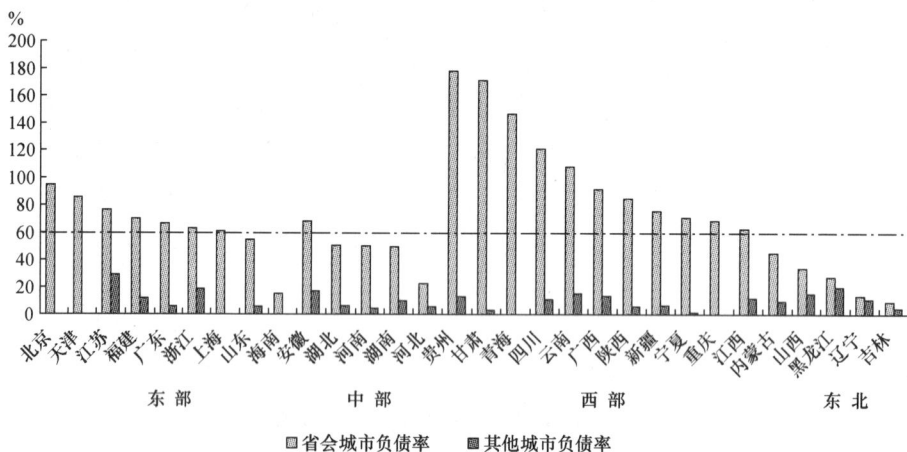

图6-7 2012年省会城市和该省其他城市负债率的比较

资料来源：根据地区金融生态调查整理计算。

系统重要性风险的另一个表现是债务集中在大银行。表6-3转引自货币基金组织的一篇工作论文，其中统计了四大国有银行和国家开发银行在2011年的平台融资贷款情况，五家银行合计5.25万亿元的平台贷款，占当年地方政府债务规模的一半以上。形成这种格局的原因，是只有大银行才能提供城镇化建设所需的大规模资金。贷款集中于大银行意味着风险的集中度更大，表6-3还给出了假定35%的平台贷款转变为不良的冲击条件下，整体上五家银行的风险变动情况，五家银行的平均不良率将会由1.32%上升至7.62%，上升将近5倍。

两个维度的系统重要性节点存在风险，这意味着一旦出现危机，其产生的影响比匀质假设条件下的后果更为严重。

表6-3　银行对融资平台的风险暴露以及不良率的潜在增量（2011年）

银行	不良率	总贷款（亿元）	平台贷款（亿元）	平台贷款份额	假设35%平台贷款变为不良，不良率的增量	潜在的不良率
中国工商银行	1.3%	79434.6	5100.0	6.4%	2.2%	3.5%
中国建设银行	1.4%	64964.1	2840.0	4.4%	1.5%	2.9%
中国银行	1.3%	63428.1	3800.0	6.0%	2.1%	3.4%
中国农业银行	2.2%	56287.1	3900.0	6.9%	2.4%	4.6%
国家开发银行	0.4%	55258.7	36839.2	66.7%	23.3%	23.7%

资料来源：Yinqiu Lu & Tao Sun，"Local Government Financing Platforms in China：A Fortune or Misfortune?"，IMF Working Paper，2013.

（三）对策建议

针对当前城镇化资金供给的现状，我们提出以下对策建议：

第一，理顺中央与地方的财政体制关系，是解决地方政府债务风险的根本，改革的主方向是形成与地方事权相匹配的财力基础。一则城镇化是未来经济发展的重点，这意味着城镇化过程中的地方公共服务需求增长，也对应着地方政府事权扩大的内在要求。二则当前的税收体制是与工业化相适应的，而非与城镇化相适应，"营改增"改革更是加剧了这种逆向发展的趋势。当地方政府的财权与事权不匹配，甚至是财力与事权不匹配时，则难以有效推动城镇化。三则在现实中"政府债务整体无风险之忧，地方层面的测算却债台高筑"，这一现象可能产生严重道德风险，即地方政府的投资可能会无限膨胀，因为地方的背后有坚强的中央作为后盾，从而加剧经济的波动和债务风险的积累。

第二，大力发展直接金融，形成与城镇化建设资金期限相匹配的金融产品市场。这一政策建议存在两个基本前提：一则财力必须与事权相匹配，否则无还款来源的情况下中央的"父爱主义"还是会产生道德风险；二则地方财政应受到权力监督，无论是地方的人大还是上一级的行政权力，否则借新偿旧可能成为常态，也难以进行有效的债务治理。

第三，城镇化建设应提倡以人为本的建设，资金投向应以软环境建设为主。人力资本的投资是一个需要较长时间才能见效的过程，切勿因保增长，而采取对硬环境进行投资的短期行为。

第四，依托 2015 年 1 月 1 日起实施的新《预算法》，贯彻落实《国务院关于加强地方政府性债务管理意见》精神，赋予地方政府依法适度举债融资权限，加快建立规范的地方政府举债融资机制，地方政府债务"暗翻明"。另外，为强化地方政府发债的风险约束机制，地方政务债券的举债程序和资金用途都要严格限定并强化信息披露。

三 新型城镇化的资金运用考察

我们进一步从资金使用角度，对当前城镇化建设过程中资金使用现状进行分析，并在资金稀缺性矛盾长期存在的现实背景下，探讨提高新型城镇化资金使用效率的政策建议。

（一）当前城镇化资金使用状况

城镇化过程中，资金主要投向以下两个领域：

一是用于保障城市社会经济活动正常运行的各种设施和服务，即城镇基础设施建设。Hansen（1965）按服务性质，将基础设施分为硬件和软件两部分，前者是直接支持经济活动的经济基础设施，包括交通（海、陆、空）、电信网络、污水处理、能源基础设施等设备和永久性的工程建筑，也称为硬件设施；后者是能提高社会福利水平并间接支持经济活动的社会基础设施，包括医疗健康、教育、监狱、娱乐、旅游等，也称为软件设施。两类基础设施都能为城市居民和机构提供公共服务，前者与经济发展息息相关，后者与市民精神文明紧密相关。

二是土地城镇化、人口城镇化过程中属性转变带来的各种成本支出。前者主要包括土地所有权属性变更过程中带来的征地补偿、土地平整等费用的支出。后者主要包括人口由农村户口转变为城镇户口后带来的医疗、教育、住房等社会保障支出和失业补贴等。

　　在政府主导的城镇化模式下，与城镇化资金供给的情况相同，政府也在城镇化资金使用过程中扮演着主导力量。

　　从固定资产投资资金来源结构来看，2013 年城镇化建设投资①中，国家预算内资金占全部资金来源的比重达到 13.72%，国内贷款占比达到 17.83%（见表 6－4）。而同期制造业投资中国家预算内资金和国内贷款占比仅为 0.38% 和 8.47%。

　　分行业类型来看，2013 年电力、燃气、水的生产供应业和交通运输、仓储及邮政业固定资产投资中，国家预算内资金占全部资金来源的比重分别达到 7.05% 和 12.51%，水利、环境及公共设施管理业和教育行业占比分别高达 17.75% 和 26.16%，公用投资份额显著高于一般性竞争性行业。若考虑到公共投资行业资金来源结构中，国内贷款多依赖于政府显性或隐性担保（如部分政府融资平台贷款），则政府对此类行业资金使用过程中起到的作用将更加显著。虽然市场力量在改革开放过程中发挥着越来越重要的作用，PPP（Public Private Partnership）等创新性公共品供给方式也在不同行业得以推广；但公共品的非排他性属性使在城镇化过程中，大量公共品需求仍主要通过政府供给加以满足。

　　市场力量主导的资金进入城镇化领域的主要动机是利润最大化，这就使其在城镇化建设过程中更加注重资金的配置效率和回报率，而非社会公平和公共物品供给。因此，公共物品供给的责任应主要由政府承担，财政资金在城镇化建设过程中的使用问题应该是我们考察的核心。②

　　进一步考察国家预算内资金在不同行业固定资产投资中的分布后，我们发现，城镇化是我国公共支出的主要方向，但不同公共品供给行业的投资占比呈现分化趋势。2004—2013 年间，全社会固定资产投资中国家预算内资金投向城镇化建设关联的行业比重均值高达 66.07%，远高于其他行业投资比重。其中，交通运输、仓储及邮政业和水利、环境及公共设施

---

　　① 由于城镇化投资行业众多，且无明确归类，故本报告依据行业提供的产品或服务的属性，将以下具备公共品或半公共品特征的行业简单归结为城镇化建设投资行业：电力、燃气、水的生产供应业，交通运输、仓储及邮政业，科学研究、技术服务和地质勘查业，水利、环境及公共设施管理业，教育，卫生、社会保障和社会福利业，文化、体育和娱乐业。

　　② 受制于现实约束，我们实际上无法对于前述地方政府债务对应的资金运用格局进行全面描述，而且也难以对各类政府性基金的支出情况进行系统分析，只能重点考察预算内财政资金在城镇化相关投资中的运用。

表 6 - 4 　城镇化固定资产投资资金来源及结构

年份	制造业固定资产投资（亿元）			占比（％）		城镇化固定资产投资（亿元）			占比（％）	
	资金来源	国家预算内资金	国内贷款	国家预算内资金	国内贷款	资金来源	国家预算内资金	国内贷款	国家预算内资金	国内贷款
2004	15039.16	91.47	2192.00	0.61	14.58	20222.89	2015.50	6471.22	9.97	32.00
2005	20956.72	130.27	2482.20	0.62	11.84	25438.12	2583.99	7867.45	10.16	30.93
2006	27210.05	153.17	3027.44	0.56	11.13	30655.79	3206.78	9177.40	10.46	29.94
2007	36755.81	144.08	3674.74	0.39	10.00	35483.69	4067.71	9897.38	11.46	27.89
2008	47159.36	240.55	4195.40	0.51	8.90	44230.96	5475.85	11768.76	12.38	26.61
2009	60989.17	342.71	6137.68	0.56	10.06	62958.77	8564.19	17263.00	13.60	27.42
2010	78485.03	474.79	8112.79	0.60	10.34	75106.53	9276.61	20528.20	12.35	27.33
2011	108783.92	465.37	9965.17	0.43	9.16	79506.69	10034.43	18248.81	12.62	22.95
2012	130747.00	575.69	11877.35	0.44	9.08	89140.06	12259.47	18337.67	13.75	20.57
2013	152882.03	574.75	12941.43	0.38	8.47	108461.29	14882.65	19333.42	13.72	17.83

资料来源：国家统计局。

管理业占比较高，均值分别达到 24.77% 和 23.24%；而科学研究、技术服务和地质勘查业，卫生、社会保障和社会福利业占比相对较低，均值仅为 1.31% 和 1.65%（见表 6-5）。从结构变化角度来看，电力、燃气、水的生产供应业，交通运输、仓储及邮政业等传统公共品投资比重呈现下降趋势，而水利、环境及公共设施管理业，文化、体育和娱乐业等民生类行业公共投资比重呈现上升趋势。

表 6-5　　　　国家预算内资金在不同行业固定资产投资中的分布　　单位:%

年份	电力、燃气、水的生产供应业	交通运输、仓储及邮政业	科学研究、技术服务和地质勘查业	水利、环境及公共设施管理业	教育	卫生、社会保障和社会福利业	文化、体育和娱乐业	城镇化固定资产投资
2004	8.86	29.08	1.98	21.27	5.51	1.82	2.05	70.57
2005	8.82	29.40	2.39	21.27	5.05	1.93	2.18	71.03
2006	8.59	31.24	1.79	21.24	4.91	1.88	2.60	72.25
2007	10.70	29.54	1.29	23.14	5.05	1.49	3.23	74.44
2008	9.22	28.73	1.11	25.69	4.91	1.84	2.73	74.23
2009	9.22	27.51	1.15	25.06	6.12	3.17	2.27	74.51
2010	6.90	25.97	1.26	24.97	6.05	3.14	2.49	70.79
2011	6.56	23.00	1.03	26.26	5.65	2.63	2.48	67.60
2012	6.52	23.03	1.20	31.53	6.71	—	2.65	71.64
2013	6.27	20.68	1.02	29.82	6.40	0.00	2.53	66.72
均值	7.54	24.77	1.31	23.24	5.22	1.65	2.34	66.07

资料来源：国家统计局。

从国家公共财政支出预算结构分析也能够得到类似结论，即城镇化建设资金持续增长，城镇化公共投资金额由 2010 年的 5.13 万亿元增长到 2014 年的 10.35 万亿元，占全部公共财政支出预算的比重同期由 60.72% 增加到 67.64%，连续三年逐年提升；从复合增速角度来看，城镇化公共投资资金 2010—2014 年增长 19.17%，高出公共预算支出增速 3.17 个百分点。

分结构来看，住房保障支出近几年增长较为迅猛，占全国公共财政支出预算的比重由 2010 年的 2.24% 上升到 2014 年的 3.31%，复合增速高达 27.98%。其他行业如教育、文化体育和传媒、社会保障和就业、医疗卫生支出的复合增速也相对较高（见表6-6）。

表6-6　　　　　　　公共财政支出预算结构、占比及增速

	全国公共财政支出预算（亿元）		占比（%）		复合增速
	2010 年	2014 年	2010 年	2014 年	（%）
公共预算	84530.00	153037.00			16.00
教育	11856.75	24030.87	14.03	15.70	19.32
科学技术	3039.52	5529.20	3.6	3.61	16.14
文化体育和传媒	1456.96	2753.39	1.72	1.80	17.25
社会保障和就业	8346.29	15894.01	9.87	10.39	17.47
医疗卫生	4439.31	10071.11	5.25	6.58	22.73
节能环保	2164.62	3894.99	2.56	2.55	15.82
城乡社区事务	5250.98	11992.73	6.21	7.84	22.93
农林水事务	7525.95	14404.01	8.9	9.41	17.62
交通运输	5356.03	9873.10	6.34	6.45	16.52
住房保障支出	1890.58	5071.32	2.24	3.31	27.98
合计	51326.99	103514.73	60.72	67.64	19.17

资料来源：国家财政部。

（二）资金使用过程中存在的问题

虽然政府主导的城镇化建设资金（包括财政资金和以政府显性或隐性担保获取的社会资金两部分）规模呈现良好增长势头，但在资金投资结构和资金使用效率两方面存在明显不足，直接影响了资金对城镇化的支持力度。

一是在资金投资结构方面，基础设施"硬件"投资占比相对较高，而"软件"投资占比相对较低。从分行业固定资产投资结构来看（见表6-5），公共投资仍主要集中在交通运输、仓储及邮政业，水利、环境及公共设施管理业等城市硬件基础设施建设领域，而科教文卫等软件基础设施领域的投资规模相对较小。2004—2012 年间，国家预算内资金行业投资结构中，教育，卫生、社会保障和社会福利业，文化、体育和娱乐业，科学研究、技术服务和地质勘查业占比合计仅为11.78%，仅占到城镇化建设公共支出的16.38%。

然而，人口城镇化是新型城镇化的重要组成部分，城镇人口生活水平

提升和社会福利改善是新型城镇化的根本，这就需要政府加大基础设施"软件"的投资。但当前公用投资仍主要侧重于基础设施"硬件"，城镇建设速度远远超出城镇公共服务供给能力的提升速度，使城镇居民面临较高的教育、医疗、居住等生活成本，并阻碍了农村居民向城市居民的转移，这是导致土地城镇化滞后于人口城镇化的主要原因之一。

二是在资金使用效率方面，政府主导的城镇化建设资金由于缺乏有效的约束机制导致资金配置效率相对较低。根据国资委统计数据（见表6-7），我们对部分行业的成本费用利润率进行比较。结果发现，2009—2013年五年间，燃气生产供应业，水的生产供应业，交通运输、仓储及邮政业的成本费用利润率分别为3.48%、3.32%和2.80%，而同期通用设备制造业、石油石化、计算机与软件服务业的成本费用利润率达到5.54%、6.74%和6.60%。城镇化相关的公共品供给行业的运营效率显著低于竞争类行业和垄断类行业。

表6-7　　　　　　　　成本费用利润率全行业平均值比较　　　　　　单位:%

年份	批发零售	房地产	计算机与软件服务业	石油石化	通用设备制造业	燃气生产供应业	水的生产供应业	交通运输、仓储及邮政业
2001	2.00	6.60	4.80	1.30	3.80	1.90		1.70
2002	0.60	6.20	3.50	8.80	1.30	-1.40	-2.00	1.70
2003	2.10	8.60	2.20	9.50	0.20	-0.90	0.20	2.10
2004	2.00	9.30	4.20	18.70	2.80	1.40	0.30	1.30
2005	2.90	7.80	4.10	10.60	5.40	2.60	-0.20	1.30
2006	2.00	5.80	3.20	9.10	5.50	1.20	0.80	1.20
2007	2.20	7.90	3.80	8.90	6.60	1.60	1.30	5.10
2008	1.80	9.50	4.00	6.10	6.10	1.20	1.30	4.00
2009	1.20	9.70	4.60	8.50	6.00	1.90	3.00	3.60
2010	2.70	9.80	8.30	7.90	6.20	3.30	3.00	5.20
2011	2.80	9.60	8.50	7.70	6.00	3.20	3.80	2.50
2012	1.90	9.20	8.10	5.70	4.60	4.50	3.60	1.20
2013	1.70	10.50	3.50	3.90	4.80	4.50	3.00	1.20
2009—2013	2.06	9.76	6.60	6.74	5.54	3.48	3.32	2.80
2011—2013	1.99	8.50	4.83	8.36	4.57	1.98	1.54	2.49

资料来源：国有资产监督管理委员会。

城镇化伴随着人口密度的提高，这有利于政府财政资金更好地发挥规模经济效应，从而有利于公共产品和服务供给效率的改善。然而一些研究发现，分税制改革之初，我国地方政府财政支出效率曾一度得到明显改善，但之后支出效率呈现逐渐下降趋势。

我们认为，在委托—代理机制不健全的背景下，资金软财务约束是导致城镇化资金使用结构不合理、使用效率相对偏低的主要原因。首先，资金来源渠道和投向渠道相对多元化，而城镇化建设缺乏明确的统筹机制和协调机制，从而导致建设资金分配存在结构的不合理。城镇化资金来自中央财政拨款、地方财政拨款、金融机构贷款、平台公司融资等领域，而地方政府官员更倾向于将资金投向那些能够带来短期经济效益的领域（即基础设施"硬件"投入），而且导致资金运用结构缺乏科学合理的论证。此外，不同政府部门依据资金来源归属不同，将资金用于不同领域，缺乏统一的城镇化资金运用规划，导致资金投向存在多种随机性因素的干扰。

其次，政府主导的城镇化建设资金缺乏较为严格的财务约束。一方面，财政资金在使用过程中缺乏严格的事前、事中、事后控制，预算编制多基于财务角度来控制预算额度增减，而非社会经济发展统筹布局；资金使用绩效表现形式多样，难以选取绩效衡量尺度统一把握，从而导致资金使用效率缺乏有效评价标准。另一方面，政府及政府融资平台对资金成本的敏感度相对较低，资金使用成本和资金使用回报之间的权责关系难以一一对应。而且，政府主导的城镇化建设资金在不同层级政府之间的权责关系不明晰、资金分配的透明度和规范度相对较差，这都降低了资金使用的有效性，进而影响城镇化资金的使用效率。

（三）城镇化建设资金投向的国际比较

表 6-8 是 2012 年城镇化资金投向的国际比较数据，我们选取的国家既包括国土面积靠前的国家（如俄罗斯、加拿大、美国、中国），又包括人口众多的国家（如中国、印度、美国、巴西），在地理位置上兼顾欧洲、美洲、亚洲以及大洋洲。这些国家除印度是中低收入国家、中国是中等收入国家外，其他都属于高收入国家，这意味大多数国家都已完成城镇化的过程，表 6-8 第二列展示了各国城镇化人口的比例，若以 70% 作为判定城市化完成与否的标准，只有中国、印度和南非还未完成城市化。表 6-8 第三列反映了城市化后经济运行和就业的形态，即大部分经济活动发生在服务业。在 10 个高收入国家中，服务业就业人口在总就业中的比

例都达到了70%（智利69.5%），5个"金砖国家"中俄罗斯、巴西、南非都在60%以上，只有中国和印度相差较远。

我们仍然将城镇化建设的资金投向分为"硬环境投资"和"软环境投资"两个方面，前者主要指公路、铁路、港口等基础设施和公共设施的投资，后者主要指与人力资本相关的投资，如教育、医疗、文化设施等。

表6-8从上述两个方面列举若干指标反映这15个国家的情况：硬环境方面，就公路密度而言，法国、日本、德国、英国、韩国这些国家因国土面积较小导致公路密度较大，中国与10个高收入国家的其他面积较大

表6-8　　　　城镇化建设资金投向的国际比较（2012年）

国家	城镇化比例（%）	服务业就业占总就业比例（%）	公路密度（陆地每100平方千米内公路的公里数）	港口基础设施的质量，WEF(1=十分欠发达至7=根据国际标准，十分发达高效)	城市改善的卫生设施（获得经改善卫生设施的城市人口所占百分比）	人均医疗卫生支出（现价美元）	人均教育公共开支（现价美元）
加拿大	80.8	77.0	14.11	5.50	100.0	5740.70	2818.76
美国	82.6	81.8	66.74	5.70	100.0	8895.12	2804.94
澳大利亚	89.3	76.3	10.63	5.00	100.0	6140.04	3768.82
阿根廷	92.6	77.4	8.72	3.70	97.1	995.18	669.15
智利	89.3	69.5	10.26	5.20	100.0	1103.36	646.03
法国	86.3	75.5	191.62	5.40	100.0	4689.99	2330.98
日本	91.7	71.2	89.70	5.20	100.0	4751.61	1767.06
德国	74.1	71.3	180.24	5.80	100.0	4683.18	2164.45
英国	79.8	79.8	172.27	5.70	100.0	3647.47	2423.59
韩国	83.5	77.0	106.04	5.50	100.0	1702.58	1140.76
俄罗斯	74.0	62.6	6.40	3.90	74.4	886.88	575.76
中国	51.8	36.1	42.77	4.50	74.1	321.69	190.39
巴西	84.9	64.6	18.57	2.70	87.0	1056.47	660.22
印度	31.7	25.3	142.68	4.20	60.2	61.36	49.89
南非	62.4	72.4	29.87	4.70	81.7	644.62	438.35

资料来源：CEIC，世界银行。

国家相比，其公路密度只低于美国；在5个"金砖国家"中除印度的公路密度①较大外，中国也高于其他国家。就港口基础设施的质量而言，10个高收入国家中除阿根廷较低外，其他都达到5以上的水平；在5个"金砖国家"中，中国的港口基础设施质量略低于南非，高于其他国家。就这两项而言，中国在国际上的水平比较靠前，这与我国应对金融危机以及长期以来习惯以基建投资拉动保增长的思维有很大关系。

就城市改善的卫生设施而言，尽管这项投资属于硬环境投资，但与居民的生活质量密切相关，我们看到10个高收入国家几乎都能100%保障城市居民获得改善的卫生设施，阿根廷尽管未能达到100%，但这一比率也高达97.1%；在5个"金砖国家"中，中国的指标仅好于印度。

人均医疗卫生支出（尽管并非人均公共医疗支出），10个高收入国家中除智利、阿根廷在1000美元左右，韩国为1702.58美元外，其他国家都在3500美元以上；5个"金砖国家"中，中国仅超过印度，为321.69美元。

人均教育公共开支方面，10个高收入国家中除智利、阿根廷低于1000美元外，其他国家都超过1000美元；5个"金砖国家"中，中国的人均教育公共开支仅为190.39美元，高于印度，低于其他所有国家。

当前的城镇化是新型城镇化，提倡以人为本、和谐发展，更加注重城乡一体化和公共服务的均等化。如何朝着这个方向去努力？应该加大软环境方面的投资，而非仅限于硬环境。

（四）对策建议

资金稀缺的矛盾在新型城镇化建设过程中将持续存在，提升资金精细化管理水平，是新型城镇化的必然选择。这需要政府以市场化配置为导向，强化资金约束，提高资金使用效率。

第一，建立新型城镇化建设统筹协调机制。在顺应城镇化建设规律的基础上，加强新型城镇化的顶层设计，有利于发挥全局"一盘棋"的优势。在保障城镇基础设施建设的同时，加快基础设施"软件"的资金投入力度，降低人口城镇化过程中面临的高昂生产成本问题，提高教育、医疗、福利房等公共品、半公共品的供给能力，改善社会福利水平。同时，统筹协调机制还应该广泛吸收公众和专家参与，满足新型城镇化过程中社

---

① 对印度的数据我们存疑，但目前没有校验渠道。

会大众对公共品多层次、多样化的需求，提高公共决策的科学性和有效性。

第二，加强政府主导的城镇化建设资金监管。要建立包括财务核算、资金监控、资产管理、事前审批监控、项目进度监控、决策预警在内的综合化监管体系，建立健全城镇化资金使用效率评价体系，在监督资金使用合法性、合规性的同时，强调对资金使用效率的监控。在此背景下，根据所掌握的城镇化建设资金配置情况，有效调整资金使用策略。同时，需探索建立新型城镇化资金使用的公开机制和问责机制，引导社会加强对资金使用的监督，在保障资金安全的同时，切实有效地提高资金使用效率。

此外，还应加快新型城镇化信息化建设。围绕资金来源、资金运用、资金监管等关键环境，提升信息化对科学化、精细化管理的保障能力，从而引导社会资金进入新型城镇化建设过程，更好地匹配公共品供求之间的关系。

第三，充分发挥财政资金的"四两拨千斤"作用，带动市场资金的介入。在城镇化的资金配置中，政府要逐渐从"运动员代表"转向"裁判员"，而且通过财税体制改革、政府职能转变等，也都必然使得政府财力在城镇化建设中直接发挥的作用下降。因此，将来财政资金运用的重点应该是发挥对社会资金的"汲水效应"，通过与金融手段的有效结合，间接引导各类资本在城建投资中的有效配置。例如，进一步发挥财政贴息的作用，或者考虑把财政补贴作为担保资金，建立城镇化担保机制，都属于可以探索的创新。

四　案例分析：湖北省新型城镇化资金保障机制调研

（一）城镇化资金来源考察

就湖北城镇化的资金来源结构来看，资金来源趋于多元化但比例并不均衡。例如，据统计，2012年湖北省投资资金为17393.79亿元，其中，国家预算内资金占比为4.8%，国内贷款占比为11.9%，利用外资占比为0.8%，自筹资金占比为71.6%，其他资金来源占比为11.0%。自筹资金

（含政府融资平台融资与政府土地买卖收入等）占大头，国内贷款和国家预算内资金为补充，单靠国家预算内资金根本无法满足固定资产投资需求。在本次调研中，湖北省财政厅提出，必须采取政府、企业、社会资本共同投资的多形式、多元化融资体系，中央和省财政补助资金，主要是投向新能源和可再生能源在城镇化的推广，从本级征收的土地出让金、相关税费中安排城镇化专项资金，以县市级投融资平台为依托，依靠市场化方式融资。人民银行武汉分行提出，资金直接融资的比重将会更高，2013年，全省 37 家企业发行各类债务融资工具 635.27 亿元，占全省债券市场融资总量的 72.8%，省交投、省联发投和武汉城投等承担省内重大项目融资平台的企业发债 220 亿元。

在此，我们仍然主要分析湖北省级和市级两个层面的地方政府债务情况。

1. 省级城镇化资金来源

2014 年 1 月，各省审计厅公布了省级地方债务的情况。从债务规模看，截至 2013 年 6 月，湖北省政府债务规模 7680.78 亿元，其中政府负有偿还责任的债务为 5150.94 亿元，政府或有债务 2529.84 亿元。从全国横向比较来看，湖北省的债务水平在全国处于第 6 的位置，在中部省份中仅次于湖南，处于第 2 的位置。

从举债主体的结构来看，湖北省政府性债务的最大举债主体是地方融资平台公司（见表 6 - 9），其政府负有偿债责任的债务和或有债务总计 4612.97 亿元，占债务总量的 60.06%。这一情况在全国具有普遍性，即地方政府债务的主要用途是基础设施以及市政设施建设，这也反映出湖北的城镇化建设处于初期快速发展阶段。与教育、医疗等公共服务对应的举债主体是事业单位，这类机构的债务在总量中占比较小，这反映出城镇化进程中对软性基础设施的投入不足。

从融资的来源结构看依然保持了银行信贷为主导的传统，湖北省政府性债务中银行贷款共计 4196.93 亿元，占总债务的比例为 54.64%。银行贷款的一大弊病是难以提供长期资金支持，通常城市建设的资金需求在 10—15 年，而银行贷款能够提供的年限只有 5 年左右，这就很容易形成期限错配的风险。发行债券是第二大融资来源，在总债务中的比例为 9.77%。由于债券发行后大部分被银行机构持有，故而并未与贷款产品形成有效的竞争格局。

表 6-9　　　　　　　　　　湖北地方政府债务的举债主体　　　　　　单位：亿元,%

举债主体类别	政府负有偿还责任的债务		政府或有债务			
			政府负有担保责任的债务		政府可能承担一定救助责任的债务	
	债务额	比重	债务额	比重	债务额	比重
融资平台公司	2704.73	52.51	470.7	60.59	1437.54	82.01
政府部门和机构	1236.65	24.01	152.64	19.65	0	0.00
自收自支事业单位	535.87	10.40	55.34	7.12	7.37	0.42
经费补助事业单位	433.1	8.41	24.35	3.13	165.55	9.44
国有独资或控股企业	134.22	2.61	61.84	7.96	134.81	7.69
公用事业单位	31.45	0.61	4.86	0.63	7.68	0.44
其他单位	74.92	1.45	7.16	0.92	0	0.00
合计	5150.94	100.00	776.89	100.00	1752.95	100.00

就风险而言，湖北省的总债务率为88%，尽管没有超过国际货币基金组织确定的90%下限（即没有进入预警区域），但已非常接近。横向比较来看，湖北省的债务率在全国排名都处于较高的水平。一方面，就作为分子的债务水平而言，湖北在全国排名前列；另一方面，分母综合财力又相对较弱。具体而言，税收中增值税、营业税、企业所得税和个人所得税四大税种只有营业税是完全的地方税税种，而该税种与第三产业的发展密切相关，湖北处于中部地区，还处于工业化向后工业化的发展时期，第三产业相对于东部沿海地区而言较弱（"营改增"后对地方税收的影响目前还没有评估）。就土地出让收入而言，其与房地产市场的价格密切相关，湖北省的房地产价格与东部相比存在较大差距。总体而言，湖北省的地方政府债务风险较高，既与负债规模较大有关，也与地方财力较弱有关。

2. 市级城镇化资金来源

对于地市的资金供给现状，湖北省审计厅并没有公布相关数据。我们采集已发城投债的平台公司的资产负债表数据（这些公司因发债需要公布财务数据）作为分析依据。经过比对，2012年湖北省公开财务信息的融资平台的总负债为4962亿元，略高于审计厅公布的4613亿元，由于审计厅公布的统计口径略小，因此采用此方法评估市级资金供给情况是可信的。

就市一级的融资平台而言，武汉市共计 7 家平台公司，其余地市共计 12 家平台公司，平均每个地市有 1.33 家平台公司。就负债规模而言，武汉的融资平台公司总负债规模为 2133 亿元；其余地市负债总规模为 688 亿元，平均每个地市的负债规模为 76.44 亿元。①

我们以负债率②和债务率③两个指标考察地级政府债务的风险水平。就负债率而言，武汉为 26.62%，其余地市平均负债率为 6.46%。就债务率而言，武汉为 140.83%，如果地方政府的综合财力不考虑土地出让收入，其债务率值为 214.23%；其余地市的债务率为 62.32%。以负债率指标衡量，湖北省的地方债务风险较低；但如果考虑更为直观的综合财力因素，武汉的债务风险很高，已经接近国际货币基金组织 150% 的上限。此外土地出让收入占地方政府可支配财力的比例接近 35%，这意味着地方债务风险与房地产市场的价格密切相关。当前三、四线城市的房地产已出现量价齐跌的现象，一、二线城市受此影响预期已经改变，因此当前地方政府债务已进入预警状态。

我们还考察了地级融资平台债务的期限情况，武汉融资平台的长期负债占比为 53.49%，其他地市的长期负债占比更低，仅为 42.01%。从实际调研反映的情况来看，这些平台大都从事城建基础设施方面的业务，需求的大都是长期资金，供需的期限结构明显存在错配现象。

3. 对策建议

结合相关数据分析，我们对于湖北城镇化资金来源状况的考察得出以下结论：

第一，城镇化过程中的地方债务风险存在明显区域结构特征，以湖北为例，中心城市武汉的负债规模、负债率、债务率等指标明显高于其他非中心城市。这实际上反映出当前城镇化的资金供给机制难以满足城镇化在空间上快速集聚的趋势。武汉以全省 4.7% 的土地面积支撑全省 16.4% 的人口，其面临的公共服务缺口自然是巨大的，此外武汉江河湖泊众多，其基础设施的成本也高于其他城市，从而导致了债务风险指标较高情况的出现。

第二，地方债务风险与房地产市场高度相关，这意味着一旦房地产出

---

①　湖北省还有 3 家省级平台公司，因此地市平台负债加总数不等于全省的 4962 亿元。

②　负债率 = 地方政府债务余额/GDP。

③　债务率 = 地方政府债务余额/地方政府综合财力。

现危机，地方债务风险将急速攀升。

第三，城镇化快速推进反映出的矛盾凸显了我国金融体系的弊端，即银行主导的体系对实体经济难以提供长期资金支持。

针对以上三点结论，提出以下对策建议：第一，对于城镇化过程中的债务风险，我们应该将风险预警的焦点集中于中心城市，因为城市化的初始阶段是一个快速集聚过程，之后才会出现向外扩散的效应，这是空间经济学的一般规律。

第二，地方债务风险与房地产市场密切相连，其根源是分税制改革后地方财力与地方事权不匹配，地方政府谋求财政收入最大化的动机导致土地出让收入成为地方建设的重要资金来源。当前，应在厘清地方政府支出责任的基础上尽快形成税基稳定的地方税种，解决地方政府税基狭窄的燃眉之急。

第三，对于实体经济缺乏长期资金的现状，应大力发展债券市场。针对市政建设缺乏长期资金的情况，除发展一般责任债和市政债之外，还应大力开展金融创新，如鼓励发展 BT、BOT、PPP、金融租赁等多种融资模式。

此外，还有两个政策取向应当坚持：

第一，城镇化建设资金筹集规模要和地方经济承载能力相匹配。从湖北未来偿债年度看，2013 年 7 月至 12 月、2014—2017 年到期需要偿还的政府负有偿还责任债务分别占 23.73%、21.84%、21.62%、11.82%、7.16%。融资平台贷款过度依赖"土地财政"存在重大风险隐患，要防止过分追求经济增长和投资增长等指标，在超过财政收入承受力的情况下通过银行贷款等方式举债。

第二，完善多元化融资机制的配套政策。例如，为了增进农村经济活力与效率，要确定土地确权流转制度；为了吸引民营资本进入公共建设领域，要完善风险分担机制；为提高融资效率，要建立良好的资金使用质量监管机制等。

（二）城镇化资金运用考察

1. 重点环节

第一，资金使用方式上，更加多样和丰富。湖北目前着力营造国有资本与民间资本平等的环境，放宽市场准入，一是通过特许经营、投资补助、政府购买服务等方式，吸引更多社会资本。二是在市政建设方面，对经营性领域，政府不再直接投入，一律推行投资运营主体招商；对准经营性领域，建立投资补贴和价格的协同机制，为投资者创造合理回报。三是通过委托经营、股权出让、融资租赁、技术资源合作等方式，扩大产业化规模。推动政府购买社会服务和公私合作项目运作，广泛推广 BOT、BTO、BOO、LBO、BBO 等多种形式。

第二，资金投放领域上，坚持"四化同步"发展。资金使用强调以推进新型工业化、新型城镇化和农业现代化为重点。新型城镇化的内涵发生了深刻变化，强调"人"的城镇化，这就意味着政府将加大在公共服务、社会保障网络和服务业等领域的投资。农业向集约化和规模化发展，使得农村产业化资金需求迅猛增长。新型工业化过程中成长型企业增多、产业转移集聚加速，对金融需求明显增加。

第三，资金投放区域上，围绕重点建设区域。湖北省将围绕武汉市、襄阳市、宜昌市开展"一城两翼"建设，打造长江经济带和京广高铁经济带，推动县级市和县域小城市扩容提质，增强产业发展、人口聚集功能，推进重点镇、特色镇示范工程，开展"四化同步"试点。资金投放要优先支持重点区域、重点工程。

第四，资金投放方式上，强调便捷普惠。为了支持在城乡一体化中产业融合的金融需求，湖北各级政府也在积极创造条件，引导金融机构不仅要努力提供贷款等资金支持，还要加强咨询服务的支持力度。此外，金融机构还要及时设计和提供差异化、定制化的金融产品和服务，满足农村地区的金融需求。

2. 主要特点

通过对于湖北的专门考察，我们发现其城镇化资金运用中体现出某些具有普遍性的特点。

第一，资金需求规模大。根据"纳瑟姆"曲线，城镇化水平达到30%而继续上升至70%的区间，是城镇化率上升最快的发展阶段，由于湖北省城镇化率正处于这一区间，因此未来还需要大量的资金用于城镇化。

第二，资金使用期限长。城镇化是一个漫长的过程，每年城镇化率的提升幅度仅为1%左右，需要源源不断的、稳定的长期资金支持，一旦资金后期供给不上，容易造成很大的坏账风险。

第三，社会外部效益强但商业效益不高。城镇化进入新阶段之后，公共服务、基础设施和公用事业的社会需求必然急剧增长，急需大规模公共投入，这些项目公共性强、外部性大。

第四，资金成本相对低廉。新型城镇化中的很多建设项目都是准公益性项目，这些项目建成后需要以低成本提供给城市人群，这就使得大部分项目资金回收期限长，盈利水平较低，适合匹配稳定且低成本的资金。

3. 对策建议

第一，建立透明规范的城市建设投融资机制。要进一步健全政府性债务控制和风险控制机制，进一步加强地方政府融资平台公司的管理，统筹考虑各地发展条件、政府负债、资金供给等因素，设立动态、全口径负债"天花板"，从总量、结构、操作上防止一哄而上、盲目举债，避免投融资总量失控，防范和化解财政金融风险。

第二，资金集约化使用更加关键。城镇化规模效应只有在超过 50 万人口后才会体现。过去小城镇遍地开花的模式是一种低效率的城镇化模式，实质上会造成资金和土地资源的浪费。应该开展城市再生资源回收利用体系建设，推进低碳省与低碳城市目标建设，大力开展节能环保技术改造。也就是说，城镇化资金要有利于提高产出效率，降低资源耗费。

第三，优化信贷结构突出支持重点。要对重点建设区域、重点建设工程、保障性住房建设信贷加大支持力度。支持符合条件的地方政府融资平台和国家重点在建续建项目的合理融资需求；严格落实差别化信贷要求，加强名单制管理和压力测试；对于新兴企业信贷所带来的风险，研究新的风险控制办法。

（三）主要经验总结

我们通过调研发现，湖北在构建城镇化资金保障机制方面，也有许多值得借鉴的改革探索与思路创新。

当前，多元化的城镇化融资渠道主要有：一是财政资金，即中央与地方预算内资金；二是土地出让收入，即国有土地出让金收入；三是银行贷款，主要是通过政府融资平台获得银行贷款；四是债券市场融资，包括地方政府债券及城投债。[①] 城镇化建设周期长、资金需求量大，结合调研地方的情况，其城镇化融资表现出"以间接融资为主、直接融资为辅"，

---

① 参见庞亚军、申世军、张鹏《城镇化融资中的制度设计》，《金融市场研究》2013 年第 8 期。

"以政策性金融机构为主、商业性金融机构为辅"的特点。

具体来看，湖北省城镇化资金来源主要是：（1）中央财政资金通过项目形式安排地方。（2）省级财政先后设立城乡建设与发展"以奖代补"资金，并以"以奖代补"方式下达市县，激励和引导市县统筹相关资金，进一步加大城镇化建设的投入。（3）市县作为城镇化建设的主体，筹措资金的渠道主要是：第一，土地出让收入、城市基础设施配套费、城市建设维护税等相关税费；第二，以中小企业信用担保平台或城投公司等融资平台为依托，开展城镇化建设投融资；第三，运用 BT、BOT 等模式，吸引企业和社会资本支持城镇基础设施建设；第四，挖掘盘活国有资源、资产、资金、资本，通过拍卖经营权、冠名权等方式筹集城镇建设资金。

进一步来看，湖北的相关改革探索如下：

第一，积极拓展直接融资优化融资结构。湖北省积极拓展直接融资并大力优化融资结构。2013 年全省 37 家企业发行债务类融资工具 635.27 亿元，同比增加 69.87 亿元，增幅 12.36%。省交投、省联发投和武汉城投等企业在 2013 年共发债 220 亿元，占全省发债金额的 34.6%。通过资产注入、重组和置换等措施，将城投公司的资产规模和资金流量逐步做大，率先获得银监会一般类公司资格，为融资奠定了基础，并经历由传统单一的银行贷款向多渠道转变的过程。除了传统投融资平台发债以外，2013 年 10 月武汉地铁集团有限公司 23 亿元可续期公司债（永续债）成功发行，成为全球第二只、国内第一只永续债。其所筹资金全部用于补充项目资本金和轨道交通 6 号线一期工程建设。永续债的发行有效降低了资产负债率，并提供了项目资本金，为常规债务融资工具扩展发债空间。

第二，大力发挥开发性金融对棚户区改造的支持作用。国开行湖北省分行积极支持湖北省新型城镇化建设，已成为湖北省保障性安居工程建设的主力银行。目前，已成立住宅业务事业部，通过专项贷款，期限较长达10 年，积极致力于发挥自身在中长期投融资领域的优势，并通过先期贷款投入，使得项目启动进而带动商业银行和其他社会资金投入，积极推动棚户区改造工作可持续发展。

第三，积极推进地方政府融资平台贷款风险管控。从调研情况看，以中国农业发展银行湖北省分行为例，该行早在 2010 年就已成功实现贷款风险的全面覆盖，成为湖北省银行业系统首家实现融资平台贷款风险全覆盖的银行。目前在积极支持平台合理信贷需求的同时，湖北省全省 2013

年已基本实现政府融资平台信贷总量下降、结构优化。从投向看，平台贷款主要投向交通基础设施、市政基础设施和土地储备，占比超过70%。平台贷款融资比重下降，平台发债总额2013年为504.2亿元，是2012年末余额的3.4倍，是2011年的14.7倍。平台融资结构变化反映了监管政策的效果以及地方政府的融资需求或者说融资冲动在不断寻找新的出路。

第四，不断改善县域金融服务。湖北省坚持"以人为本"，有针对性地加强城乡融合的体制机制建设，金融支持县域经济发展"五个一工程"和农村金融服务全覆盖工作深入推进。围绕农民工进城和农村转移人口市民化，积极支持改善生产生活条件的商业金融需求。2013年县域贷款同比增长21.7%，高出同期全部贷款增幅5.9个百分点，县域贷存比为43.29%，同比提高1.32个百分点。2013年全年共培植中小企业信用客户2330户，全省信用企业达到10.9万户。此外，湖北省全省推广"双基双赢合作贷款"支农新模式，试点一年来，全省建立村级（社区）信贷工作室522个，发放贷款17.7亿元。为了进一步加快建立现代农业产业体系，延伸农业产业链、价值链，从调研情况来看，以农行荆州分行为例，以县域支柱产业、特色产业、优质产业集群为依托，加大信贷规模资源的优化配置，在强化两极中心城区信贷资源配置的基础上，着力打造县域领军优势，把握区域特色，加大县域农产品加工、石化填料、石油机械等优质产业集群的信贷支持力度。

第五，陆续开办农村土地承包经营权抵押贷款。人民银行武汉分行指出，湖北省针对农村陆续开办土地承包经营权抵押贷款业务，截至2013年11月末，金融机构累计发放土地承包经营权抵押贷款15.1亿元，贷款余额7.7亿元。武汉市作为全国唯一的副省级农村综合改革试验城市，累计发放土地承包经营权抵押贷款9.7亿元。

对于湖北省目前已开办农村土地承包经营权抵押贷款的地区，主要模式有："土地承包经营权直接抵押贷款"、"土地经营权抵押＋保证"、"土地经营权抵押＋行业协会（合作社、基金）担保"、"土地经营权抵押＋农村担保公司担保"等。其中，以武汉市为例，其主要做法有：一是加强制度保障，出台了三份农村产权抵押贷款规范性文件。二是完善配套措施，通过财政贴息的方式降低农村土地承包经营权抵押贷款的融资成本；探索把农村土地经营权纳入农村担保公司担保融资的范围，在土地经营权作为抵押物不足时提供担保，进一步分担了金融机构的信贷风险。三是搭建土地流转服务平台，武汉市设立了武汉农村综合产权交易所，帮助金融机构将抵押物变现偿贷。迄今已办理1470宗农村产权交易，主要涉及土地经营权流转等，交易额近90亿元，惠及16万农户。土地货币属性的变化将成为农村金融市场发展的重大机遇。在经济发展新常态下，应更好发挥农地金融，支持"三农"发展。

第六，逐步建立政府、企业、社会资本共同参与的多元化融资体系。在市场化融资方面，湖北省充分发挥政府资金的杠杆作用，采取"政府引导，市场主导"的合作共建方式推进城镇化建设，并通过BOT模式，吸引企业和社会资金建设，通过特许经营、投资补助、政府购买服务等方式，吸引更多社会资本参与城镇市政公用事业的投资建设和运营。通过有重点地介入主体清晰、投资明确、商业运作的城市基础设施建设项目，选择性支持通过农民集中连片居住、以指定地块出让收入作为还款来源的集体土地整治和新农村建设项目。在城市基础设施建设中，依靠土地封闭运作融资，运用市场机制，通过"土地收购—土地储备—土地出让"来实现融资。其中，以武汉市为例，该市2013年城建计划总规模为900亿元，其中，非经营性项目投资规模200亿元，安排财政性资金50亿元，配比25%；经营性投资项目700亿元，基本未直接安排财政性资金，多是以土地打包等形式通过市场融资筹措。

目前，湖北省正在研究制定《关于深化全省城镇市政公用事业领域改革的指导意见》，进一步支持和推广通过市场融资开展城镇项目建设。（1）在市政项目建设方面，对经营性领域（如燃气、供热和非基本公共服务等），政府不再直接投入，一律推行投资运营主体招商。对准经营性领域（如供水、污水和垃圾处理等），以公共私营合作制（PPP）、股权合作等方式，通过建立投资、补贴与价格的协同机制，为投资者获得合理回报创造条件。（2）在市政项目运营方面。凡是政府主导的，一律从垄断经营转向PPP等模式，事业单位按现代企业制度改革，通过委托运营、股权出让、融资租赁、基金引导、整合改制、技术资源合作、后勤社会化等方式，加大专业化运营力度，扩大产业化经营规模。（3）推动国有企业实行以政企分开、政资分开、特许经营、政府监管为主要内容的改革，以公共私营合作制（PPP）、股权合作等方式引进社会资本。对污水、垃圾处理项目，已建和在建的污水处理厂、垃圾处理场，凡是由政府主导建设经营的，全部采取TOT、委托经营等市场化方式进行改革，实现特许经营。（4）对非经营性项目，引入社会资本，投资城镇道路、桥梁、地下管网和园林绿化等纯公益性基础设施。将原本由政府承担的建设职责，通过特许经营方式交由企业建设运营，政府与企业签订政府购买服务合同。

（四）基于湖北案例的总体建议

从政策操作层面看，湖北省在推动城镇化方面还有不少问题亟待解决：

第一，相关配套政策措施不明确。健全城乡发展一体化体制机制，是一项关系全局、关系长远的重大任务。但是，目前国家并没有具体的发展小城镇的信贷指导或协调政策，也没有关于农村贷款的一些操作制度，农村建设专项贷款方面也没有太多的贷款优惠政策。加上与农村建设发展的相关改革尚未到位，如农村土地制度改革、司法环境、基础设施建设等，所以，金融支持城镇化建设的主动性还不是很强。

第二，融资贷款主体相对来说仍然缺位。在城镇化建设起步阶段，金融服务需求主要是在基础设施建设、公共设施建设、住宅建设等方面。有些建设项目是纯公益性的，因而需要大量的政府财政补贴，提供相关的优惠政策来维持。但目前，一级政府不能作为贷款的主体，因此，存在担保难、还款难等不利因素。

第三，存在中央财政与地方财政事权与财权不相匹配问题。即便地方政府的市政债券发行逐渐试点铺开，但如果主要支持是经济效益较低、还款来源长的项目，并且还款来源主要是地方财政预算收入，那么仍然要防范地方政府过度负债。

第四，投融资主要依靠政府融资平台扩张来实现。伴随目前商业银行财务管理越来越严格，资产负债及资本金要求越来越严格，贷款审批流程越来越规范等情况，由于先期大量贷款到了集中还款的时间节点，加上地方政府融资平台还款来源方面受限制使得相应风险逐渐显露出来。地方政府的入不敷出，为城镇化建设融资埋下了潜在的信用风险。

相应地，进一步改革优化的方向和相关建议如下：

第一，促进农村金融环境优化，促进农村生产要素资本化。

一是城镇化建设的难点在农村，需要由各级政府主导，有序推进农村金融生态环境建设。加强"三农"金融基础设施建设，大力发展农村担保机构，完善农村担保体系。健全农村信贷风险补偿机制，建立农业信贷风险补偿基金。加强农村金融市场信用环境建设，大力宣传金融产品和金融知识，严厉打击各种逃废债行为，维护涉农金融机构的合法权益。

二是稳步推进农村综合改革，进一步完善农村土地（水域）经营权、林权、农村集体建设用地产权的流转和交易机制。为农村生产要素资本化、商品化创造条件，丰富农村金融市场的抵押担保物，进一步打通农村资产资源与金融资源对接渠道。

三是大力支持农业产业化，大力培养发展新型农业经营主体，进一步通过金融产品和服务方式的创新，有效缓解农村养殖大户、农村经济合作组织和农业产业化龙头企业的融资难题，有效对接农村土地经营权、宅基地使用权和农房产权等财产权利，解决好农民出得来的问题，为城镇化创造有利条件。伴随农业经营主体多样化，农业生产要素也将实现流动和重新整合。在加快农村土地流转市场建设的同时，如何发挥金融支持作用，在土地经营权流转中始终维护承包农户的主体地位，探索农民增加财产性收入渠道，建立农村产权流转交易市场成为新课题。

第二，充分发挥政策性金融和商业性金融的双轮驱动作用。

一是明确市场定位，充分发挥政策性金融的引导作用，运用市场化的灵活机制，加大对基础设施建设的投入，并以非经营性项目为主、经营性项目为辅。可按照棚户区的金融支持模式，尝试由国家开发银行联合农业发展银行等成立专门机构，实行单独核算，采取市场化方式发行城镇化金融专项债券，充分调动社会资本参与，真正做到经济上的可持续。

二是其他金融机构应积极介入地方基础设施建设项目，找准部分企事业单位现金流特点，充分利用收费权质押等新的创新品种，加大对公共服务基础设施的信贷支持力度，充分体现金融机构的社会责任。

三是适时启动农民工住房贷款，引导和支持金融机构开发针对农民工的住房按揭贷款，让那些在城市拥有固定职业和稳定收入来源的农民工在城市购买住房获得金融支持。做好农民工返乡创业金融支持工作，利用好现有的小额贷款担保政策，完善相关配套机制，简化手续和流程，大力支持农民工返乡进城创业，让农民在城市里生活得更好。

第三，加强融资模式的制度建设，广泛吸引社会资金进入城镇化基础设施投资领域。

一是营造国有资本与民间资本平等的生态环境。目前，国家已出台相关文件对民间投资主体给予同等待遇，应继续营造国有资本与民间资本间的公平竞争环境，消除对民营经济的歧视，在政府管理、土地使用、税费缴纳、优惠政策等方面，尽可能对民间资金和国有资金实行同等待遇。

二是解决价格机制问题。应逐步推动部分公用事业（如自来水、天然气、污水处理）产品价格的市场化改革，增强对民间资本的吸引力。逐步放宽市场准入，进一步落实鼓励民间投资的相关政策。

三是中央到地方各级政府应加快制度建设。建立完善相关法律法规体系，规范 BT、BOT、PPP 等模式中投融资、施工、监理、中介等环节中各主体的法律行为，使相关融资合作项目的实施更加规范。

第四，加大保险资金投入和提升社会管理水平，服务新型城镇化建设。

一是加大保险产品创新力度，解决进城人员进得来、留得住的问题。继续扩大新农合、新农保和大病医疗保险力度，保障进城生活人员能看得起病。大力发展商业养老保险业务，做大做强社会保障体系，解决进城人员养老后顾之忧。

二是加大保险资金投入，让规模巨大的保险资金服务新型城镇化建设。放宽保险资金投资基础设施建设比例，鼓励保险资金投资三、四线城市。鼓励保险资金支持民生建设，积极争取投资优惠政策。深化保险资金运作的市场化。

三是加大责任保险力度，提升城镇化社会管理水平。完善交强险强制保险制度，为促进交通管理、城区道路顺畅服务。完善医疗责任保险、社区治安保险，提高医疗服务质量和水平，促进城市社区平安建设。创新环境污染责任保险，促进城镇化的生态文明建设。

第五，完善债务融资机制，允许地方政府发行市政债券，拓宽融资渠道。

一是进一步加大对债务融资的重视程度和利用力度，除了协调相关企业加快发行定向工具用于支持保障房建设的工作进度外，推动符合条件的企业发行资产支持票据、永续中期票据等。不断创新金融工具，积极争取运用由银行间交易商协会主导的中期票据、短期融资券、非公开定向债务融资等直接融资方式。

二是高度关注市政债试点进度，应强化财政纪律约束，健全跨年度预算平衡机制。这需要大量的顶层设计，既包括新《预算法》的实施细则等，也需要很多地方政府配套完善的工作。对此，地方应做好相关准备工作，一旦时间窗口打开，做到不贻误时机。

三是从事权与支出责任、资金使用和债务主体相一致出发，将来的市政债会由真正使用资金的地方政府自主发行。但对于三、四线城市，地方财政实力有限，在发行债券信用等级评定方面比发达地区要差，如何通过中央和省级财政的间接支持，为不发达地区的城市发行市政债创造条件，这都需要更多政策安排。

第六，正如习近平总书记在中共中央政治局第二十二次集体学习时强调，要继续推进新农村建设，使之与新型城镇化协调发展、互惠一体，形成双轮驱动。城镇化的发展将给农村金融环境带来深刻的影响，伴随农业发展的形态变化和农业市场化程度加深，以小规模分散经营和传统种养为主的经营体制逐步被打破，农业生产领域加快向产前、产后延伸，规模化、集约化经营比例明显上升，农村金融服务需求无论从形式到规模都将会发生本质变化。因此，在城镇化建设过程中，要结合产业结构、就业方式、消费方式、人居环境等一系列转变的需要，提高金融服务模式创新的前瞻性和针对性。通过有力有效的金融支持来更好地释放农业生产潜力，提高金融对接的层次性、协调性，推动新型城镇化可持续发展。

第七章 绿色低碳城镇化与城市空间布局及形态优化

城市发展与环境研究所课题组[①]

一 调研背景和基本情况

2014 年 4 月 15—18 日，中国社会科学院城市发展与环境研究所新型城镇化调研课题组成员赴湖北开展新型城镇化调研，旨在对新型城镇化建设中的绿色低碳城镇化道路与城市空间布局及形态优化等方面，目前面临的问题和取得的经验进行调研总结，调研城市包括武汉、荆州和宜昌三市。

伴随中国经济发展方式的转型，城镇化进程正步入转型的关键时点，而在国家建设新型城镇化的过程中，城镇化发展的理念和思路正不断发生着创新和转变。在未来的新型城镇化建设中，中部地区的地位和重要性将愈加凸显，也成为新型城镇化推进的重点地区，是探索新型城镇化路径的主战场。相较于经济发展程度较高的东部沿海部分地区，中部地区仍具有较大的城镇化潜力；而与相对落后的西部地区相比，中部地区人口密集，具有交通和区位等优势，因此中部地区将是新型城镇化建设初期加速城镇化进程的关键地区。湖北省在华中地区，凭借"九省通衢"以及位于长江中游而建的独特地理和区位优势，扼守长江水道、铁路重要节点，具有成为地区核心的潜力。而本调研小组也是唯一一个考察中部地区的调研团队，将通过对新型城镇化过程中的生态文明建设和城市布局及形态优化等

---

① 课题组组长：潘家华；课题组成员：庄贵阳、李国庆、袁晓勐、朱守先、张莹；执笔人：张莹、潘家华、庄贵阳。

问题的实地考察和调研，以及对城镇化进程中相关的其他问题的了解和思考，使 2014 年度中国社会科学院新型城镇化调研工作更加完整和充实。

在活动期间，调研组与湖北省政府、武汉市政府的相关部门进行了座谈，相关单位从新型城镇化发展规划、生态环境建设、城市建设、社会保障、金融体系建设等方面介绍了它们在新型城镇化发展战略和道路方面进行的探索和遇到的挑战。此外，调研组还考察了武汉光谷资本大厦中的相关企业。除了省会武汉市之外，调研组还前往湖北省的荆州市和宜昌市进行调研，分别与荆州市和宜昌市政府组织部门就绿色城镇化发展新路等问题举行了座谈。

生态文明，绿色低碳是新型城镇化建设的重要指导原则和科学评价标准。国家新型城镇化规划明确要求，在城镇化进程中全面融入生态文明的精神。在中央政治局第二十二次集体学习中，习近平总书记指出，推进城乡发展一体化要坚持从国情出发，从我国城乡发展不平衡不协调和二元结构的现实出发，从我国的自然禀赋、历史文化传统、制度体制出发，既要遵循普遍规律又不能墨守成规，既要借鉴国际先进经验又不能照抄照搬。这就要求在新型城镇化发展的时代机遇中，经济发展领先地区要在生态环境保护领域率先突破，而对于中西部地区，在持续实现经济发展的同时必须利用后发优势，尽量避免重蹈发达地区经历过的牺牲环境换取经济成果的覆辙。为了实现绿色、低碳的城镇化发展，各地政府应以科学发展观为指导，超前进行合理的规划，勇于探索制度创新，将多项规划合一，统一发展思路，避免发展道路中的曲折；在政府层面加大投入，提高环境治理和监管能力，同时也要从本地经济发展的实际情况出发，采用具有本地适用性的技术治污减排。在生态保护的资金来源和收益分配方面，应鼓励一些地区针对本地实际情况勇于做出制度创新，在生态补偿等方面进行一定的有益探索。

二　湖北省城镇化建设现状

2013 年湖北省全省城镇化水平为 54.51%，比全国平均水平高出 0.78 个百分点，在全国各省（市、区）中排在第 12 位。2012 年底，全省 12 个地级市建成区面积达到 1311 平方千米。根据湖北省统计局提供的资料，2012 年湖北新型城镇化发展综合指数排在前三位的城市依次为武汉、襄阳和宜昌。其中，武汉得分与第二名的襄阳有着一定的距离，综合实力、辐射能力远超出其他省内城市。从城镇化水平和资源过度集中于省会城市的特点看，湖北省的城镇化发展情况可以视作全国的一个典型缩影。

湖北省 2013 年末的常住人口为 5799 万人，城镇人口总数为 3161.03 万人，而 2000 年时的这两个数据则分别为 5646 万人和 2285.11 万人，这表明进入 21 世纪后，湖北省常住人口总数仅小幅增长，但城镇人口大幅增加。

湖北省省内的城镇化水平存在较大差异（见图 7-1），根据人口普查分县资料，湖北省中的恩施州等 6 县城镇化率均低于 30%。而省内一些市辖区作为城市的组成部分，管辖的区域以街道为主，城镇化率相对较高，如黄石市四个市辖区城镇化率均为 100%。

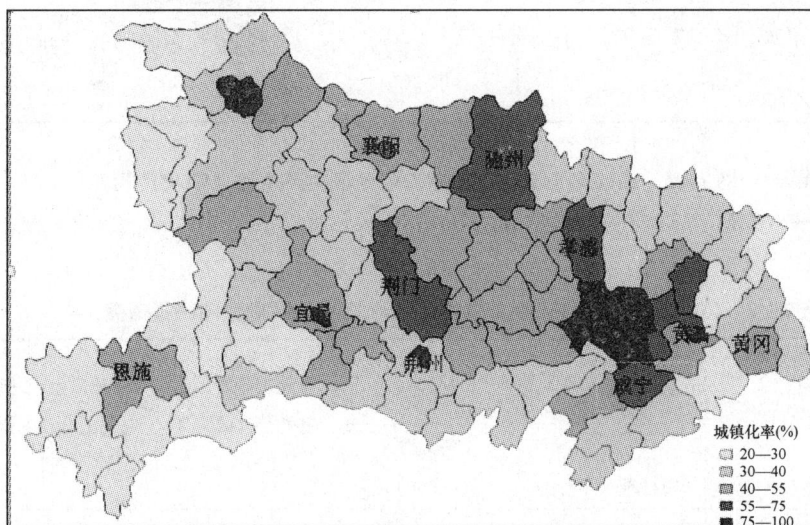

图 7-1　2010 年湖北省分县城镇化率水平比较

资料来源：第六次人口普查数据，国家统计局。

2012 年，湖北省万元地区生产总值能耗 0.874 吨标准煤/万元，高出全国平均水平 14.2%，万元工业增加值能耗降低 8.41%，万元地区生产总值电耗降低 6.57%。

从分城市万元地区生产总值能耗分析（见图7-2、表7-1），除随州市略低于全国平均水平以外，其余城市均高于全国平均水平，其中黄石市万元地区生产总值能耗是全国平均水平的1.98倍。提高能源生产力水平，优化能源消费结构是湖北省在城镇化进程中建设低碳省的核心任务。

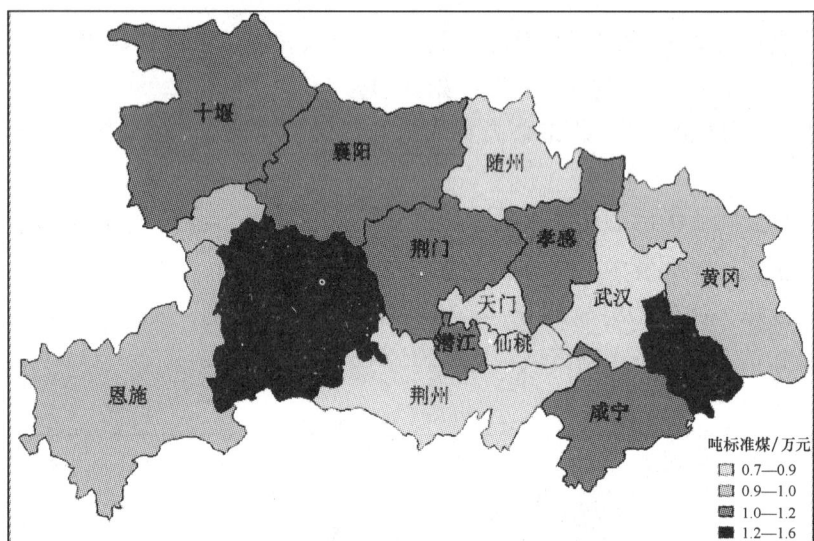

图7-2 2012年湖北省各市州单位地区生产总值（GDP）能耗

资料来源：湖北省及国家统计年鉴。

表7-1 2012年湖北省各市州单位地区生产总值（GDP）能耗等指标

地区	万元地区生产总值能耗		万元工业增加值能耗上升或降低（±%）	万元地区生产总值电耗上升或降低（±%）
	指标值（吨标准煤/万元）	上升或降低（±%）		
武汉市	0.7876	-4.47	-14.42	-5.65
黄石市	1.5131	-4.32	-9.12	-10.47
十堰市	1.1292	-4.67	-4.92	-9.21
宜昌市	1.3332	-3.88	-8.97	-11.71
襄樊市	1.0448	-4.59	-15.58	-5.37
鄂州市	1.3066	-5.63	-20.78	-16.4

续表

地区	万元地区生产总值能耗		万元工业增加值能耗上升或降低（±%）	万元地区生产总值电耗上升或降低（±%）
	指标值（吨标准煤/万元）	上升或降低（±%）		
荆门市	1.0856	−5.56	−16.13	−8.77
孝感市	1.1862	−4.25	−9.78	−3.61
荆州市	0.7836	−3.64	−8.67	−3.84
黄冈市	0.9403	−3.9	−12.75	6.87
咸宁市	1.0453	−3.78	−14.07	−9.51
随州市	0.7594	−3.68	−15.17	−15.13
恩施州	0.9917	−2.74	−4.89	8.83
仙桃市	0.8665	−3.21	−12.9	2.35
潜江市	1.1387	−3.82	3.24	−9.71
天门市	0.7668	−3.02	−1.8	2.91
神农架林区	0.9025	−2.89	−30.35	−21.28

注：1. 万元工业增加值能耗的统计范围是年主营业务收入 2000 万元及以上的工业法人企业；
2. 地区生产总值和工业增加值按照 2010 年价格计算。

资料来源：湖北省统计局、湖北省发展和改革委员会、湖北省经济和信息化委员会。

三 绿色低碳城镇化建设面临的问题与经验总结

在调研中，课题组发现所走访调研地区具有得天独厚的生态基底，长期以来都是国家中部重要的生态屏障，承担着粮食生产、洪水调蓄、山体维育等多项生态职能。在未来的发展中，以湖北为代表的中部地区一方面需要借助新型城镇化的时代机遇，在经济发展上迎头赶上，同时还必须利用后发优势，尽量避免重蹈发达地区经历过的牺牲环境换取经济发展的覆辙，这就要求地方政府以科学发展观为指导，超前进行合理的规划，勇于探索制度创新，将多项规划合一，统一发展思路，避免发展道路中的曲折；在政府层面加大投入，提高环境治理和监管能力，同时也要从本地经济发展的实际情况出发，采用具有本地适用性的技术治污减排。此外，该地区在三峡供电分配、农业发展等方面为其他地区乃至全国的发展作出了重要的历史贡献，如何在城镇化发展进程中，综合考虑这些因素，做出制度创新，在生态补偿等方面进行一定的有益探索。为促进在全国层面上的能源利用效率提高，也需要本地各级政府勇于创新，在发展经济和保护生态环境方面大胆探索，以"飞地经济"等新的发展模式缩小地区发展差异。

（一）如何科学、客观、超前地根据城市生态承载能力做好规划

在未来的城镇化发展过程中，切实保障城镇发展的生态安全需要科学、客观的城镇规划指引。中部地区普遍生态基础较好，具有丰富的河流、湖泊、湿地等生态资源，部分城市水域面积均较大，人均淡水拥有量是全国平均水平的数十倍。基于这些生态优势，一些城市的地方政府都怀有吸纳更多人口的热情和信心。许多城市的人口总量一次次地突破规划的预计，因此根据该规划来安排的基础设施建设也在一次次地创造人口承载的"奇迹"。

从中部地区整体来看，一城独大的实际情况比较普遍，导致各省的优质资源配置进一步垄断与集中，大城市人口增速屡超预期，为了在新型城镇化建设过程中谋求新的发展契机，地方有一些部门还希望破除限控人口方面的观念误区，建设更大型的城市。然而，城镇的生态承载力不能仅仅考虑水资源这一项指标，应该是一个综合囊括资源承载力、环境承载力和生态弹性力的有机整体。尽管从水资源的储备和环境容量来看，中部许多城市尚未触及红线，但是随着城市人口的进一步聚集，对环境自净容量的挑战越来越严峻，一些城市病，如交通拥堵、垃圾围城以及空气质量恶化等已经日益凸显。而作为能源缺乏地区，伴随中部地区的工业发展规划目标和生活水平的提高，还将使能源供需矛盾进一步扩大。作为后发追赶的中部大型城市，应该充分发挥后发优势，尽量规避重复北京、上海等超大型城市面临的人口聚集困境，改变唯经济论的城市首位度思维，超前做好科学的规划，确定城市的合理规模。

（二）资金和经验缺乏导致环境治理和监管能力落后

伴随城镇化进程的加快，给城市水资源保护带来了巨大的压力。但是相比较经济较为发达的地区，部分中小城市的污水防治、处理工作由于资

金的限制投入不足。调研时课题组了解到，一些污水处理设施由于缺乏资金支持，部分项目建设进度较慢，还有一些尽管已经完工，但由于运行费用压力较大，却只是作为摆设，并未投入使用，造成资源的浪费。这种情况在经济落后的县城、乡镇尤为突出。

由于城镇化过程中环境监管任务日益繁重，环境问题加快显现，环境污染纠纷事件增多，生态保护、污染防治、环境监测等环保工作任务的加总给基层环保部门带来了较大压力。除了武汉等少数大城市外，一些污染新问题，如灰霾、重金属排放的污普数据收集等并未形成全面的监测能力。一些相关的法规，如对机动车尾气污染的防治仍在制定之中。

（三）缺乏合理评价体系和奖惩机制导致两型社会建设动力不足

湖北省的能源结构在中部地区比较具有代表性：水资源丰富，具有一定的煤电基础，但是从能源资源禀赋来看，缺煤、少油、乏气，对外依存度大，水电资源支配权由国家电网掌握。主要位于鄂渝交界处的三峡电站自投入使用以来，累积发电量已经突破7000亿千瓦时，但是三峡电力电量的分配方案是基于2000年的用电需求预计，当时全社会电力需求低迷，预计华中地区对三峡电力的消纳能力有限，因此给予湖北地区的分配份额有限。然而，随着用电需求的不断增强，各地对电力的需求也进一步加大，而华中地区能源消费大于能源生产，是能源净调入地区，且能源产消差不断扩大，能源净调入量在能源消费量中的比例越来越大。因此在三峡发电的使用上，一方面，大部分用电省份集中在华东地区，需要构建长途输电网络并维护；另一方面，为弥补电力缺口，湖北98%的火电用煤不得不从外省购入，这种能源供需结构是不科学以及低效的，与低碳发展的目标是相悖的。为了提高中部地区的城镇建设，乃至全国城镇建设过程中的能源合理利用，需要摒除地方观念，通过宏观层面的决策调整，增强发电—输电—用电各环节的科学性和效率性。

此外，在城镇化进程中，伴随人民收入水平的提高，生活品质的改善，对各种耗能设备的需求也随之增长。在中部地区由于气候的原因，夏热冬寒，因此对于改善生活条件的供暖、降温需求不断提高。部分政府主导或个人主导的房屋改造，加装供暖设备的现象增多。为了有效控制生活用能的增长速度，需要对既有的一些制度进行调整。如在房地产开发之前就按照超越本地地域范围的更严格的节能标准设计，从源头解决和节约部分能源需求。避免出现高碳锁定的效应在中部地区城镇化进程中出现。

（四）新型城镇化生态农产品价格机制和市场保障机制尚待进一步完善

中部地区是传统的鱼米之乡，是全国重要的农业生产基地，切实关系到全国的粮食供给和食品安全。但是在调研中发现，由于经济利益的驱使，部分地区的农产品生产基地存在使用、滥用化肥的情况。应该积极在一些重要的农业生产地区建立合理的生态农产品价格机制，积极推广缓控释肥料和生物肥料，推广生物杀虫技术，制定缓控释肥料使用的补贴政策，鼓励农民使用缓控释肥料和生物肥料，控制农村面源污染，注重培育地方性知名生态农产品品牌，对取得国家相关认证的生态农产品，要制定合理定价，制定必要的价格保护机制。大力畅通生态农产品市场通道，减免生态农产品流通环节的费用支出，积极引导和支持生态农产品进城，促进有机、无害的生态农产品市场的全面发展。

由于历史原因，还有一部分农村土地遭受重金属和地下水污染，由于污染程度严重，已经不适于农业生产，急需治理修复，对于传统的农业产区，经济基础比较薄弱，修复资金的缺口对当地政府而言较为巨大，完全依靠政府财政投入难以尽快实现修复。例如，调研资料显示，某城市有3万余亩土地遭受重金属污染，完全修复需要700多亿元的投入。需要合理创新土地管理机制，推进农村污染土地的修复和再利用，同时严守红线，确保未来不会对其他未受污染土地造成新的损害。

（五）通过发展"飞地经济"实现对山区、库区的生态保护

在宜昌调研时，课题组了解到当地通过"飞地经济"发展模式，打破传统的行政区划限制，通过跨空间的行政管理和经济开发，实现经济发达地区和欠发达地区的资源互补和经济协调发展。由于一些贫困的山区、库区受到生态保护任务的掣肘，无法在当地发展一些产业，制约了这些地区在新型城镇化进程中提速发展的实现。通过"飞地经济"的新模式，划定发展区域和政策引导，吸纳贫困地区产业机会到发达地区落地，这样可以促进扶贫攻坚，同时防止对山区、林区、库区环境可能产生的破坏。但是，在鼓励制度创新的同时，也需要防止形成经济发达地区进一步"摊大饼"的情况，并防止产业的持续过度集中对发达地区生态、环境承载力带来的挑战。

四　生态文明建设和空间布局优化的问题和经验总结

党的十八届三中全会提出要完善城镇化健康发展体制机制，坚持走中国特色新型城镇化道路。作为国家的发展战略，新型城镇化的"新"意味着不同于以往的以单纯追求城市人口规模与区域空间规模扩张的发展模式，而是站在过去的发展基础上，开创一种新的发展局面。这一局面意味着推进以人为核心的城镇化，在城市建设方面要实现产业与城镇融合发展，优化城市空间结构与管理格局，通过提高城市土地利用率增加城市综合承载能力；在社会管理方面要大力推进城市管理创新，拓宽城市建设融资渠道推进农业转移人口市民化，创新人口管理。新型城镇化必然是城乡一体化，包括城乡一体规划、城乡一体经济、城乡一体化公共服务。通过实地调研考察的情况，课题组总结出在目前的城镇化发展进程中，生态文明建设和城市的空间布局存在以下一些问题。

（一）城市首位度严重，城市间差距过大

课题组通过调研发现，"城乡一体化"的概念比"新型城镇化"更加科学，因为它更加接近人口、产业均衡布局的总体目标。而这与中央政治局第二十二次集体学习的精神也是不谋而合的。

课题组在调研中发现，省域范围内各个城市的发展都有各自的一盘棋。省会城市在省域中往往具有"一强众弱"的地位，城市结构中缺乏中等城市。首位城市规模过大，小城镇规模过小、经济实力弱。

一些大城市的发展已经出现了过度"摊大饼"现象。随着"工业倍增计划"和"全域空间规划"两大战略的实施，人才、产业和资源将更多地被省会城市和大城市所吸收，城市规模将加速扩大，城市化率进一步提高，从而不可避免地拉大与其他城市的发展水平差距。

粮食主产区在推进新型城镇化过程中具有特别的典型意义。如城市中有相当一定比例的人口外出打工，属于劳务输出型地区。经济水平低，人均GDP也不高，工业发展受到空间开发规划限制，对外部产业缺乏吸引力，产业支撑后劲不足。这些地区在新一轮的城镇化浪潮中显得无奈，担心落伍，呼吁国家明确粮食主产区新型城镇化的路径、措施，制定特殊的

扶持政策。

而中等规模城市对未来的发展还是充满信心的，都努力推进做优中心城区、做特县城、做美小城镇的发展战略，"四化同步"，希望国家出台政策，进一步扶持城市规模的扩大。

为了避免各个城市在新型城镇化进程中的非理性竞争，合理配置人口与资源，需要首先制订上位计划，从城市圈、区域的层次总体定位各个城市的发展方向，统筹规划，区域、城市之间合理分工、功能互补、相互协调，而不是各个城市均等地追求60%的城市化率水平。当条件不具备时，城市政府不能硬拼，不能激进，应该遵循市场的决定性作用，发挥社会力量，量力而行，尽力而为，避免"大跃进式"的发展。

以日本为例，日本在1950年就制定了《国土开发法》，先有顶层设计，然后制订都道府县、市町村各个层次的发展规划，实施全国统筹、一体的国土开发计划，形成了通畅的国土交流网络。中国到20世纪80年代才制订了第一个国土开发规划，2011年才出台《全国主体功能区规划》，而且落实过程困难重重，城市彼此分割，无序竞争，缺乏相互联系的城镇体系。为此，中国的城市化需要打破以城市为主体的现状，在国家和地区层面上统筹安排，朝均衡的方向发展。

（二）新型城镇化面临财政、土地、人口和产业四大挑战，需要寻求新型城镇化动力

在调研中，一些部门提出了增强新型城镇化动力问题，值得深思。第一，推进新型城镇化需要土地资源，但是大城市的土地资源面临枯竭，如何解决这一问题？第二，新型城镇化需要产业支撑，工业化始终是城镇化的基本内涵，是城镇化任务的重中之重，需要发展工业园区，推进产城融合，发挥企业集聚效应。但是全国已经出现了产能过剩，如何找到产业发展的新出路？第三，以湖北省为例，湖北省的户籍人口为6100万人，而第六次人口普查数据显示常住人口为5700万人，也就是说有400万人口净流出湖北省。根据湖北省的人口预计数字，到2020年，湖北省常住人口总数将在5900万到5950万之间，以城镇化率60%计，正好还需要在目前的城镇常住人口基础上增加400万左右，新型城镇化的人从哪里来？这并非湖北省独有的情况，应该是中部地区的共性问题。第四，新型城镇化的资金从哪里来？农业人口市民化的平均资金需要10万元，目前全国及地方财政收入增速持续放缓，再加上地方土地收入锐减，新型城镇化的资

金筹措成为新问题。

新型城镇化是一个自然历史过程，《新型城镇化规划》的目的也是提高中国城镇化的质量。但是地方城市的理解却不尽然，湖北省的城市普遍把城镇化作为新的经济增长点，城市成为经营主体，运用行政手段推进城镇化。在市场经济起决定性作用的今天，需要遵循经济规律，从市场中培育城镇化的新动力。

（三）就地城镇化的前提：均衡分布人口与产业

就地城镇化是中国未来6年推进新型城镇化的重要方式之一，主要是针对中西部地区提出来的。西部地区1亿农村地区人口就地城镇化需要在推进城市基础设施建设的同时，实现社会管理制度变革，改变我国的城市和城市人口主要集中在东部与中部地区的非均衡空间布局。

"六普"（2000—2010年）人口统计数据表明，重庆、湖北、四川、贵州、安徽、甘肃6个中西部地区的农业大省出现了人口负增长，而人口净流出是主要原因。在这些省份的农村地区，社区普遍空心化，出现了留守儿童、留守老人的"6199"现象。村民特别是中青年农民进入城市，获得了社会财富初次分配的机会，但是无法享受社会财富的再分配，既难以融入城市，又带来了农村社区的组织弱化，形成了农村开会难、决策难、实施难的管理缺位局面。因此，中部地区极为重视小城镇和新农村建设，希望小城镇能够留住农村人口，实现就地城镇化。在中部地区，农村地区普遍实施了农居改造工程，但是大量民居只有过春节才有人居住。目前，已有大量小城镇放开了户籍政策，但是多数人不愿意从农业户籍转为小城镇户籍。主要原因是转为城镇户籍要交回宅基地和承包土地，如果在城镇的工作不稳定，就会失去生活保障。国家需要高度关注小城镇的发展，但是目前推进农村人口向小城镇转移不具有现实性。调研数据也显示出到2013年底，中部地区大部分城市的户籍人口均低于常住人口，在这些城镇中，仍呈现人口流出的趋势。

"地方时代"是经济发展到一定程度出现的高级的城市形态。地方定居以消除地区差别为前提。日本在1977年制订的《第三次全国开发计划》提出了"定居构想"，与就地城镇化接近。但是要实现定居构想，必须首先均衡布局产业和人口，建构便利的交流网络，建立全部国土的交流框架。只有实现了"国民皆中流"的阶层结构，实现了城乡一体，消除了地区差异，才有可能实现人口的定居。

国土开发的目标应该是国土的均衡发展。但是目前中国的新型城镇化以城市为推进主体，城市化率成为城市政绩的新标准，因而极有可能导致城市化的无序发展，拉大地区差异。要解决这一问题，需要首先完善国家、地区层次的设计，合理布局，区域协调，创造人口与产业的均衡布局条件。

（四）人口城镇化与人口红利分布的空间不匹配

2013 年，湖北省外出打工人口多达 1072 万人，农村的中青年人口进入沿海地区城市带，他们游走于城市与故乡之间，获得了社会财富初次分配的机会，但是无法享受社会财富的再分配，更难以获得城市户籍在城市定居，到了一定年龄就会返回家乡。流动人口的人口红利贡献给了城市，而养老的沉重负担却留给了农村。从湖北省的人口数据来看，全省户籍人口与常住人口的差额自 1999 年统计口径区分以来，一直呈上升趋势，但在 2010 年达到峰值 480 万以后，开始逐步减少，这表明近年来人口净流出总量有所减少。

第六次人口普查数据显示湖北省 60 岁及以上人口在总人口所占比重，城市地区为 10.56%，镇为 12.37%，乡村为 15.74%，老龄化系数分别上升了 1.71 个、4.43 个和 5.62 个百分点，城镇与乡村地区都进入了老龄化阶段。这是由于近几年来，湖北省城镇特别是小城镇加速发展，人口城市化发展较快，大量乡村剩余劳动力，尤其是青壮年从乡村转移到城镇。因此，乡村中老少人口所占比重较大，而城镇人口中，青壮年所占比重较大。伴随一部分外出务工人员回乡养老，预计经济落后区域的农村地区未来的养老压力将更为严峻。

这种情况是中西部经济欠发达地区的普遍现象，人口流出省份在国家的经济高速发展时期输出劳动力，却面临人口红利的后发劣势，建议国家考虑到这些实际情况以及中部地区在粮食生产和输出劳动力方面为国家发展作出的贡献，通过财政转移方式，均衡人口红利，支援人口净流出地区的城镇化发展。

（五）旧城、旧村、旧厂"三旧"改造成为新型城镇化财政与土地资源最主要的来源

加快城区老工业区的搬迁改造，大力推进棚户区改造，稳步实施城中村改造，有序推进旧住宅小区综合整治、危旧住房和非成套住宅改造，有利于全面改进人居环境。调研中发现，城中村、园中村改造已经远远超出

"全面改进人居环境"的作用和意义，成为新型城镇化财政与土地的重要来源。地方政府对于旧城改造态度非常积极，旧城居民也由于获得了居住条件改造机会而积极配合。在拆迁补偿政策合理、连贯、稳定的前提下，"三旧"改造将成为新型城镇化的助推器。

但需要注意一些大型城市"摊大饼"式的发展模式，并对此进行合理规划，避免重蹈大城市人口密度过大的覆辙；同时，农村集体建设用地很难做到净地上市，土地招拍挂处于违规状态，需要制定新土地管理政策和市场准入要求，推动农村建设用地的入市，打造城乡一体的建设用地市场。

（六）"飞地经济"的宜昌经验

从 2002 年开始，湖北省宜昌市开始实施跨区域的"飞地经济实验"。宜昌地貌以山区、丘陵为主，项目落户常常需要挖山造地，开发成本高，而且会对当地生态系统造成破坏。为了充分发挥全市各地整体联动机体优势互补，宜昌市提出打破行政区划限制，以长江沿岸为轴线建立沿江产业带的发展战略。这一战略包括三个集中，即"产业布局向沿江地带集中，工业项目向开发区集中，生产要素向优势产业集中"。

2006 年，宜昌市明确提出"鼓励异地办厂，支持山区和库区的项目到宜昌市开发区、沿江地区集中兴办企业"。2012 年，宜昌市又提出了"继续完善产业共育、基础共建、环保共担、利益共享机制，积极引导山区县市与沿江地区产业对接、项目对接"。截至目前，山区县到宜昌高新区异地办厂的已经达到近 10 家。

"飞地经济"在增强城市工业聚集实力的同时，也促进了县域经济的活力，通过资源互补和经济协调发展，利用经济发达地区的优势帮助落后地区的项目落地发展，成功经验值得向全国推广。但是在推广"飞地经济"模式的时候，必须切实考虑经济落后地区的实际利益和发展诉求，警惕出现以新的名义进一步让资源向经济发达地区集中的"新瓶装旧酒"情况。

五　新型城镇化建设中的生态文明建设和空间布局优化

由于中国社会科学院组织的新型城镇化调研工作的主要目的是了解全

国范围内在新型城镇化建设过程中面临的一些现实的问题、挑战与障碍以及各地在实际工作中因地制宜探索出的可复制、可借鉴的成功经验，因此研究的视角应该由走访调研的地区投射到全国。鉴于此，本调研组针对调研中看到的实际问题，通过与其他地区的比较研究，总结了在城镇化进程中探索绿色、低碳转型，加强生态文明建设以及优化空间布局等方面存在的问题，并根据湖北的经验以及其他地区类似领域的有益尝试进行相关的建议。

通过调研走访的案例城市的发展进程和经验不难看出，改革开放以来，中国整体经历了令人瞩目的快速城镇化过程，城镇化水平年均提高1.02个百分点。城镇人口和城镇数量大幅度增加，为国民经济持续快速发展、城乡居民生活水平全面提升作出了重要贡献。但与此同时，快速城镇化中积累起来的矛盾和问题日益凸显：大量农业转移人口未能真正融入城市社会、城市建设用地和空间利用粗放低效、经济发展的资源环境代价过大、不可持续问题突出，一些大城市，尤其是特大城市的"城市病"日趋严重。总体来看，中国的城镇化进程迫切需要转型发展。具体的问题如下。

（一）唯 GDP 政绩观盛行，城镇化水平成地方官员升迁资本

在"唯 GDP 论英雄"政绩观的驱使下，部分地方官员将城镇化视作拉动地方经济的法宝，不惜牺牲生态环境，为污染违规企业大开"绿灯"，为本区 GDP 增长而放松环保监管，导致环境问题频发。或者在城镇化过程中"重建设、轻保护"，大搞"造城运动"，造成生态环境严重破坏，大量土地和资源浪费。政绩冲动的本质就是将城镇化成果作为政绩、作为官场升迁的资本。政绩冲动或许某些时候也能在一定程度上推动城镇化进程，但严重偏离以人为本推进城镇化的正确轨道。

（二）"摊大饼"下"空城"频现，"土地财政"导致城镇化建设无序扩张

在经营城市的思路指导下，一些地方政府借城镇化之名将土地收入视为政府财政收入的主要来源，以如何将土地卖个好价格作为城市规划的主导思想。在"土地财政"的推动下，地方政府盲目"经营城市"，一味"多卖地、多建房"，"大手笔，大买卖"，不考虑实际住房需求，导致"空城"、"鬼城"频现。有些新城区功能单一，配套设施滞后，生活区与功能区分离，出现"卧城"、"睡城"，居民在工作日的钟摆式流动加剧了

交通拥堵和污染排放，导致城市环境恶化，"城市病"频发。

（三）城镇化规划唯"长官意志"，公众参与度较低

新型城镇化应该是居民的城镇化，而不是长官意志的城镇化。然而在我国部分地区，规划建设通行"自上而下"，依靠高层官员"拍脑袋决策"，导致规划编制过程盲从于领导意愿，部分城市规划甚至完全沦为领导决策的工具，忽视了城市居民的需求。由于"长官意志"操纵下的城镇化规划具有较强的个人意志色彩，往往政府一换届，领导调离或退休规划也"退休"，导致城市基础设施反复拆建，造成资源浪费。同时，城镇化规划权力的过度集中，也极易导致官员通过政策倾斜谋取私利，滋生腐败。

（四）城镇化发展模式单一，出现"千城一面"、"万镇同工"

不同地区在人口状况、经济水平、文化背景、历史沿革、发展潜能、资源环境等诸多方面存在较大差异，城镇化规划也应从实际出发，因地制宜，体现地方特色。但在实际规划中，部分城市贪大求洋、照搬照抄，脱离实际建设国际大都市，"建设性"破坏不断蔓延，城市的自然和文化个性被破坏；一些农村地区也照搬城市小区模式建设新农村，简单用城市元素与风格取代传统民居和田园风光，导致乡土特色和民俗文化流失，失去了乡愁的烙印。

国家新型城镇化规划虽然明确提出了新型城镇化的主要发展目标和主要指标，但诸如"城市发展模式科学合理"、"城市生活和谐宜人"等定性描述难以量化，很难明确地制定出新型城镇化推行的"范本"。而通过出让土地等获得的财政收入和依靠新区建设扩大城市版图的"造城运动"却更能为地方政府获得金钱利益和相关政策支持。地方领导在任期内对政绩的追求，加之对城镇规划缺乏科学认识，容易做出为短期经济利益而牺牲公众长远利益的行为。

目前，我国城镇化规划的决策权仍然集中在地方政府手中，规划编制机构多数充当政府意志的"代言人"，而公众利益在城镇化规划过程中往往不被重视。在规划制订完成后，缺乏第三方评审机构的论证审议过程，已有的评审工作也大多"走程序"，也就是"走形式"，专家意见难以对规划产生实质性影响，规划的科学性和合理性难以保证。同时，由于没有建立相应的责任追究机制，目前几乎没有地方政府因其所编制的规划造成严重浪费或重大经济后果而承担过相应的经济责任或法律责任。

现行的战略规划（如城镇化规划、国民经济和社会发展规划）需要和城乡总体规划以及土地利用规划对接，但现有规划的实施规范需要根据新型城镇化的要求进行相应调整，而这一调整还需要一定时间。即便超前探索实验，在城镇化规划规范中加入绿色、低碳等考核指标将在一定程度上增加城镇化的建设成本，在没有相应补偿机制的情况下推行难度较大。

城镇化进程的无序现象归根结底是由于法制保障缺失，不仅仅是法制的不健全、不完善，更重要的是法制规章的不执行、不到位。没有法制保障城镇化规划的稳定性、严肃性和权威性，就没有法制约束城镇化规划的实施、管理和评估过程，在地方利益的驱使下，政府和企业的逐利行为必然导致城镇化畸形发展，甚至屈服于长官意志，随意修编，朝令夕改。

（五）大城市可持续发展面临资源压力愈加紧张，"城市病"日趋严重

通过调研课题组发现，"城乡一体化"的概念比新型城镇化更加科学，因为它更加接近人口、产业均衡布局的总体目标。而这与中央政治局第二十二次集体学习所传达的精神也是不谋而合的。

而目前在各大城市中存在的"城市病"日趋严重的问题，则是城乡一体化推进程度不理想、城乡差距过大、部分地区城市"首位度"过高的集中体现。

我国的特大城市之所以"城市病"日趋严重，是因为在有限的空间范围内聚集着高密度的人口数量、高强度的经济活动、高额度的能源物资消耗、高负荷的资源环境承载，以及高水平的信息物质流量。由于环境红线意识薄弱，忽视环境承载能力的刚性约束，导致特大城市不断攀"高"、盲目攀"高"，使得城市人居环境恶化、城市大气雾霾笼罩、居民疲于奔波；收入在提高，损失却在加剧。随蓝天碧水消失的是城市居民的生活品质和未来。特大城市的社会治理，必须要尊重自然，严守环境红线。同时还要在破解城乡二元结构、推进城乡要素平等交换和公共资源均衡配置上取得重大突破，缩小城乡之间以及城市之间的差距。

六 依靠法治为"一张蓝图绘到底"保驾护航

走中国特色新型城镇化道路，提升城市发展质量涉及多方面的体制机制创新，是贯彻落实全面深化改革总体部署的重要内容。新型城镇化是一

个系统工程，如何保障城镇化进程的健康、稳定、持续发展，除了必要的行政手段、政策措施之外，从长期和根本上看，法治思维和法制保障则是重中之重。新型城镇化规划作为顶层设计，必须依靠法制保障其权威性、严肃性和连续性，"一本规划、一张蓝图"持之以恒地加以落实。党的十八届四中全会首次以专题形式讨论"依法治国"，全面推进"法治中国"路线图。依靠法治推进新型城镇化建设，通过对新型城镇化规划立法、依法实施、守法管理、合法评估，是"依法治国"理念在新型城镇化建设中的具体体现，将极大地促进我国城镇化建设的良性健康发展，真正实现高质量、低碳、绿色、可持续的新型城镇化，实现以人为本的城镇化。

中央城镇化工作会议强调："城市规划要保持连续性，不能政府一换届、规划就换届"，"编制空间规划和城市规划要多听取群众意见、尊重专家意见，形成后要通过立法形式确定下来，使之具有法律权威性。"之所以权力会在城市规划中兴风作浪，除了监督问责有所欠缺之外，信息公开和公众参与程度不够也是一大主因。城市规划底线是确保社会稳定，最高层级则是保证社会整体的利益诉求。在城镇化规划中要赋予各方权利主体的法律地位和充分的表达渠道，通过科学民主决策程序促进多元利益协调和平衡。

蓝图实际上是指战略规划，国民经济和社会发展规划以及新型城镇化规划都属于此类性质。战略规划或者发展蓝图要包含行动目标、发展路径、重点任务和保障措施等要素。发展蓝图从绘制到实施、管理到评估考核，这一系列过程完成得如何，都会影响其最终实现。政府、规划的编制方、公众和企业都是蓝图绘制过程中重要的影响因素。

（一）积极推动城镇化规划立法

城镇化规划应该是以发展的眼光、科学的构思、合理的布局、正确的决策为前提的地方立法行为。将城镇化规划以法律的形式确定下来，是保障城镇规划、布局和行政区划稳定性和严肃性的重要前提，是实现资源高效合理配置的基本依据，是走以人为本、可持续发展之路的坚实基础。规划一旦形成并通过，应该立即赋予其法律地位，任何人、任何机构不得随意改变。

（二）用法律守住资源生态红线

新型城镇化应该以资源节约和环境保护为基本条件。长期以来，为了发展经济，各地政府大多缺乏生态保护、环境质量、资源利用底线意识，以牺牲环境换取城镇化发展。因此，必须逐步实行最严格的源头保护、损害赔偿和责任追究制度，坚决以法治手段、刚性约束守护好青山绿水，守住生态保护红线，让居民在享受新型城镇化成果的同时，依然能够"望得见山，看得见水，记得住乡愁"。

（三）用立法形式确立城镇化"四力合一"的治理格局

新型城镇化应以法律形式确立合理完善的城镇化治理格局，明确政府、企业和公众的关系与作用。城镇化规划要遵循公开透明的原则，政府在考虑本地产业发展需要的同时，应充分尊重企业和公众的意见，同时听取各领域专家的建议，对城镇化规划及调整实行公示、听证等制度，让公众对规划拥有充分的知情权、参与权和监督权。在规划实施过程中，应在守住资源生态红线的前提下，充分发挥市场的资源配置作用，最终实现新型城镇化政府主导力、企业主体力、市场配置力、社会协同力"四力合一"的治理格局。

（四）积极推进"多规协调"，形成相互衔接、互为配套的规划体系

地方政府应积极推动经济社会发展规划、土地利用规划、城乡发展规划、生态环境保护规划等"多规协调"，理顺部门关系，让地方经济与社会发展规划、城市总体规划和土地利用规划在一个共同的规划平台上进行。确保城市近期建设规划与城市总体规划有机衔接，实现时序一致。强化城市专项规划与城市总体规划的有机衔接，实现目标一致。贯彻详细规划与城市总体规划的有机衔接，实现统计指标上的一致。各种规划相互衔接、互为配套，形成城镇化建设的规划体系。

（五）建立领导干部环保责任追究和自然资源离任审计制度

在城镇化规划和建设过程中，应依法建立环保责任追究制度，对不顾生态环境盲目决策，造成严重后果的领导干部，实施终身追责，引导各级领导干部树立正确的政绩观。同时加强环境保护法律知识培训，提高各级领导干部生态环境保护责任意识。建立城镇自然资产负债表，明确地方领导的生态环境保护责任、耕地保护和国土征用责任、矿产资源开发责任、自然资源有偿使用制度执行责任等。

将城市规划实施情况纳入地方党政领导干部考核和离任审计是新型城镇化建设不可或缺的一道"高压线"，能够有效防止个别官员借新型城镇化名义"挂羊头卖狗肉"，将过去那一套经营城市、大拆大建的东西又重新搬出来，乃至上下其手、设租寻租。

七　构建绿色城镇化生态利益协调体系

在过去几十年的工业化和城镇化过程中，以牺牲环境的代价去获取经济的发展，导致部分区域生态环境恶化，区域性环境问题突出，究其根源是并未建立完善的区域性利益协调体系。

部分地区人地关系不协调。因发展路径依赖、发展定位失准而带来的过量生态资源需求与自身生态资源供给之间的矛盾，导致一些地区生态资源供给需求的错位和区域整体存在严重的生态环境负债。即便一些大型地理工程在一定程度上弥补了现有的生态资源需求缺口，但随着生态紧缺程度的改善，有可能进一步吸纳更多的人口与产业，从而增大生态资源需求，继续考验区域生态承载力，形成恶性循环。

优质资源配置不均衡。一些大型城市集聚了各种大量资源，不仅使其在初始条件上就完全不同于周边地区，而且随着时间推移，这些附属于政治经济中心角色的资源很难外溢或流动，而过大的梯度落差，使得即使在市场机制可以发挥作用的领域内，也很难利用中心城市发展进行产业配套与互补，从而使优质资源形成不均衡分布。

生态建设与治理地方割据。在生态建设和治理上，各地各部门的利益化导向明显，由于忽略地区生态环境的整体性和价值性，生态建设中各自为政，造成了生态资源供给地区的生态紊乱，生态资源供给地区因贫困落后无力独立承担生态环境的恢复与重建，这样就不可避免地出现了城市与周边地区的整体环境问题。

生态补偿机制不健全。针对生态资源这种存在外部性的紧缺资源，市场机制失灵，客观地决定了只有转向"卡尔多改进"，即选择追求更大的整体收益，同时对受损的群体予以补偿。目前，各地生态补偿力度和范围已经有了很大的进步，但从补偿的效果看，补偿对象满意度却很低，生态状况未见好转甚至进一步恶化。除了普遍认可的缺乏长效补偿机制等原因外，还在于执行环节存在不足，如补偿形式单一、分配不合理，使之成为变相的普惠式的扶贫款，使用缺乏约束导致其未能足额用于生态保护和水土涵养等。

通过城镇化调研，课题组认为建立生态利益协调体系的出发点有三个：一是要促进生态资源的优化配置，实现整体综合效益最优；二是要促进发展方式向生态友好型转型；三是引导全国整体或区域性产业的合理布局，合理疏解人口分布。具体政策建议包括：

（一）建立健全相关立法执法体系

以新修订的《环境保护法》为基础，从一些重点地区开始率先试点（如京津冀地区），加快推进地区和区域《大气污染防治法》、《土壤污染防治法》和《水污染防治法》等法律修订与完善，及时出台相关司法解释和具体规定，明确各地各部门的责任。

鼓励各地积极出台和完善针对各自实际情况的《生态补偿条例》、《生态补偿管理办法》等相关条例。

统一执法尺度，规范执法程序，探索组建专门的环保法庭、检查机构和侦查机构，对环境案件不论区域，实行统一的专属管辖，落实执法责任，强化社会监督，对违法人依法给予相应的处罚，提高处罚威慑力。

（二）在一些地区率先尝试构建统一协调的机构及其综合决策机制

可鼓励一些地区率先进行综合机构的改革试点，成立生态文明综合办事机构，统筹环保、财政、林业、水利、农业等部门中有关生态文明的工作。

建立跨区生态补偿沟通制度，通过对话、磋商对策制定和实施，建立相应程序，如生态补偿申请程序、生态补偿调查程序、生态补偿决策与实施程序等。

建立一个由专家组成的技术咨询委员会，负责相关政策和技术咨询。

（三）鼓励出台区域生态系统评价与生态考核问责制度

建立生态系统评价制度，对城市或区域的生态系统的环境容量、资源总量等进行统计、核算和评估，在参考历史传统、可持续发展等因素的基础上，建立共享生态系统的生态资源分配制度。

设置绿色政绩考核体系，构建自上而下的生态问责制度，从试点开始，鼓励各地区编制和实行绿色投入产出表，引入第三方评估机构，建立常规化、定期化的生态环境动态评估制度，评估结果作为绩效考核、责任追究的依据。

（四）大力推进生态资源市场化机制的运作

加快推进水、森林等资源产品的价格改革，尽快将资源税扩展到占用各种自然生态空间，完善资源价格的形成机制，全面反映市场的供求、资源的稀缺程度、生态环境损害的成本和修复效益。

建立生态交易市场，推进生态补偿方式的市场化拓展，将生态补偿财政主导与碳汇、排污权交易、水权交易、押金退款制度、生态商标等市场方式相结合，将资金支持与人才培养、就业培训、技术援助和产业扶持相结合，形成生态补偿的最大合力。

发展生态金融，吸引社会资本进入环保领域，促进生态保护和环境治理的市场化。在生态环境基础设施的建设上，采取特许经营、委托经营、出租、转让产权等方式，实施政府与社会资本合作（PPP）模式。建立生态补偿基金，发展生态众筹等，探索新业态、新产品和新模式，吸引社会资本进入，支持重大引水工程、生态保护区产业转型等保护生态系统健康的相关建设工程。推行环境污染责任保险，健全绿色信贷政策。

（五）促进各地公共资源均衡配置

构建城市间及城乡之间多种教育资源灵活共享的机制。创新办学模式和办学体制，采取开办分校、整体搬迁、联合培养、校企合作、专业化集团办学等多种方式，促进经济发达地区的优质高等教育资源向其他地区合理流动和协调发展。

构建医疗资源均衡配置机制。由政府与医院联手用政策引导、激励的方式，鼓励经济发达地区的三甲医院到周边城市去开分院。同时，通过优惠政策支持在一些居住密集的城镇，重新组建新的独立医院，吸收社会资本，促进社会资本办医。

促进交通、会展等其他资源的均衡配置。社会资源实现均衡配置，人口也就得到了分流，生态环境也就得到了主动适应性的保护。

（六）开展生态补偿的试点工作

根据国家《关于开展生态补偿试点工作的指导意见》的要求，选取合适地区作为试点拟定生态补偿机制，进行框架设计，通过一段时间的实践形成对全国具有借鉴意义的区域生态补偿机制。

八　严守特大城市治理的环境红线

环境红线具有刚性约束。一般认为，城市具有规模效益，可以在广阔的腹地获取资源，技术可以不断舒缓环境约束。因而，城市边界可以不断拓展，城市规模可以不断扩大，环境红线并不必然形成刚性约束。然而，特大城市的"病患"加剧，表明环境红线的刚性是存在的，而且在不断收紧。城市具有规模经济，也有规模不经济。例如城市高楼，并不是楼层越高越经济。相对于平房，多层建筑能够有效利用有限空间，缓解土地资源"瓶颈"。但是，随着楼层的增高，建筑物的强度需要不断增强，消防安全投入会不断攀高，运行成本会呈非线性增加。城市空间的扩大，必然导致交通的不经济。城市水资源短缺，一是可以调水，二是提高水资源利用效率。但是，调水在相当程度上，是一种水资源量的空间转移使用，并没有使作为刚性约束的水资源量增加。技术创新可以提高水资源利用效率，但是要知道，技术创新需要时间，涉及成本；如果技术创新提高效率的速率低于生产和消费对水资源的需求增长速率，城市的扩张必然不断逼近乃至突破环境红线；同时，技术具有两面性，除提高利用效率的一面外，还有加速水资源枯竭的一面。例如干旱地区的打井技术越高，地下水的枯竭速度越快。更重要的是，在一定的时空条件下，技术并不是无止境的。人、动物、植物对水的生物学需求，显然是刚性的。因而，在一定的技术经济和时空条件下，环境红线必然是刚性的，是大城市的边界约束所在，是城市社会治理的基础和目标所在。

科学认知和划定环境红线。党的十八届三中全会决定中明确要求划定生态红线。如何科学划定城市环境红线？第一是总量即绝对量的红线。我们说，调整产业结构可以在给定的环境容量水平下提高产出，但是，调整产业结构并没有提升环境容量的绝对数值。不论是水资源还是大气资源，其自然水平的环境容量是一定的。因而，自然本底的环境容量，是一个科学划定的问题。例如，一个地区的水资源总量，是考虑输入和输出情况下的地下水和地表水的总和。大气可以吸纳的污染物水平，也是一定的。不然，雾霾就不会出现。第二是空间红线。对于自然保护区、水源保护区、城市绿地，有着明确的空间范围，使环境保护的红线划定相对明确。第三是速率红线，表现为单位产出或单位面积、人均的资源消耗量或污染物排放量。例如单位 GDP 能耗、二氧化碳排放量、人均生活垃圾产生量。速率红线不同于总量和空间红线，它是变化的、可调节的，受制于总量约束和技术水平。划定特大城市的拓展边界，需要在环境本底容量红线范围内，划定空间红线，调节速率红线，确保特大城市的可持续和宜居性。

树立全社会的红线意识。特大城市的环境红线在城镇化和工业化进程中被突破，原因在于城市社会的逐利导向和红线意识的缺乏。强势的政府在产业选择和资源利用中，寻求和考核的是财富积累、经济增长和财政收入，环境负债没有纳入政府核算和考评。企业在生产实践中，环境责任意识经常让位于生产利润压力或诱惑。企业生产自备井超采地下水，或者为了节省成本而不进行节水技术和设备投入，考虑的是短期和眼前利益，忽略总量和速率的红线约束。就消费者来说，一方面是环境红线被突破的受害者，另一方面也是突破环境红线的助推者。土地资源紧张，许多消费者将房产视为投资品，大量囤积，不仅抬高房价，实际上也是对有限资源的一种浪费；交通拥堵、空气污染、温室气体排放，每一位汽车的使用者皆有一份责任。对于政府、企业、消费者，似乎环境红线只是针对其他人的，自己是受害者，需要其他人采取行动。如果全社会缺乏自觉的红线意识，就不可能保住环境底线。

严守环境底线。要确保特大城市的环境底线：第一，需要明确的立法和严格的执法。地下水被超采、绿地被蚕食、污染物排放无节制，关键是没有确立环境红线的法律地位。法律是刚性的，突破环境红线就是违法，就要受到惩处。北京水资源红线不断被突破，水资源赤字不断攀升，政府考虑的不是立法限制水资源的保护和利用，而是期望通过调水来解决。在雾霾不断加重的情况下，寻求的是通过政策手段，而不是法律手段来控制。第二，必须在城市规划方面，考虑城市形态和产业结构。特大城市的空间和产业规划，在很大程度上是从管理和经济角度来考虑的，对环境容量红线要求考虑不足。例如城市功能分区——高教园区、工业园区、文化园区、医疗卫生园区、居民住宅区、商务区，边界清晰，互不重叠，管理上似乎方便，但造成职住分离、功能的空间隔离。不仅如此，特大城市还利用行政权力的优势地位，垄断各种优质资源，使得城市边界不断扩展。特大城市的规划，需要职住混合、功能重叠，需要有所放弃。如果特大城市利用权力集中优势什么都搞，不加以放弃，城市人口和规模的控制，只能是空话。第三，需要采取强有力的经济手段，调节消费需求，确保环境红线。特大城市房产价格高企，如果从量从价计征房产税，房地产资源闲置的情况就会得到有效改变。阶梯水价、阶梯电价、阶梯油价，可有效遏制资源浪费和污染排放。实际上，环境意识的形成和强化，需要法制和政策手段的有效实施。尊重自然，敬畏环境红线，特大城市的环境治理，就可以落到实处。

九　经济新常态下的绿色城镇化

如果说高能耗、高排放、高污染吞噬绿色的快速工业化是一个"棕色化"的发展阶段的话，经济新常态则标志着我国经济步入一个低碳、绿色、循环的绿色化轨道。新常态下的绿色城镇化，显然不是简单的绿化，而是要将绿色融入城镇化进程，成为经济发展创新的动力和增长的源泉。

在技术或要素层面，绿色化涵盖生态保护、污染控制和资源节约等内容。在传统的农业社会，种草植树、防治土壤沙化盐碱化、治理水土流失，成为绿色化的主要内容。进入工业社会，工业化大生产消耗大量资源，排放大量废弃物污染环境，使得污染控制和资源节约也纳入绿色化的议程。事实上，随着污染的产生，就有污染控制的行动。但是，在外延扩张高增长的惯性思维下，发展的理念是靠山吃山，有水快流。结果是：一些地方坐吃山空，许多地方水污流断。工业社会的绿色化手段，就是提升效率和工程治理。随着技术进步，单位产品或单位国内生产总值的物耗、能耗和排放不断下降，但是，随着生产规模的扩张，经济运行所需的物质、能源和排放空间总量水平不断攀高，使得污染呈现虽增速趋缓，但总体恶化的态势。一些污水处理设施，按工业化思维定式，有的动辄日处理能力百万立方米，运行能耗高，有的管网不配套，造成闲置，形成"抽刀断水水更流"的窘况。

如果说外延数量扩张使绿色化碎片化，那么，新常态寻求品质增长，内涵提升促使绿色城镇化进程与生产和生活的各个方面融合在一起，使绿色城镇化成为新常态的发展导向。而与此同时，工业化必须是全过程的绿色化，从原料—生产过程—产品加废弃物的线性方式转变为原料—生产过程—产品加原料的循环生产方式，而且源头、生产过程和产出全面绿色化。例如产品，需要进行绿色设计，考虑其再利用和回收利用，而不是只考虑产品的一次性使用后成为垃圾，成为污染源。

城镇化也必须是全方位的绿色化。绿色交通、绿色建筑、绿地空间，这些浅层次的绿色自然重要，但更重要的是城市空间格局和运行机制的绿色化。在空间上，需要功能融合，职住一体，公共资源均衡配置。只有这样，才能保障真正意义上的可持续的绿色出行、绿色生活。工业化意义上的农业现代化是农业机械化、化学化即大量使用农药化肥，以提高农业劳动效率和农业生产力。将绿色化融入农业现代化，则要防止过度机械化、减缓化学化、消除土壤重金属污染，保障粮食安全、食品安全，而且绿色化还要求农业生产担当面源污染控制、生物多样性保护和自然生态系统功能维护的功能。将绿色化融入信息化，则要求信息生产设施运行、信息网络构建和信息内容的绿色低碳。网购给人们带来便利，但商品包装上的浪费和物流上的交通能耗与排放，显然不是绿色的，从这一意义上看，信息化不应仅仅是信息技术与效率本身，也需要考虑信息便利效果的绿色化。

新常态下的绿色化，不仅要融入城市中的生产领域，更要融入制度建设和消费领域。如干部考评制度，如果唯 GDP，结果只能是不顾绿水青山，消耗和毁坏自然资产，损毁绿色化的自然基础。制度建设更为重要的一环，在于执行。严重的污染事件、规划失误、质量事故，没有人担责、问责、追责，不了了之。如果这样，再绿色化的制度，结果也不可能绿色。产业布局和城市规划，是绿色化的关键。许多沿江城市将污染的化工企业布局在城市下游。这样，化工污水不会污染自己，但却污染下游城市。如果将化工企业布局在自己城市取水口的上游，城市当局自然会绿色化，不会自己排污，让下游城市绿色化。京津冀协同绿色化，必须要改变现有的产业格局。河北缺少优质的高等教育、医疗和科技资源，只能搞低端的制造业。如果北京资源疏解的只是低端产业，河北的产业绿色化就不可能实现。北京需要疏解高端、优质产业，京津冀的协同发展才能绿色化。

攀比性消费、炫富性消费、非理性消费、浪费性消费，均不可能绿色化。健康品质理性的消费，才是绿色化的消费。可见，将绿色化融入消费，在于消费理念和行为的绿色化。

绿色化是新常态下经济增长的动力和源泉。在传统的原材料产业和消费品制造业的外延扩张空间萎缩甚至消失的情况下，绿色化就成为新的增长源泉。新型工业化需要绿色、低碳、循环。减量、节能、控污、废弃物再利用，需要投入、需要服务、需要就业，自然形成新的增长点。例如节能服务业，没有外延扩张的高增长，但有内涵提升的高品质和高就业，成为新常态下新的重要业态。可再生能源设施的生产、安装、维护，是新常态下绿色化的一个可持续的支撑产业。生活垃圾的分类处理与资源再生利用，农作物秸秆的资源化利用，森林碳汇的生产与生态系统的维护，不仅提升自然资产的品质和数量，而且提供大量的就业机会。绿色产品设计、绿色标志、绿色供应链，也正在成为新常态下经济持续增长的源泉。

显而易见，绿色城镇化为新常态提供了发展的导向和支撑，新常态也使绿色化成为可能。绿色化不是简单的绿化、环保和节能，而是调结构、转方式、促增长、保民生的重要手段，在"四化同步"和"五位一体"的发展格局中具有统领性地位，需要放在突出重要的位置。

第八章　新型城镇化与社会治理

社会学研究所课题组[①]

一　导　言

党的十八届三中全会做出的《中共中央关于全面深化改革若干重大问题的决定》（以下简称《决定》）提出，要"坚持走中国特色新型城镇化道路，推进以人为核心的城镇化"。习近平总书记更是在2015年4月30日中共中央政治局第二十二次集体学习时强调："要健全城乡一体化机制，让广大农民共享改革发展成果。"毫无疑问，这是今天我们深入理解新型城镇化战略意涵的根本指导思想。

以人为核心的新型城镇化，服务于新时期城乡一体化的需要。其首要任务是让能够转移到城镇并在城镇有稳定工作和居住条件的农村人口顺利融入城镇社会，获得与城镇居民同等的基本权利和服务。这里的农村转移人口包括两个部分，一部分是自己选择进城务工经商的农业转移人口，属于主动城镇化人口，另一部分是由于城镇向外扩展而转变为城镇居民的农业转移人口，属于被动城镇化人口。从社会建设和社会治理的角度看，如何实现进城农村人口的市民化，如何合理有效地保障被征地农民的合法权益，如何加快农业转移人口的能力建设和社会关系再造，是亟待解决的三个比较关键的问题。

加快解决好这些问题，应当成为新型城镇化战略和新时期城乡一体化战略的重要组成部分。具体地说，让进城农村人口（无论他们是主动进

---

① 课题组组长：陈光金；课题组成员：张翼、王春光、李炜、肖林、汪建华、张文博；执笔人：陈光金、张翼、王春光、汪建华、张文博。

城的还是因为城市扩张而被动进城的）在制度、社会和文化生活等方面成为真正的城市人口，这本身就是城乡一体化的题中应有之义，让已经进城并且在城镇获得相对稳定的工作生活条件的农村人口继续因为原有的农业户籍身份而被城镇相关制度安排和社会组织体系（如社区）排斥在外，就是对城乡一体化要求的背离。除此之外，通过进城农村人口真正融入城镇社会，从而减少农村人口，增加农村人口的资源禀赋和发展机会，促进农村经济社会的发展，也是实现城乡一体化的一个根本举措，与城市发展辐射带动农村发展，共同构成实现城乡一体化战略的一体两面。

对于主动进城的农村人口来说，新型城镇化所要解决的主要问题包括这样几个方面。一是解决好他们进城后的户籍问题，要科学合理地制定准入制度，让他们在具备相关条件的情况下能够顺利在城镇落户；二是要解决好公共服务均等获得的问题，例如，他们的随迁子女能够获得公平的受教育机会；三是实现社会保障一体化，住房保障落到实处。当然，还有其他一些与社会融入相关的问题，包括提高城镇公共就业服务、公共医疗卫生服务等对于他们的可及性，增强他们与所在城镇社区的融合，等等。对于被征地农民（作为被动城镇化人口）来说，需要系统解决的主要问题包括依法征地问题、合理征地补偿问题、回迁安置问题、就业问题、产业用地相关权益保障问题、落实养老保障等社会保障问题。

所有这些问题的解决，一方面需要各级党委政府切实践行我们党立党为公、执政为民的理念，秉持以人为本的原则，做好科学规划和顶层设计，全心全意地付诸实践、付诸行动；另一方面也需要城镇社会尤其是社区和其他社会组织的积极参与，加快进城农村人口在城镇的社会融合过程，实现真正的市民化。

一个时期以来，我国的城镇化实践更多地表现为城镇空间的扩张，因此被称为"土地城镇化"。从短期来看，这种城镇化的"好处"是，把廉价征收的农用土地转换为工商用地和房产开发用地，能够推动地方 GDP 和地方政府财政收入（土地财政）快速增长，这当然也意味着地方政绩的增长。不难理解，这样的"好处"为许多地方提供了大力推动土地城镇化的强有力激励。与此不同的是，承担流动人口的公共服务，落实征地农民的安置和补偿，都需要地方各级政府的财政投入，因此成为很多地方试图甩开的"包袱"。迄今为止，推动农业转移人口进入城市，尚未被列为地方政府政绩考核指标，这就意味着自上而下地推动地方政府从土地城镇化转向人口城镇化的激励机制并不存在。另外，在相关政策制定、执行的过程中，流动人口和被征地农民都缺少表达、参与和监督的机制与渠道，从而自下而上地推动地方各级政府实现上述转向的压力机制也不存在。

综上所述，以人为核心的新型城镇化，不可避免地涉及利益格局的深刻调整；必须在利益格局调整的前提下形成新的动力机制，包括激励机制和压力机制，从而推进新型城镇化。这也是本报告将要着力探讨的主要问题。

"新型城镇化与社会治理研究"课题组成员于 2014 年 4 月下旬集中前往 G 省 N 市①进行调研。N 市拥有城区常住人口 270 万人，其中，本市户籍人口 170 万人，外来流动人口 100 万人。在《国家新型城镇化规划》中，N 市属于"差别化落户政策"中"合理放开落户限制"的大城市。课题组先后实地考察了 N 市市区模范社区、小城镇社区、征地农民安置区、民工子弟学校、企业、社会组织，与政府各部门官员、社区工作者、征地农民、工人、教师、企业工会管理层等进行多场座谈，并收集了与该市城镇化议题相关的会议文件、资料汇编和统计数据。当然，由于经济发展程度、城市人口规模等方面的差异，该市的情况并不能完全代表全国其他地区的城镇化进程。因此，我们还将结合大型调查数据和课题组成员在其他地区尤其是沿海大城市、特大城市的实地调查资料，对相关问题的总体情况进行更为全面、综合的阐述。

报告接下来将基于实地调查材料和统计数据，就以人为核心的城镇化过程中面临的三个重要议题，即"流动人口市民化"、"被征地农民权益保障"、"农业转移人口的能力培育"，分别进行分析。报告将力求呈现每一个问题的总体情况、具体表现、发生机制、症结所在，当然，报告还将尽力反映一些成功的地方探索和经验。报告最后一部分将综合分析新型城镇化过程中的几个重要症结，并从社会治理的角度，有针对性地提出相应的对策建议。

---

① 遵照学术惯例，本报告凡涉及市级以下地名、机构名称，均采用化名。

二 流动人口市民化

2013 年，我国农民工总量已达 26894 万人。① 党的十八届三中全会《决定》明确提出，要"稳步推进城镇基本公共服务常住人口全覆盖"。但是，从相关统计数据来看，绝大多数流动人口仍然被排斥在基本公共服务之外。从流动人口随迁子女的受教育情况来看，农业户口随迁子女辍学率（15 岁以下，适龄入学者）达到 0.68%，肆业率 0.53%；10.60% 的农业户口随迁子女只能在打工子弟学校或私立学校上学，即便进入公立学校，也有 16.47% 的流动儿童被独立编班；跨省流动的流动人口随迁子女的肆业率和辍学率更高，更有可能被排挤到打工子弟学校。② 教育公共服务的覆盖情况，还随着城市地域和规模的不同而呈现出差异，在东、中部地区相比于在西部地区，在大城市相比于在中、小城市，有更多的流动儿童被排斥在公立学校之外。③

就农民工的社会保障而言，2013 年农民工在养老、工伤、医疗、失业、生育"五险"中的参保比例分别为 15.7%、28.5%、17.6%、9.1%、6.6%，获得住房补贴的比例为 8.2%。尽管总体参保比例较往年有所上升（住房补贴除外），但是，"五险一金"在农民工群体中的绝对覆盖率非常低。④ 而且，农民工的参保比例远低于城镇就业人员。进一步的比较显示，经济越发达，流动人口的社会保障水平越低，在经济欠发达的地区，农民工与本地市民的社会保障水平差距反而比较小。⑤

课题组在实地调研中也发现了类似的趋势。深入分析 N 市的情况，

---

① 相关数据可参考：《2013 年全国农民工监测调查报告》，中华人民共和国统计局，2014 年，http：//www.stats.gov.cn/tjsj/zxfb/201405/t20140512_ 551585.html。

② 参见张翼、周小刚《我国流动人口子女受教育状况调查报告》，《调研世界》2012 年第 1 期。该研究数据来源于国家人口计生委 2010 年流动人口动态监测工作调查，调查共收集 122548 个样本。

③ 段成荣、梁宏：《关于流动儿童义务教育问题的调查研究》，《人口与经济》2015 年第 1 期，相关数据来源于 2002 年全国九城市流动儿童状况调查。

④ 参见《2013 年全国农民工监测调查报告》，中华人民共和国统计局，2014 年，http：//www.stats.gov.cn/tjsj/zxfb/201405/t20140512_ 551585.html。

⑤ 参见杨菊华《城乡差分与内外之别：流动人口社会保障研究》，《人口研究》2011 年第 5 期。

可以帮助我们揭示流动人口被排斥在城市公共服务之外的深层原因。尽管不少地方的政府已经在改善流动人口的公共服务方面做出了努力，但是这些局部进展尚不能表明地方发展逻辑有了实质性的改变。例如，就 N 市而言，2013 年，该市接收流动人口随迁子女就读义务教育阶段学校人数达 12.6 万人，约占全省接收流动人口随迁子女总数的 36.7%，比 2011 年增加了 3.44 万人，增长了 37.59%。按照当地政府的有关规定，这些随迁子女倘若居住证、身份证、计生证等六证俱全，便有可能获得公办学校就读的资格。2013 年，该市进入公办学校就读的流动人口随迁子女占全部流动人口随迁子女的 53.81%，公办初中接收了其中约 60% 的流动人口随迁子女就读。在社保方面，该市规定，企业必须为职工统一缴纳"五险"。在保障房政策上，该市的公租房和限价房向符合条件的流动人口开放申请。不过，实地调研表明，受限于地方政府的角色定位、发展理念以及区域、城乡、部门之间的壁垒，所有这些政策在执行过程中都大打折扣，流动人口市民化进程仍然阻力重重。

（一）随迁子女教育问题

流动人口随迁子女教育，是农民工最关心、最迫切需要解决的问题之一。课题组在实地调研中发现，N 市已经为此做了不少努力，但相关政策仍有很大的改进空间。根据该市教育行政部门的数据，由于公办中小学的学位有限，不计一些未能入学的流动儿童，该市仍然有 46.19% 的流动人口随迁子女只能进入办学条件相对较差的民办学校就读。该市城区共有 107 所公办学校和 22 所民办学校，民办学校中 92% 的学生是流动人口随迁子女。关键的问题是，按照该市的有关政策，对于接收流动人员随迁子女就读的公办学校，政府给予小学生每人 500 元/学期、初中生每人 700 元/学期的学位费作为补贴，民办学校则不能获得该项补贴。在课题组成员调研的一所民办学校中，小学生每学期学费为 1600 元；初中生每学期学费为 1800 元，食宿费和其他开支另行计算。由于政府不予补助义务教育经费，该校只能转而向家长收取相对高昂的学费，否则学校无法维持正常运转。与此同时，民办学校很少有国家事业编制教师，它们只有在招收本地生源时，才能按 19∶1 的比例得到事业编制。在这种情况下，民办学校的教师在收入、保障方面都要远低于公办学校教师，这极大地影响了民办学校的师资质量和教师的教学积极性。

流动人口在某些特定区域聚集，进一步加剧了随迁子女入学困难。比如，在我们实地调研的民办学校所在的城中村，本地居民只有 5000 人，但聚集了 50000 名流动人口，很多流动人口其实都在 N 市其他城区工作，但出于生活成本的考虑，他们选择了居住在这个租金相对便宜的城中村。当然，即使公办学校愿意充分接收流动人员随迁子女就读，也往往是心有余而力不足。由于相关教育资源都是根据户籍人口而非常住人口配套，因此流动人口聚居区的流动儿童教育需求难以得到满足，这些地区的流动儿童大多只能进入民办学校就读。公办学校教育资源紧张，如学位不足、硬件配套不足、教师人数不足等，在流动人口聚居区表现得尤为明显。

流动人口随迁子女在义务教育阶段以后更面临着升学难的问题。我们的实地调研表明，在 N 市，凡属该市六城区以外的户籍人口，即便是该市下辖各县的户籍人口，其子女也不得升入该市城区的普通高中，而只能到城区职业高中就读，或者回到老家高中就读。要想升入老家高中，就只能回到户籍所在地参加中考，因为在该市城区获得的中考成绩难以被户籍所在地认可。虽然 N 市所在省份已经于 2013 年出台了《关于外来务工人员随迁子女和外省户籍学籍迁入人员参加升学考试的意见》（以下简称《意见》），《意见》规定符合条件的流动人口可以在流入地升学，但是并未明确规定流动人口随迁子女是否只能升学到职业高中，这就留下了下级政府做出种种限制的空间。

读完高中的流动人口随迁子女又进一步面临异地参加高考的问题。这个问题在 G 省同样存在。虽然新出台的《意见》规定外省户籍学生在符合条件的情况下可以异地参加高考，但条件严格，即必须满足在初中就读三年、高中具有完整学籍、父母一方在流入地具有合法稳定职业和住所各三年等各项条件，由于外省学生只能在该省份就读职业高中，所以即便少数留在该省份就读高中的外省学生，也很难真正在高考中具有竞争力。因此，即便从政策文本上看，我们也不难看出流动人口在获取教育资源方面面临着严峻的制度壁垒约束。这种情况在全国其他地区同样广泛存在。

当然，N 市对流动人口子女教育的排斥不是最严重的。在该市调研结束之后，课题组又在某特大城市进行了调研。我们发现，在这个特大城市里，流动儿童如果相关证件不齐全，即使民办学校也不能上；如果就读年限不够，或者虽然就读但没有学籍，那么连职业高中也升不了。然而，正如一些大型全国调查所揭示的那样，目前，在我国，城市越大，聚集的各种资源越多，流动人口也越多。① 而在这些地方，出于财政和城市治理压力的考虑，对流动人口的排斥，也越发明显。习近平同志最近反复强调城乡一体化的重要性。有鉴于此，我们必须充分认识到，如果城镇本身都做不到一体化，继续无限期地沿用两类户籍人口、两种社会政策的模式，那么城乡一体化便无从谈起。

（二）社会保障问题

按照国家有关政策，农民工都应当参加相关社会保险（特别是养老保险）。但从相关全国性统计数据来看，农民工的社保参与率仍然非常低。我们的实地调研很好地揭示了其中的奥秘。在 G 省 N 市，相关政策规定，企业必须为职工统一缴纳五险，非正式就业的流动人口也可以缴纳城乡居民保险，包括基本养老保险和医疗保险。但是在实际执行过程中，不少企业为了减少用工成本，以虚报、少报企业职工人数的方式，设法逃避缴纳社保的责任。在该市城区的 100 万流动人口中，只有 12 万人缴纳了职工社保。虽然在企业工作的农民工与流动人口数量会有差异，但是正式就业的农民工绝对不会仅占流动人口的 12%。在与 N 市下辖某县政府干部座谈的过程中，一些干部也承认，该县有不少企业存在不为职工缴纳社保的现象。

缺乏区域间的统筹，社保转移接续困难，是进城流动人口社保权益难以落实的另外一个重要原因。即便是同一个省份的不同市之间，同一个市的城乡之间、县域之间和城区之间，社保缴纳标准也是不一致的。区域间社保信息未能联网，是导致社保区域分割的技术原因。当然，除了信息化平台建设不够外，区域之间的利益保护问题也不可回避。

部门之间缺乏协调和信息共享，是在我们的访谈过程中被人们反复提及的一个问题，这在社保管理上也表现得非常突出。城乡居民社保归城区人社局管理，而职工社保则划归市人社部门，农村合作医疗则由卫生部门管理。由此导致重复参保现象屡见不鲜，反过来也影响了进城流动人口参保的积极性。

（三）住房保障问题

进城流动人口的住房保障问题的解决同样面临困难。按照国家统计局

---

① 例如，据国家统计局 2012 年农民工监测调查报告，在全部外出农民工中，在四个直辖市务工的占 10%，在 27 个省会城市务工的占 20.1%，在地级市务工的占 34.9%，在县级市务工的占 23.6%。

2013 年农民工监测调查报告的数据，进城农民工的住宿问题，主要依靠企业提供和自己租赁，城镇的住房保障制度与他们关系不大。在被调查的农民工中，从雇主或用工单位得到免费住宿的农民工所占比重为 46.9%，从雇主或用工单位得到住房补贴的农民工所占比重为 8.2%，该调查数据没有提到有农民工获得政府提供的保障性住房，可以预见，这样的农民工即使有也是十分之少。[①]

从各地保障房政策来看，只有本地户籍人口才有资格获取经济适用房和廉租房。例如，在 N 市，情况就是如此。该市相关政策明确规定，只有具有本市户籍的人口才有资格获得经济适用房和廉租房，公租房和限价房则对符合条件的进城流动人口开放。比如，该市住房局干部说，他们为某大型电子代工企业的 15000 名员工提供了 1800 套公租房。但是，课题组在实地调研中发现，这些公租房无论从面积还是空间格局看，都只是工人集体宿舍而已，每套房平均面积只有 30 平方米左右，住 4—6 人。

综上所述，地方政府的传统角色定位和发展理念，在很大程度上限制了流动人口市民化或者说在流入城市的社会融入，难以实现城市范围内的城乡一体化。地方政府一方面是推动城镇化的最主要行动主体，承担着为教育、住房、医疗、养老等公共服务提供资源支持和制度化保障的职责；另一方面也是城镇化的主要利益主体，通过为招商引资创造条件和环境，包括直接和间接插手介入非公益用地征用以及城乡居民房屋拆迁，来获得更快的地方 GDP 增长、更多的财政收入和政绩。在不少地方，地方政府对后一种角色的重视远远超过前一种角色，以至于对一些企业和用人单位规避社保支出责任等这样那样的问题重视不够、解决不力，从而严重影响进城流动人口的市民化和城市融入。

缺乏区域统筹、城乡联动和部门协调则进一步限制了政府职能发挥。改革现有财政体制，在全国范围内统筹教育、社保资源，统一教育和社保部门的财权、事权，是一个值得探索的方向。城乡一体化则是新型城镇化过程中需要解决的另外一个重要问题。G 省 N 市现已开始着手建立统一的城乡居民社保体系，这一努力值得肯定。但另一方面，教育资源的城乡分割问题也需要引起相应的重视，否则将影响进城农民工的就地城市化。

---

① 相关数据可参考《2013 年全国农民工监测调查报告》，中华人民共和国统计局，2014 年。

三　被征地农民的权益保障问题

在城镇化发展过程中，城市扩容是必然的，也是必需的。统计数据表明，仅仅在2000—2009年，我国的城市建成区面积便增加了41%。① 而清华大学中国经济数据中心基于全国31个省（自治区、直辖市）、12540个样本的大型抽样调查则表明，至少16%的家庭有过承包地、宅基地被征或房屋被拆的情况，其中14%的家庭承包地被征用过。从G省N市的情况来看，在进入21世纪以来的15年间，该市辖区土地面积增长了120.5%，市区面积增长了257.6%，建成区面积增长了156.8%。而这些快速增长，尤其是后两项增长，主要都是通过征收农村集体土地实现的。

随着未来城市的继续扩张，被动卷入城镇化进程的农民家庭户数量绝对不在少数。在承包地被征的家庭中，79.5%获得了补偿款，而获得就业安置和城镇社会保障的比例分别只有3.9%和10.1%；在房屋被拆的家庭中，获得征地补偿、就业安置与社会保障的分别占94.2%、1.8%和20.6%；在宅基地被征的情况下，获得就业安置和城镇社会保障的家庭分别占8.5%和28.1%（该项调查未涉及是否获得宅基地征地补偿款的问题）。② 总体上看，被征地拆迁的家庭很少获得就业安置和城镇社会保障，得到补偿款的比例尽管较高，但多大比例的家庭获得合理的补偿款尚难判断。不过，从大样本调查数据中我们还是不难发现，征地拆迁波及面广，被征地农民权益难以得到保障。在N市调研过程中，我们同样发现类似的趋势，处于弱势地位的被征地农民，在补偿、安置、养老保险等方面的权益往往得不到合理合法的保障。当然，我们也注意到，国家有关法律法规规定的补偿标准，未能随着经济社会的发展而得到合理调整，也是现在许多地方的征地补偿行为看上去合法实际上不合理，因而不为被征地农户所接受的原因所在。

---

① 《中国统计年鉴2011》，中国统计出版社2011年版。

② 可参考《征地拆迁波及全国16%家庭》，《京华时报》2013年10月28日；《清华大学调查显示中国户籍城镇化率仅为27.6%》，《中国青年报》2013年11月5日。清华大学中国经济数据中心于2013年10月28日发布了中国城镇化调查相关数据。

在因城市外扩而征用农村集体土地的过程中，被征地农民作为相对弱势的一方，被动卷入城镇化进程，但却难以平等地参与城镇化过程，难以公平地分享城镇化的成果，甚至是本应属于他们的一些基本权益也难以得到保障，由此引发了征地过程中的一系列社会矛盾和纠纷案件。从我们在 G 省 N 市 Y 村的调研情况来看，被征地农民主要在回建安置、产业用地经营、社会保障等方面的权益很难得到保障，很多农民只好以"种房"等扭曲的方式最大限度地获得征地拆迁补偿。

（一）回建安置问题：以 N 市 Y 村为例

在 N 市 Y 村，由于征地时间已久，近些年来，农民的生活用地也被纳入征用范围，宅基地上的自建房也因此而被拆除。为了解决被拆迁农户的相关问题，当地政府提出了回建安置的相关政策，即在本村本地预留相应地块作为被拆迁农民的集中回建安置用地，安置标准为人均 85 平方米，其中 40 平方米为产业用地，40 平方米为住宅回建用地，还有 5 平方米是公益性配套用地，农民人均实际安置用地为 80 平方米。对于这一政策，Y 村农民是同意的。但是，在政策落实的过程中，还是出现了诸多问题。

按照区回迁办一位干部的说法，政府已经为 Y 村预留了 6 个地块，总共 1000 多亩，达到了 7000 多人的安置用地核定标准。但争议在于，第一，这些地块迟迟没有被明确地划批、交付给 Y 村，且 Y 村村民指出，所谓的最初留给 Y 村的几个地块实际上已经被"招拍挂"了。这引起了村民的第一方面不满。第二，发现当地政府对这些集中回建安置地块登报拍卖后，村民代表便开始与征地工作组、回迁办进行交涉，但政府相关工作人员表示，"这些地征收以后就是国有土地了，当然可以拍卖"，这与农民最初理解的"本村本地集中回建安置用地仍属农村集体所有"发生了根本性冲突。政府征地、拆迁过程中变相剥夺农民村集体用地，这引起了村民的第二方面不满。第三，在发生以上冲突后，当地政府部门试图将矛盾焦点转移到回建安置用地的开发方式上，这就继而引出了被征地农民安置方式的问题，以及征地、安置补偿中的产业用地产权相关的问题。这引起了村民的第三方面不满。

针对村民的不满情绪，回迁办的干部简单做了一些回应：回建安置用地之所以没有按时划批，是因为 Y 村在开发方式上，到底是分到各家、各自开发还是统一开发，意见不统一；之所以最终选择由政府统建"公寓式安置小区",是因为那样质量和资金更有保障。

不过针对上述回应,Y 村村民有更多的质疑:为什么政府承诺的集中安置地块久久不能兑现,反而不断被更换?为什么原来仍属于集体性质的回建安置用地不能交还集体,转而变为国有?为什么集体或村民个体不能自发建设?为什么其他区的集中回建安置仍可有宅基,而 Y 村只能建"公寓式安置小区"让农民上楼,从而将人均 80 平方米的宅基地和经营用地变成住房和商铺面积?即使是统一建设,为什么在集体引资建设的相关操作流程中,必须先引资才能办理土地使用证?

Y 村村民要补偿安置地,且不转变其集体土地性质;但政府则要将其国有化,并主要由政府来安排统一招投标开发。这些涉及巨大利益问题的争议,使得当地村民与政府相关部门的关系非常紧张。

(二) 养老保险问题

Y 村征地开始较早,当时的征地补偿款非常低,一亩地不到一万元,而近几年一亩地的补偿款有八万多元;而且,Y 村本来耕地面积就很少,人均不足一亩;再者,征地不是一次性完成的,农民的土地是一块块地被征走的,土地补偿款也是一批批发下来的。因此,自征地以来,Y 村村民陆续得到的征地补偿款本来就不多,且久而久之也已花完。多年来,村民的社会保障一直存在问题。

直到 2007 年,N 市才出台了针对被征地农民养老保险的相关政策,即《N 市被征地农民培训就业和社会保障试行办法》 (以下简称《办法》)。《办法》规定,"具有本市常住农业户籍,城市规划区内因政府统一征收农村集体土地而导致失去全部或大部分土地,依靠土地不足以维持基本生活,且在征地时具有农村集体土地承包权的 16 周岁以上的在册农业人口"可被纳入保障范围,当地的衡量标准一般为人均耕地在 0.3 亩以下、年满 16 岁的被征地农民。

养老保险的缴纳方式最初为"3:3:4",即个人承担 30%,集体承担 30%,政府补贴 40%;但因村集体普遍无支付能力,所以实际是"6:4",即个人承担 60%,政府补贴 40%;到 2010 年调整为"3:2:5",即实际的"5:5",个人和政府各承担 50%。缴费基数为该市城镇单位在岗职工月平均工资[①]的 60%,缴纳比例为 20%。

①　具体缴费基数按年龄阶段稍有区别,限于篇幅不再详述。

由于该《办法》要求被征地农民按家庭人口一次性缴纳全部在户人数的养老保险,因此缴纳费用相当高。一个 3—4 口人的核心家庭,需要一次性缴纳的养老保险费用往往超过 10 万元。相对于 Y 村村民二十多年来累积得到的征地补偿款,以家庭捆绑式一次性买断入保的保费无异于是一笔巨额支出。且征地过程的长期性和补偿款发放的不定期性还致使被征地农民家庭很难一次性拿钱参保,这实际上排除了大部分农民获得养老保障的可能。

（三）"种房"问题

在 Y 村调研的过程中,我们发现隔着一条马路几百米远,一边有人在拆除统征范围内的农民自建房,一边农民却在将来可能会被统征的宅基地上不停地建高楼。这种现象被称为"种房"。这种"种房"的现象在当地已经蔚然成风,甚至只要涉及补偿,什么都能"种",如"种井盖"等,比种地要划算得多。

究其原因,除个体道德素质问题外,地方政府与民争利,损害农民权益,是农民采取"种房"等投机手段的主要根源。政府相关部门行政不力、单向强制征地、补偿不到位、安置难以落实,甚至同开发商"合作"来与农民争利,农民的正当、合法利益得不到保护,只能采取"种房"这样的投机措施,以便争取更多利益或者尽量减少损失。

总的来说,在粗放的"土地城镇化"进程中,处于弱势地位的被征地农民的合法权益经常被各种强势力量以各种方式变相蚕食,由此可能导致的社会矛盾不容忽视。导致这些问题出现的原因,主要还应从地方政府的职能定位、行政能力、政策执行效力、治理方式上去深入反思,从目前的征地制度、土地确权与流转制度、社会保障等配套政策方面做出切实有效的改革。尤其值得重视的是,在实地调研过程中,农民普遍表现出强烈的参与和表达愿望,他们对征地相关的所有问题都准备了充分的材料,如果相关意见得不到制度化的表达,很难预料他们将会有什么进一步的非制度化的抗议行动。而作为被动城镇化的庞大人群,他们不仅面临基本生存权益难以保障的困境,而且面临生活方式大转型后的适应发展问题,这些问题在推进新型城镇化和城乡一体化的过程中都值得予以高度重视。

四　农村转移人口的城市融入与能力建设

农业转移人口的城镇化，一方面要求利益格局的调整，公共服务的配置和相关权益的保障是其最基本的利益构成；另一方面涉及农业转移人口的能力培育，能力的培育既包括个人层面就业技能、文化程度、生活能力等方面的提升，也包括社会关系的再造。农业转移人口的能力培育，既可以充分挖掘社区和社会组织的服务功能，也可以推动流动人口、征地农民等利益主体自我组织和社会参与。

近年来，我国社会组织和社区服务机构发展迅速。2013 年全国共有社会组织54.7万个，自2009年以来，以年均6.1%的速度增长。社区服务机构则以年均14.6%的速度增长，至2013年，已有25.2万家。从各省相关数据来看，东部沿海发达省份在相关指标上也显示出明显的优势。其社会组织、社工和社区服务的发展相对更为成熟。①

我们实地调研的 N 市，在通过社区自治、社会组织服务和工会发展等面向推动农业转移人口的能力培育上都开始了一些探索，积累了一些经验，当然也在探索的过程中呈现出一些问题。通过对相关经验和问题的梳理，将有助于我们明确政府、社会多元主体在参与社会治理、推动农业转移人口融入城镇中的可能路径、合作方式和合理定位。

（一）社区自治

长期以来，由于城市内部本地居民和流动人口的二元分割，以及农民工群体本身高度的流动性，城市的城中村社区一直只作为部分农民工临时性的居住场所而存在。农民工与本地居民、农民工群体内部的相互交往都比较有限，更不用提农民工对当地社区事务的参与。就社区组织而言，除了登记、收费、治安巡逻等粗放的管理方式，没有更多的服务内容。农民工与本地社区有时甚至由疏离发展到敌对的状态，"珠三角"几次大型的城市骚乱显示，如果不能发挥社区自治职能，推动农民工融入当地社区，那么未来的城镇化进程将可能会伴随着流动人口与本地居民严重的冲突。

推动政社分开、社区自治，也是 N 市现阶段社区治理的一大改革方

① 参见中华人民共和国民政部《2014 社会服务发展统计提要》，2014 年未公开出版。

向。初步看来，这样一种努力也有助于增强对流动人口的服务，促进其社区融合。与全国许多地方一样，该市在社区建设方面面临着社区行政化倾向严重、政社不分的突出问题。很多政府部门的业务都下沉到居委会，社区承接了太多的政府事务。正所谓"上面千条线，下面一根针"，表现在现象层面，一个是挂牌多，有些社区居委会门口甚至挂了几十个牌；另一个是盖章多，很多问题都需要到居委会出具证明。目前该市正在推行"四位一体"的社区服务管理体系，在该体系中，社区党组织发挥领导职能，社区居委会专注于居民自治工作，社区服务站则承接政府延伸到社区的各项事务，社区居务监督委员会则由民主选举出来的3—5名社区居民构成，代表居民履行监督职能。该市正在酝酿的另一个做法，则是政府购买社区服务，上级部门每交办一项事务，要以相应的经费购买该项服务。但是这两项大的改革举措能否真正推行、效果如何，还有待观察。

课题组实地调研走访了体现N市"能帮就帮"城市建设精神的Z社区。Z社区共有人口约10600人，旧城改造安置人口占了其中的大多数，外来人口1000多人。Z社区原来是有名的"脏乱差"小区，不过在社区居委会主任的带领下，社区不断开展各种公共活动，吸引居民参与。在多次活动以后，居民开始相互熟悉，社区事务参与积极性也开始逐渐提高。社区随后组建了妈妈巡逻队、护绿队、清洁队、治安巡逻队等多个志愿者组织，这些组织和实践无疑提升了社区居民自我管理和社区参与意识，并促进了社区环境的改善。

Z社区同样努力将流动人口纳入到社区自治的实践中。在一开始，农民工与Z社区的关系也比较疏离，有些农民工甚至不敢自己去开证明，认为社区居委会只是服务于户籍居民的组织。为了让流动人口感觉Z社区就是他们的家，居委会特地挂牌成立了"农民工俱乐部"。社区居委会对流动人口的服务包括困难救助、调解用工和生意纠纷、帮助农民工维权、组织法律知识培训等。居委会的各种努力，也提升了流动人口参与社区事务的积极性。

可见，强化社区组织的自治职能，对于流动人口的社区融入具有重要意义。要真正推动社区自治在新型城镇化过程中发挥作用，还需要政府给予社区组织真正的自治空间，推动社区居民自组织，并且将流动人口服务也纳入社区组织的工作范围中。当然，相应的资源配套也必不可少。

（二）社会组织服务

根据 N 市提供的材料，截至 2014 年 1 月，该市已有社会组织 3149 家，其中社会团体 1506 家，民办非企业单位 1643 家，但仅有 345 家社会组织备案。来自该市内部的社会组织调研报告表明，社会组织存在行政化倾向严重、从业人员专业化程度不高、组织自身能力建设不足、资金匮乏等问题。与沿海地区相比，政府购买服务的举措尚未在 N 市推行。从公布的 333 家社会团体的类型看，行业类社团 80 家（其中 15 家为异地商会）、专业类社团 59 家、联合类社团 124 家、学术类社团 70 家。且不论社会团体的独立性，这些社团大多属于各领域的精英。

为了研究社会组织与农民工城镇化的关系，课题组专门走访了一家社会工作机构 A 儿童中心。A 儿童中心成立于 2006 年，主要服务于城市中的流动儿童、残障儿童和孤儿。长期以来，由于没有合法的注册身份，在开展工作、争取资金支持等方面都面临很大障碍。一直到 2013 年，政府放开社会组织注册，A 儿童中心才得以在民政部以民办非企业的身份正式注册。机构的资金主要来源于一家国际基金会，政府购买社会服务这一做法，在 N 市还不多见。A 儿童中心在运作上还有一个小的阻碍，由于很多捐赠需要开具发票，但是税务局要求缴纳营业税，这就额外增加了社会组织的运营成本。

A 儿童中心机构现在只有专职人员两名，机构人员表示，现阶段最大的困难就是项目点多，运作起来比较吃力。机构工作服务点包括四所学校、两家福利院、一家康复中心。其服务内容主要包括学习与艺术课外辅导、阅读教育、生命教育、安全教育、生活技能教育、困难儿童资金救助、特殊儿童服务等。比如针对农民工工作忙、流动儿童缺少关爱这一现状，A 儿童中心的志愿者专门在学校开放聊天室，或者在周末安排兴趣班；针对流动儿童漂泊不定、与社区疏离的特点，志愿者会定期组织一些让儿童熟悉社区的活动。由于机构人手有限，大量的工作只能通过志愿者网络开展。社工与志愿者相结合，专业力量与志愿服务相互补充，既可以提供更为广泛的服务，也可以激发社会参与。当然，由于志愿者多为在校大学生，流动性较大，一定程度上制约了相关工作的开展。

A 儿童中心更进一步的限制可能在于其本身的目标定位。他们只注重就儿童问题做一些细枝末节的服务，并不对背后的结构性障碍做更多的反思，更不会尝试通过媒体发声，争取政府和社会各界对相关议题的注意，或者推动公共政策的改变。如果就具体的社会服务供给而言，类似 A 儿童中心这样服务于流动人口或其他弱势群体的社会组织还非常有限，机构之间的交流也不多。

这与我们在"珠三角"观察的情形有所不同。作为产业工人的集中地，"珠三角"同时也集中了大量的服务于农民工的 NGO 或社工机构。从政府层面看，政府购买社工机构服务的做法已经非常普遍。而从社会组织自身的发育来看，一些劳工 NGO 开始在传统的社区服务和法律维权之外，尝试推动农民工集体维权，具体内容包括：推动农民工组建工会、培训集体谈判、代理集体谈判等。这些劳工 NGO 相互之间的交流也比较多，有时还共同参与到政策倡导中，力推相关法律法规政策的转变。这些尝试既致力于提升工人的权益，培育工人的团结互助，又力图从更深的层面推动工会组织、集体谈判制度和法律法规政策的改良。

（三）企业工会

流动人口和征地农民的能力及内部社会网络的提升，不能仅靠社会组织和社区的推动，寻求自组织更为关键。如前文所述，其实征地农民有非常强的表达诉求、参与政策的渴望，但是政府并没有给予其自我组织和参与协商的制度空间。那么对于庞大的农民工群体，其自组织现状又如何呢？

YD 厂是 N 市一家大型电子代工企业。该企业在全国其他城市园区发生接二连三的跳楼和骚乱事件，在社会舆论的压力下被迫成立了工会。工会现有专职干部 11 名。企业声称所有工会管理层都通过民主选举产生。除了和党委一起为员工做一些精神文化方面的活动，以及对困难员工进行救济，工会主要的定位就是协调劳资矛盾，这种工会定位与传统的企业工会的"二重性"没有太大差别，既要促进企业发展，又要维护员工权益，当然，总体上还是更偏向前者。工资集体协商作为工会工作最核心的内容，在该企业也是流于形式。

由于某些众所周知的原因，YD 厂工会并不能有效地组织工人争取权益，这一类企业工会在我国仍然占据大多数。"珠三角"一些企业工会的发展开始呈现出一些不一样的特征。一些企业工会在工人的维权行动后被迫进行了重组，甚至开始代表工人与企业进行集体谈判。比如在"珠三角"大部分汽车零部件企业，企业工会每年要代表工人与雇主分别进行工资和年终奖集体谈判。一些地方工会也开始顺应劳资关系的变化，主动参与其中，比如，"珠三角"某市总工会在 2013 年推动 163 家企业工会主席直选。只有真正建立劳资双方常规化的博弈机制，才能真正化解劳资矛盾，推动工人分享经济发展成果。农民工经济待遇的改善和权益的维护，也是其实现城镇化必要的经济前提。

在这一部分里，我们梳理了 G 省 N 市的社区、社会组织和工会组织在服务农业转移人口方面的相关经验，这些经验揭示了社会力量参与在促进农业转移人口的社区融入、提升其城市适应能力、构建其社会关系等方面可能具有的潜力。但是，相关问题仍然不可回避。N 市的社区总体上仍然面临着行政化倾向突出、社区自治职能难以发挥的问题。社会组织的发展空间也比较有限，许多社会组织仍然只是政府职能部门的进一步延伸。而且社会组织发展在类型上有巨大差别，精英群体的社会组织多，弱势群体相关的社会组织少；服务型社会组织多，维权型社会组织几乎不存在。社会组织的发展还进一步受限于其自身定位。最后，农民工和征地农民并没有被赋予自组织的空间，即便是迫于外界压力组建的企业工会，也仍然只是作为传统的服务型工会存在，很难真正代表工人权益。社区、社会组织和利益主体的自组织力量之所以难以有效推动农业转移人口的能力培育和社会融入，在某种程度上可以归结为政府职能转变不足、政社分开不够，社会力量的自治空间仍然非常有限。随着城镇化进程的进一步推进，农业转移人口面临的问题将会更加复杂、多样，政府不可能以大包大揽的方式解决这些问题，通过购买服务的方式吸纳多元、专业化的社会力量参与，推动农民和农民工自组织，构建相关利益主体的常规协商机制，是现代社会治理的应有之义，是新型城镇化过程中利益调整、底层群体赋权不可避免的路径。"珠三角"社会组织和工会的发展经验已经向我们提供了另外一些可能性。

五　主要研究发现与对策建议

通过调研，我们发现各地在新型城镇化推进过程中存在如下一些情况。

第一，一部分地方开始启动新型城镇化实践，但也有不少地方仍然热衷于土地城镇化。

中央关于推进新型城镇化的精神和相关规划短时间内还不能对这些地方的城镇化实践产生实质性的影响。由于以往的土地城镇化得以推行的利益生成机制和利益分配格局仍然广泛存在，推行新型城镇化的内在动力机制在地方层面尚未形成，相应地，为推进新型城镇化所需要的政府职能转变、体制机制改革和政策创新还远远不够。

第二，对进城流动人口和城郊被征地农民的权益的保护仍然远远不够。

一些地方在城镇化理念方面尚未从"GDP挂帅"转向"以人为本"，因此仍然把进城流动人口的市民化视为负担而非城市建设者。受过高等教育的专业技术人员被认为是需要引进的人才，而那些受教育水平较低、没有什么专业技术的普通农民工则仍然被视为只是劳动力而已，甚至在某些特定时间内还是需要清理的对象。他们在教育、社保、医疗、住房等方面的市民权益更是难以保障。

与此同时，由于一些地方仍然继续推行粗放式、跨越式发展的"土地城镇化"，因此，政府征地的步伐越发急切，近郊农民则越来越多地成为失地农民。由于行政征地的单向性和强制性，农民的土地承包权日益难以得到保证；由于征地补偿、拆迁安置、社保政策对接的滞后性并且存在种种不合理性，被征地农民的生活在短期内爆发出诸多问题；由于征地过程缺乏公开透明和协商谈判机制，被征地农民往往被变相剥夺了集体土地和宅基地的相关权益，他们虽有强烈诉求，但难以找到公平申诉的渠道。

第三，社会力量的发育和社会公众的参与明显不足。

在地方城镇化的过程中，社区、社会组织、社会力量参与在协调化解矛盾、扩大服务对象、促进流动人口社区融入、构建和谐社会关系等方面具有巨大潜力，能够发挥社会主体多元共治的积极意义。但是目前，由于种种原因，包括政府职能转变不充分、体制机制改革还有待深入、地方社会多元主体发育不足、社会力量缺乏充分发展的空间、基层社区和社会组织行政化倾向严重，它们的自治与服务职能难以发挥。

基于对上述问题以及其背后的产生机制的分析，我们认为，解决问题的一个重要的途径，就是全面深化改革，实现国家治理能力和体系的现代化。现代社会治理能力和体系的建设，是国家治理能力和体系现代化发展的一个重要组成部分。通过社会治理的改革创新，为推进新型城镇化提供多元动力机制，为城镇化过程中各类矛盾和问题的化解和解决提供常规化、制度化的渠道，是新型城镇化战略能够在地方层面得到贯彻落实的关键举措之一。《国家新型城镇化规划》将"加强和创新城市社会治理"作为新型城镇化的重要内容。社会治理是党委领导、政府主导和社会各方参与的有机结合。就政府治理水准的提升而言，从体制和政策上推动政府自身"去利益化"，推动城乡发展一体化、改革现有财政体制、强化区域统筹、调整政绩考核指标体系，是具体的政策着力点。同时，就强化社会多元参与而言，激发社会组织活力、强化社区自治和服务功能、培育并引导利益主体自组织，是其重要的实现路径。

第一，切实推进城乡发展一体化，缩小城乡差距，避免因资源要素配置不均衡导致人口过分向大中城市聚集。

应该看到，当前农业人口向城市尤其是大中城市聚集，其背后的重要原因在于，当前城乡差距仍然较大，城乡发展不平衡、不协调，具体体现在公共服务、基础设施、产业布局、发展机会等方面。只有切实推进城乡一体化，建立城乡融合发展的体制机制，将工业与农业、城市与乡村作为一个整体统筹谋划，促进城乡在规划布局、要素配置、产业发展、公共服务、生态保护等方面相互融合和共同发展，实现各种资源和要素在城乡间的均衡配置，才能有效引导广大农民在农村、小城镇、大中城市之间的合理分布和有序流动，继而为大中城市破解城市内部二元结构提供基础。正如前文所述，如果在城镇内部都不能实现一体化，那么，城乡之间的一体化（本质上是城乡协调发展、共同发展和共享发展成果）也无从谈起。因为城镇内部存在于两类户籍人口之间的种种差异和不协调，本质上是城乡之间的制度化差异在城镇内部的再现，消灭城乡之间的这种制度化区隔，是实现城乡一体化的第一步，首先应当在城镇内部迈出这关键的一步。

第二，将新型城镇化的推进情况纳入政绩考核体系中，以此推动地方政府的观念和职能转变，提升其服务主体意识。

现阶段，地方政府尚缺乏推进以人为本的新型城镇化的动力。必须从制度机制和法律法规上推动对政府权力、职能的约束和监督，从地方政府的考核制度、监督体系和激励机制方面予以制度性规范和保障，将新型城镇化的推进情况纳入政绩考核体系中，以此倒逼地方政府冲破思想观念的障碍，突破利益固化的藩篱，实现行政职能转变。

第三，在推进新型城镇化的过程中，中央必须统筹，包括对财权和事权的适当统筹。

之所以强调中央统筹教育和社保资源，原因在于，其一，地方政府缺乏供给教育、医疗、养老等相关公共资源的动力；其二，各地标准不一，信息共享难度大；其三，如果没有中央统筹，那么任何一个地方向流动人口大幅度开放公共服务的举动，都有可能导致"洼地效应"，大规模流入的流动人口只能进一步加重这些地方政府的负担，并削弱其提供公共服务的能力。因此，教育和社保等公共资源必须由中央统筹。

第四，改变资源配置方式，应该以常住人口而非户籍人口为依据，配置公共服务资源。

户籍制度本是计划体制的产物，在劳动力市场高度流动的社会，应该以当地常住人口而非户籍人口配置公共资源，应该剥离与户籍相关的福利和公共资源配置，还户籍以人口登记的本来面目。

第五，重视地方政府能力建设，促进部门联动、区域协同和城乡一体化发展。

面对我国快速的城镇化发展，地方政府作为主要的城市管理者在一些重要方面明显"失能"。以目前的城镇化发展水平而论，各级政府明显存在区域协同发展不够、城乡联动不够、部门协调不够等问题。要切实推动新型城镇化落地，必须打破部门、区域、城乡间的利益壁垒。

第六，积极吸纳多元社会主体的社会参与，构建畅通的决策参与和协商机制，发挥社会治理在新型城镇化进程中的积极意义。

在政府自身体制改革之外，还需要积极吸纳多元社会主体的社会参与，激发各类主体的能力建设，培育各类组织，包括农业转移人口的能力提升与自组织能力培育，社区自治作用的发挥，以及社会组织的发育等。同时，构建畅通的决策参与和协商机制，给多元社会主体和力量提供参与社会的机会和空间，真正发挥社会治理在协调社会关系、化解社会矛盾、释放社会压力方面的积极意义。矛盾是永存的，现代化治理能力和治理水平只有在矛盾的不断化解当中才能持续提升并日臻成熟；也只有通过社会治理化解矛盾，我国的新型城镇化发展才能趋于稳定、趋于长久。

第九章　新型城镇化的国际比较

世界经济与政治研究所课题组[①]

　　根据中央城镇化工作会议精神，目前我国推进新型城镇化发展的主要工作或任务包括城镇化空间均衡布局、人的城镇化、城镇化土地利用、城镇化发展资金等问题。本章选取公共服务均等化、城镇化土地集中利用、城镇化发展融资三个方面，介绍其他国家在城镇化发展过程中的经验与教训，以期为我国城镇化提供经验与借鉴。

一　公共服务均等化的国际经验与教训

　　城镇化是一个渐进的、不断探索的过程，这一过程的基础和核心无疑是城乡间、区域间的公共服务均等化，虽然国情不同、政体不同，但几乎每个国家在推进公共服务均等化的过程中都会着重实行以下几项关键举措，包括实行公共财政均等化、推进农村基础设施建设、推行基本医疗保险制度等。本部分将选取实行这些关键举措方面比较有代表性且颇见成效的国家，分析它们的具体做法，以期为我国城镇化的推进提供一些值得借鉴之处。

　　（一）公共财政均等化

　　公共财政均等化是指一国政府通过财政活动提供或生产的公共物品和服务的效益应无差别地分配给每一位居民和每一个企业，在财政上要实行并坚持"国民待遇"。它具体包括两个层面的内容：（1）财政能力均等化，指一国内部各辖区间支出和融资的能力大体均等，主要通过中央和地方以及各辖区间的转移支付来实现；（2）基本公共服务均等化，指一国

---

① 课题组组长：张宇燕；课题组成员：姚枝仲、熊爱宗；执笔人：熊爱宗。

内部居民，即便是贫困人口也有机会享受国家最低标准的基本公共服务。此处公共财政均等化主要是指它的第一层面意义。表面看来，财政均等化是一个很正常的事情，但由于我国城乡之间、东西部地区之间、大城市和小城镇之间存在巨大的财政能力差异，亟须尽快采取有效措施推进公共财政均等化。

澳大利亚

澳大利亚被公认为拥有世界上最全面、最细致的转移支付制度，是较早实现公共财政均等化的国家。虽然澳大利亚为联邦制国家，但是其在推进和实现财政均等化的过程中的核心理念和具体措施值得我们学习。

澳大利亚地广人稀，各州之间、地方之间自然环境、资源和经济发展状况参差不齐，约3/4的财政收入来自东南沿海地区，其公共财政均等化的主要理念包括：各州和地方的居民都按照相同的所得税法纳税，享用均等化的公务服务。其转移支付典型模式为按收入和支出的客观因素，决定均等化拨款的分配。澳大利亚转移支付分为一般性拨款和专项拨款两种。一般性拨款中包括中央政府对州政府的转移支付和州政府对地方政府的转移支付。前者是澳大利亚转移支付体系中最重要的部分，大部分用在教育和职业培训上，以及为本土澳大利亚人提供基本的公共服务；专项拨款是中央政府把一些特定事务的管理处置权分配给州政府，并划拨专项拨款，以促进州政府做一些有益于国家整体利益的事情。除此之外，澳大利亚专门成立的联邦补助委员会根据各州的情况制定当年的转移支付方案，并在总理办公会议上进行讨论。

日本

日本是财政权高度集中的单一制国家，在中央、都道府县、市村町三级政府之间实行控制型分权，即日本中央政府控制了地方预算、地方税率和税基、地方借款及巨大的财政转移支付。

日本实现财政均等化的转移支付主要是通过地方交付税来实现的。地方交付税不是一种税收，而是依据《地方交付税法》由中央政府在五种国家税收的基础上，按照一定的比例和系数加成后形成财政基金，并按照一定的标准在全国各地方政府间进行分配，属于无条件转移支付，以增加经济欠发达地区地方政府的财政支出能力。一个地方本身的财政能力越弱就能得到越多的地方交付税。用于地方交付的总税额和分配方案都有严格的控制比例和计算方式。五大国税提取比例分别为：所得税及酒税的32%，法人税的34%，烟税的25%，消费税（国税部分）的29.5%。而地方交付税每年会按照当地政府基本财政需求超出基本财政收入的差额根据标准的公式进行计算、分配。

与澳大利亚相同，日本也设立了专门负责转移支付的工作部门——总务省。日本中央政府在20世纪60年代成立了自治省，2001年，为满足分权制改革需要，将自治省与邮政和电信省合并为总务省。总务省代表中央政府对地方政府进行财政监管，同时又在中央政府部门中代表地方政府利益，但它的主要职责还是与其他中央部门特别是财务部门进行斗争，阻止其侵犯地方政府的利益。

通过澳大利亚和日本的案例我们可以看出，在一国财政均等化的推进过程中，首先，应当确认分配和享受公共服务应实行"国民待遇"，即无论东西部、无论城乡，只要是本国居民就都有权享受平等的公共服务。其次，在前述核心理念的指导下制定符合本国国情的转移支付方案，具体需要包括转移支付总额的提取、分配依据、使用比例等。最后，还需要成立区别于一般财政部门的转移支付专职部门，以保证转移支付的顺利进行，维护各个地方的财政利益。

（二）农村基础设施建设

城镇化过程中最突出的矛盾就是城乡差异，除了财政均等化，最重要的就是推进农村基础设施建设，从而进一步实现规模化农业生产，优化农村生活环境，提高农民生活水平，逐步缩小城乡差异。

日本

日本的农村建设早已步入成熟时期，农村和城市在基础设施方面相差无几，甚至农村生活在自然环境和特色的居住条件方面还要胜过城市生活，不能不说是当代国家农村建设的成功典范。

在日本农村，农户可以通过申请向市政管理部门要求配备市政设施。日本农村的污水、固废处理设施非常完备。全国3000多个市町村基本上都配备了相应的污水、固废处置设施，这为农村的环境和生态建设提供了切实保障。但是，对于部分呈散居化的农村地区，管线到户则涉及超额的铺设成本，例如在日本农村仅配套了水、电等基础设施，煤气则使用液化天然气。反观我国，在农村地区垃圾、污水无害化处理普遍管理缺乏，如何加大在这些方面的基础建设投入，为农村地区居民营造一种更适宜居住的生存环境，显得日益紧迫。

除了加大基建力度，促进农业生产规模化、开展多样化农村产业也在一定程度上促进了农村地区基础设施水平的进一步提高。在日本农村大多数村町着力开展壮大农村副业、农产品加工、农具制造等轻工业，并通过招商引资创办新型的农村产业，这一方面带动了农业人口就业，另一方面也通过工业的发展带动和优化了基础设施的完善。

在以上两方面工作的进行中，最重要的还是有一脉相承的农村规划、建设、发展政策及法律法规的指导和规制。一是土地规划政策，强调在土地放开的基调下日益加强规划，主要体现在农田整备、围海造田后的统一规划和鼓励住房集中等方面；二是明确的建设投资分工政策，这在日本水利事业建设中窥见一斑；三是严格的自然环境保护政策，在农村地区污水、固废处置和封山育林方面的努力和成效都显而易见。日本政府还制定了《向农村地区引入工业促进法》、《新事业创新促进法》及《关于促进地方中心小都市地区建设及产业业务设施重新布局的法律》等大量法律法规。这些政策和法律法规正是日本加强农村基础设施建设过程中除财政均等化以外的另一根本保障。

德国

第二次世界大战结束后，德国农村问题比较突出，城乡差距进一步拉大，公共服务等基础设施条件也比较落后。德国汉斯·赛德尔基金会①提出了"城乡等值化"理念。该理念主要是指不通过耕地变厂房和农村变城市的方式实现城镇化，使农村在生产、生活质量上而不是在形式上和城市逐渐消除差距，使在农村居住和当农民仅仅变成是环境和职业的选择，并通过土地整理、村庄革新等方式，实现"与城市生活不同类但等值"的目的，使农村与城市在经济方面达到平衡发展。"城乡等值化"理念提出之后，得到当地政府部门的支持，并开始在巴伐利亚州进行试点试验。巴伐利亚州是德国 16 个联盟州中面积最大的州，人口居全德第二位。巴

---

① 汉斯·赛德尔基金会（Hanns Seidel Stiftung）成立于 1966 年，是在德国巴伐利亚州执政多年的德国基督教社会联盟（CSU）的下属组织，联盟的一些领导人兼任基金会的理事，其总部设在巴伐利亚州首府慕尼黑。

伐利亚试点村的"城乡等值化"主要包括片区规划、土地整合、农业机械化、农村公路和其他基础设施建设，发展教育和其他措施。这一计划在巴伐利亚州实施并获得成功，最终使农村与城市生活达到"类型不同，但质量相同"的目标，这一做法被称为"巴伐利亚经验"，这一经验和做法随之成为德国农村发展的普遍模式。

在德国农村建设过程中，政策和法律法规的作用也非常明显。20世纪50年代德国政府颁布实施的《土地整治法》，明确制定了相关村镇规划，规划自然保护区，改善农民生活和生态环境。建筑业严格执行《建筑法》，对涉及有关建筑的各个方面都作了明确而具体的规定。一是分层次制定建设规划，即联邦制定区域规划，各州制定国土区域规划，规划从上到下呈金字塔形。在各级规划中，社区规划是国土利用最重要的手段。除上述综合性规划外，各级还派生出各种专业规划，从而使联邦的国土建设管理形成完整的体系。二是严格实行建筑招标。州一级的招标不但要执行《建筑法》，还要遵守欧盟的建筑指南，在欧盟范围内建筑设计师实行自由招标。招标前要先编制招标书，绘制土地规划图、空间规划图、技术规划图，认真编制资金使用计划。招标书要在当地报纸上公布。三是要举行听证会，充分听取当地居民意见。

同时，德国也通过促进农田合并经营来加强基础设施的完备。在德国，由农村发展起来的小城镇不论交通、水利或日常生活的各项需求供应都非常强大，都是通过专门的建筑运营商实现的，可见市场化运作也是德国推进农村基础设施建设的重要手段。

综上，通过政府制定可操作性强并具有持续性的政策法律是保证农村基础设施建设的重要手段，而开展规模化农业生产促进农村产业多元化也会间接提高基础设施水平，在建设过程中引入市场机制则是完备农村基础设施的重要途径。我国新农村建设起步较晚，这些先进经验都会为我们提供新的思路和参考。

（三）基本医疗保险制度

医疗保险制度是现代国家最重要的社会保障制度之一，事关广大人民群众最根本的利益，更是实现公共服务均等化工作的重要内容。近年来我国看病难、看病贵的问题十分突出，城乡医疗保险制度亟待进一步完善。如何尽快形成能够满足人民需求的医疗保险体制，是实现公共服务均等化、推进新型城镇化建设过程中迫切需要解决的问题。

德国

德国的医疗保险模式可以称为"公共合同型"，是一种强制性的、社会健康保险为主、商业保险为辅的全民医疗保险制度。德国的医疗保险已经有一百多年的历史，德国 90% 的人口属于法定医疗保险范围，法定医疗保险之外的 10% 左右的人口则通过商业性医疗保险得到完全的保险保护。

德国的医疗保险建有完善的法律法规体系。德国法定医疗保险的法律基础是《社会保险法典》第 5 卷中的《医疗卫生改革法》，该法规定了有保险义务的人员范围、结构原则、缴费义务、待遇和组织形式。除此之外，还颁布了《降低医疗保险费负担法》、《医疗卫生结构法》、《法定医疗保险第二调整法》等。通过一系列法律法规调整医疗保险三方主体之间的社会关系，规范各主体的行为。

德国在医疗保险费用的控制方面也具有严格的规定。1977 年开始，德国政府着力于降低医疗保险费率，并且取得了一些成效。但同时也发现，降低费率并不能使整个医疗保险体制得到完善和发展，还需要辅之以更多有效的措施。这些措施包括：（1）实行病人自费。德国医疗保险中一些医疗项目都规定很高的自费比例，可以在不影响整体医疗保险体制的前提下促使被保险人享受待遇，产生成本意识和责任心。（2）对药品价格实行严格控制。德国的医疗保险在确定药品价格标准方面做得非常成功，由医疗保险经办机构根据现行市场价格情况确定某一种药品的支付标准价，之后所有的药品制造厂商都必须把价格降至等于或低于这个标准。

加拿大

加拿大拥有高度发达的社会福利制度，其医疗保障体系始于 20 世纪 40 年代末，采取的是典型的全民医保制度。全民医保制度即全民免费医疗保健体制，加入医疗保险后的公民和永久居民可持"健康卡"享受看病、诊疗化验、手术住院等全部免费服务。同时，加拿大的法律还规定了全民医疗的指导性原则，即全民享有、方便享有、服务广泛、不分界域等。

加拿大的医疗保健制度采用国际通行的、典型的三层次体系：第一层次是公共医疗保健（医疗保险），是由政府举办的、非营利性的，覆盖医院提供的基本医疗服务，其资金主要来源于国家税收收入。第二层次是公私互补的医疗保险计划，其资金一部分来源于税收，另一部分由保险机构筹集（通过收取保险费、共付机制等方式筹集），主要用于提供处方药、家庭护理、长期护理、康复、验光等项目的医疗服务。医疗费用的支付方式为按服务项目支付或按人头支付。第三层次为私人保险，完全由商业保险公司举办，提供牙科、自然健康产品、非处方药、卫生用品等医疗服务。

加拿大的全民医保制度堪称医疗服务均等化的典范，但这一制度在实践中也产生了大量的问题，这包括：（1）财政负担过大。加拿大全民医保制度的运转依靠的是高额税收的财政支持，上述第一、第二层次的医保服务占用了大量的财政资金。（2）"无病呻吟，慢病急诊"，医疗资源浪费严重，医疗开支成本大幅度上涨。（3）医疗服务质量低下，设备老旧，候医时间过长。

综上，我国目前医保制度主要由城镇职工基本医疗保险制度、城镇居民基本医疗保险制度、新型农村合作医疗制度组成，虽然目前覆盖面较广，但总体水平较低，城乡之间的差距明显。德国"公共合同型"医保制度和加拿大全民医保制度作为当今世界两种较为典型的医疗资源分配方式，两国都在一定程度上采取了社会医保和商业医疗保险的互补，都有严格缜密的法律法规进行规制，同时德国在控制费用支出方面的做法非常有效，这些都为我国医保制度的完善提供了宝贵的经验。

二　土地集约利用的国外经验

在我国城镇化的过程中，城市空间的过度扩张和土地效率低下的问题非常突出。2014 年我国的城镇化率达到 54.77%，失地农民的补偿、城镇基础设施的建设、进城农民的就业等问题接踵而至，追根溯源这都与土地问题有关。随着城镇化进程不断推进，用地需求大幅增长、农民进城导致大量宅基地闲置，党的十八届三中全会中随之提出，建立城乡统一的建设用地市场。如何让改革释放"最大红利"，集约利用土地应是问题最佳的答案。

日本

日本是一个土地资源紧缺的群岛国家，城市的土地集约利用与城市规划、城市建筑、城市基础设施建设有着密切的关系。明治维新后，日本开始了工业化和城市化进程。经历了第二次世界大战后的重建，至20世纪六七十年代，日本进入了城市化高速发展的黄金时期，开发商大规模地进行土地开发，城市规模和容积率不断上升，土地资源和经济发展之间的矛盾逐渐尖锐。在这一背景下，日本采取了一系列措施，有效地化解了上述矛盾。

（一）建立健全土地利用法律体系

日本在土地利用方面有一整套完备的法律体系，如《土地基本法》、《都市计画法》、《建筑基准法》、《新都市基盘整备法》、《都市再生基本方针》等，上述法律从土地利用开发原则、基本理念、土地开发中各方权责至土地价格的形成、地区容积制等，可谓事无巨细，使得土地开发中的方方面面均有规可循，确保了高水平的土地集约利用和城市建设发展规划的高效统一。

（二）鼓励民间力量参与城市土地集约利用

日本是土地私有制国家，民间力量在土地集约利用中扮演着重要角色。如日本《都市再生基本方针》指出，都市再生的主力军应该是民间事业者，通过民间开发，能够充分发挥民间资本的作用和智慧，在谋取公共利益的前提下争取投资的回报。

（三）政府在城市土地集约利用中主动发挥作用

虽然日本民间力量是城市土地集约利用的主力军，但日本政府并非一味地追求市场经济，将土地利用完全推向民间，而是在其中积极主动地发挥作用，利用政策、财税等行政手段不断调节城市土地利用的价值取向，促进城市土地利用朝着集约、合理、高效、统一的方向发展。

韩国

韩国领土面积只有10万平方公里左右，土地资源较为匮乏，但韩国经济状况一直良好，20世纪末人均GDP达到8711美元，城镇化水平达到81%。在城镇化发展的过程中，韩国政府在平衡工业快速发展与保护耕地之间显现了卓越的智慧。

（1）总体来说，韩国从 20 世纪 70 年代开始制定全国范围的土地综合开发规划，1972—1981 年实施第一次开发规划，目前已经进入第四次综合开发规划时期。这对于国家把握土地利用的整体形势，全局性地平衡土地开发与保护都起到了非常积极的作用。

（2）韩国从 20 世纪 50 年代起颁布了一系列的土地管理法律制度，从不同种类、不同层次来规制土地的开发与使用。例如在七八十年代，由于重工业的兴起，工业用地需求大幅上升，随之而来的城镇住宅用地也十分紧俏，房地产价格疯狂上涨，针对这一局面，韩国先后颁布了《国土利用管理条例》、《关于开发利益回收的法律》、《土地超过得利税法》等相关法律。虽然有些法律只是"头痛医头、脚痛医脚"，但确实有效地规制了土地乱用的局面。

（3）韩国土地集约利用是一个具有可持续性的过程。1976 年韩国政府整合原有土地金库，成立了由国家出资的韩国土地公社，目的在于通过公营、统一规划开发来达到集约利用土地的目的。

新加坡

新加坡是一个小岛国，东西 40 多公里、南北 20 多公里，土地资源非常有限。但是新加坡政府通过科学的规划和严格的管理极为高效地利用土地，使得新加坡在作为亚洲金融中心的同时也保持了耕地、住房和自然环境的高质量。

（1）科学的按区规划、治理土地是新加坡集约利用土地最大的特色，也是最为有效的手段。新加坡政府按照工业用地、空白用地、居住用地、交通用地和中央商务用地五种用途把全国划分为 900 多个区。每个区域根据用途按照相应的开发使用规划进行利用，因地制宜地避免了盲目开发和过度开发，每个地区都能物尽其用。

（2）为了高效、集约利用有限的土地，新加坡进行了数次产业结构的调整。不以追求经济效益为唯一目标，放弃了一些占地较大的传统产业，而着力发展土地集约化程度高的金融服务业。对于土地消耗大的工业，尽可能地集中开发，如在岛西南部建立裕廊工业区。

（3）新加坡的土地使用和转让制度非常灵活，土地国有和私有制度同时存在。政府为了公共利益和全局规划可以从私人手里征收土地。土地出让的使用权按照不同用途可分为 30 年、60 年、99 年和 999 年，其目的都是保证土地综合规划的可行性和国家对于土地管理的主导地位。

阿根廷

阿根廷的农业用地情况与我国东北地区相似，但在经济效益上要高于我国平均水平。阿根廷土地集约利用的经验主要来自生产规模化和经营专业化。

（一）生产规模化

据阿根廷农业部门的统计，阿根廷农场的平均面积是美国农场的两倍。在阿根廷，100公顷以下的农场一般被认为是小农场，100—500公顷算是中型农场，500公顷以上才算是大农场。有的大农场占地达数万公顷。近年来，阿根廷土地集中化的趋势不断发展，中型农场日益消失，大型农场进一步扩大。

（二）经营专业化

阿根廷专业化农业生产主要依靠的是新型的农业公司。农业公司本身不具备土地产权，而是向农场主租用土地，保留原在农场工作的农业员工。阿根廷的土地市场很发达，土地买卖价格和租赁价格灵活透明。农业公司在租赁大片土地后，根据对国际粮食市场形势的预测，决定播种品种，然后组织播种、收割、确定出售时机。农业公司聘请专业人员负责与银行、粮食交易所、外部服务公司的业务往来，具体的农业劳动则外包或由原土地上的农业工头负责。这种经营模式不仅具有规模化和专业化的优势，在争取金融支持、把握市场信息、推广科技投入等方面也占尽了先机。

英国

英国城镇化进程中集约利用土地取得了比较大的成功，主要经验是英国完善的土地规划法律制度和中央集权性的土地规划体系。

（一）完善的土地规划法律制度

英国城市土地规划由完善的法规体系和执法系统构成。其立法系统包括制定城市土地利用规划法案和编制具有法律约束力的开发规划，其执法系统则是指以签发规划许可控制地区的土地开发活动。英国规划法明确指出，除少数例外，所有的开发与建设必须通过规划得到政府的批准，如针对早期工业化带来的严重环境问题，英国政府出台了强有力的集中制规划体系，颁布了《城镇规划法》。

（二）中央集权性的土地规划体系

英国中央政府对土地的管辖权不仅包括立法和编制部级规范（规划政策导则），还包括观察、控制和规划批准方面的广泛权力。中央政府在批准地方规划时，主要审查规划是否贯彻了中央制定的规划政策。中央政府还可以凭借其制定的规划准则和分散的派出机构在控制地方建筑活动方面发挥直接的作用。在控制建筑活动方面，乡镇的土地利用政策必须向中央政府看齐，因为中央政府不仅拥有法律手段，而且拥有财政手段。

三　城镇化融资的国际经验

美国市政债券

（一）基本情况

美国市政债券指美国的州或地方政府及其代理机构发行的有价证券，目的在于一般支出或特定项目的融资。目前市政债券已经成为美国经济发展的重要融资途径之一，是美国债券市场的重要组成部分。美国市政债券分为两大类，第一类为一般责任债券，第二类是收益债券。两类债券的对比情况如表 9 - 1 所示。

表 9 - 1　　　　　　　　　美国市政债券的分类

	一般责任债券	收益债券
发行者	州、市、镇、县政府	为建设某基础设施而依法成立的代理机构、委员会或授权机构
偿债途径	发行者税收、拨款、专项收入等	融资建设项目经营收入
信用担保	以政府自身的信用担保	不以政府信用担保
风险大小	风险相对后者较小	风险相对前者较大
收益大小	利率相对后者较低	利率相对前者较高
相比其他债券的特点	收益率较低、信誉高、免交联邦所得税甚至州所得税	

从发行者来看，几乎所有的地方政府和地方政府代理机构都将市政债券作为其融资工具。全美共有约55000个市政债券发行者，且大部分是小规模发债者。从投资者来看，美国市政债券投资群体比较多元，包括个人、保险公司、银行、基金等，对美国投资者来说，市政债券最主要的吸引力在于其税收优惠政策。

风险管理上，美国市政债券主要依靠一套成熟的法律制度、一家专门的管理机构以及"三大制度"共同发挥作用，对市政债券市场进行监管与风险控制。1975年美国国会通过《1975年证券法修正案》，明确并加强了对市政债券的政府监管方式与力度，同时成立了一个由15人组成并专门负责管理市政债券的委员会——市政债权法规制定委员会（MSRB）。该委员会的职责是通过制定规则使市政债券相关从业机构的运行规范化，并通过制定规则对市政债券市场进行监管与风险控制。MSRB的监管提案首先通过证券交易委员会批准，再交由监管市政债券交易商的职能部门负责实施。另外，2010年，美国国会通过《多德—弗兰克华尔街改革和消费者保护法》，进一步加强了MSRB的监管权力。

除了成熟的配套法律以及专门的治理机构MSRB外，美国市政债券的风险管理还依赖其"三大制度"的保障作用。第一是信息披露制度，最重要的原则是"反欺诈条款"。第二是信用评级制度，由民间评级机构对发行主体进行信用评级，在评价一般责任债券时，评级机构主要针对发行人（地方政府）的总债务结构、行政纪律与预算平衡能力、收入来源以及整体社会经济环境四个方面进行评级；而收益债券则主要针对融资建设项目进行评级，和商业性项目评级方式类似。第三是私人债券保险制度，即债券发行人无法按照承诺支付本息时，保险公司承诺还本付息。目前美国市政债券保险公司已有数十家，形成了相当可观的产业规模，这类保险加强了债券清偿的保障，提高了债券评级，同时增强了市政债券的市场属性，增强了其交易能力。后两个制度设计充分调动了民间评级机构以及民间保险公司的力量，是对市场资源的充分调动，利用市场的力量实现市政债券的自我管理。

（二）优势分析

市政债券融资的一个突出优势是期限长、融资成本较小、投资风险小、利率稳定，和城镇化基础设施建设周期长、投资风险小、收益稳定等特点相适应。相比较而言，目前中国地方政府主要依靠的是银行贷款模式，资金来源具有短期性，容易造成期限错配等流动性风险。同时，部分地区的城市商业银行被地方政府控制，主要集中为地方城市基础设施建设融资，存在集中度风险的问题。而且，随着中国的利率市场改革，长期贷款未来还可能面临利率风险。而市政债券的长期性、稳定性以及风险分散等特点使其成为相比银行贷款更优秀的城镇化建设融资方式。

（三）经验与借鉴

事实上，市政债券和目前在中国的"城投债"存在一定的相似性。市政债券取代城投债，只不过是一种风险的转移，并非根本性解决城镇化融资风险的关键。应该看到，美国市政债券在运营过程中，依赖一套成熟的法律规范、专门的管理机构、信息披露公开、配套评级机构以及保险机构。从城投债到市政债券，改变的不应只是名称，更为重要的是如何更好地对债券风险进行管理与评估。而要做到这一点，就必须完善与市政债券配套的规范与体系，包括相关法律法规、专门的管理机构、地方政府债务信息透明化、独立而优质的民间评级机构与债券保险机构等。

加拿大"两级政府管理"

（一）基本情况

在城镇化建设融资方面，加拿大政府在省一级设立"区域城市财政委员会"，该委员会负责一定区域内所有城市的利益。该委员会的主要任务是对区域内所有城市的信用等级进行评估，负责审批下属市级政府提交的城镇化建设项目规划、融资、建设、运营等方案的可行性，对地方政府债务的偿还进行评估和监督。各个城市需要向"委员会"缴纳一定数额的抵押金，融资项目一旦通过，"委员会"就要承担责任，一旦区域内下属城市无法按期偿还本息，就由"委员会"管辖内的城市分摊损失。项目经由"委员会"通过后，需要向全社会公开进行设备和施工的招标，并由相关部门全程监督。

上述即为加拿大"两级政府管理"模式，省一级政府设立的"区域城市财政委员会"需对省内各市的融资建设项目进行审核并承担最终责任；县、市一级政府则负责区域内基础建设项目的设计、方案提交、实际建设与运营，同时有义务向全社会公开披露项目信息。

（二）优势分析

加拿大"两级政府管理"模式通过设立"委员会"，加强了对县、市城镇化项目的监管力度；同时通过要求"委员会"为下属县、市违约行为担责的方式来激励其更好地发挥监管职能。在该模式下，省级政府受到两重目标约束：第一重约束是下属县、市的城镇化建设目标，第二重约束是下属县、市城镇化建设融资项目的合理性与风险控制目标。在两重目标约束下，省级政府又激励寻求效用最大化，在建设进度与风险管控之间实现平衡。另外，这种方式也使得省一级政府得以在全局上把握与规范地方政府的投融资行为，控制地方政府融资风险。

（三）经验与借鉴

如果加拿大"两级政府管理"模式移植到中国，有如下几点需要进一步思考。第一，中国人口基数大，省下属县市极多，如果这些县市的投融资项目全部交由省一级部门审核通过，省一级部门能否承担如此庞大的工作量？第二，省一级部门如何解决信息不对称问题？一旦最终责任由省一级承担，县、市一级政府是否会出现投机行为，通过隐瞒或者欺骗等手段诱使省级部门通过项目审核？

日本市政债券

目前，日本是世界上仅次于美国的第二大市政债券发行国。日本市政债券与美国市政债券的重要区别在于，后者更多依靠市场力量如民间保险公司和评级公司等对市政债券的风险进行控制，而前者则更多强调政府的审核与风险管理作用。和加拿大类似，日本地方政府发债前需要事先向自治省（日本中央省厅之一，负责地方自治事务）进行申报，自治省审查通过后，再同大藏省（财务省）协商，确定最终各地区的发债额度。除了严格的审批制度外，日本还采用了发债计划管理制度，每年日本中央政府都会编制地方政府债务计划，包括各地方政府债务发行规模、用途、发行方式等。而自治省对地方政府发债项目进行审核时，主要以该计划为准。

英国公私合作模式

（一）基本情况

公私合作模式（Public Private Partnerships，PPP）是指公共部门与民营部门展开合作，引入私人力量建设与提供公共产品与服务的管理模式。PPP模式正式成为国家层面的重要融资模式开始于20世纪90年代的英国。从90年代以来，英国一直积极推动鼓励私人资本参与甚至主导公共项目投资与管理，而核心是私人融资优先权。之后，英国大力推动 PPP 方式的发展，提出构建"合伙制的英国"。从 1992 年正式实施 PPP 模式到 2010 年，英国已经完成了超过 600 个项目的签约，涉及金额超过 560 亿英镑，涉及项目包括交通、建筑、医疗、教育等公共服务领域。

英国 PPP 项目分为两大类，第一类为特许经营，第二类则称为私人融资计划（Private Finance Initiative，PFI）。两者的主要区别在于，前者由使用者付费，而后者由政府付费。由于英国教育和医疗采取了全民免费政策，因此特许经营模式较少地被采用，而多采用 PFI 模式。目前 PFI 模式已经成为英国 PPP 的主流模式，对英国公共服务建设与供给发挥了重要作用。具体来说，PFI 是指政府与私人部门合作，政府赋予私人部门组成的特别目的公司（Special Purpose Company，SPC）以公共项目的特许开发权，由 SPC 承担部分公共项目建设或者公共服务供给，再由政府购买 SPC 提供的产品及服务。一般来说，英国 PFI 项目集中在交通、医疗和教育等领域。

目前英国已经形成了三级管理机构，共同负责 PPP 模式运作。一是财政部负责制定公司合作政策与规则；二是由英国合伙经营机构向公共部门提供私营机构的专门知识及资源；三是由公私营机构合作署（由地方政府拨款成立的机构）向由地方政府协会委任的董事局问责，并为发展公私营机构合作的地方机关提供支持。

（二）PFI 优势分析

风险转移。很显然，英国的 PFI 项目实现了风险从政府部门向私人部门转移的目的，具体来说，包括项目建设过程中超期完工、超预算风险以及经营风险的转移。一般来说，政府部门不会给私人部门以补贴，一旦提供补贴，意味着政府需要承担经营风险。

价格固定、运营周期长。对于 PFI 项目，政府负担的项目成本是固定不变的，这意味着政府不需要受项目经营情况的影响。同时，PFI 项目运营周期长，一般在 25—30 年。比如英国皇家医院的经营期长达 40 年，政府每年支付投资机构 1.5 亿英镑的投资回报。

强调绩效，绩效是政府付费的先决条件。具体来说，项目完工后，只有达到了预期的标准，政府才开始向投资者付费。

（三）经验与借鉴

推进 PPP 模式在中国的发展，一个重要问题是相关法律规则制度的建立以及配套信用保险公司等民间机构的配合支持。作为长期性质的合作关系，PPP 模式发展需要一套统一的、权威的制度依据。目前，我国相关法规政策多各自为政，逻辑上甚至存在相互矛盾之处，应当借鉴英国经验，由中央政府部门出面制定统一的、国家级的政策规则来规范其发展。

第十章　拉美国家的城市化与发展转型

拉丁美洲研究所课题组①

2015 年拉丁美洲和加勒比地区（简称拉美地区）的城市化率为 80% 左右，地区人均 GDP 达到 10000 美元左右。阿根廷、乌拉圭、委内瑞拉 3 国的城市化率均在 90% 以上，智利、巴西、哥伦比亚等国介于 80%—90%，墨西哥、古巴、秘鲁、多米尼加、巴拿马等国介于 70%—80%，等等。②

虽然拉美地区的城市化水平和人均 GDP 较高，但城乡二元化问题仍然存在，如 2013 年巴西农村地区的贫困化率为 28%（城市为 13%），墨西哥农村地区的贫困化率为 59%（城市为 29%），秘鲁、玻利维亚、洪都拉斯、危地马拉等国家农村地区的贫困率均高达 80% 以上，尼加拉瓜甚至高达 94%。③ 与此同时，城市内部也形成了"非正规经济部门"和"正规经济部门"的二元化，2010—2012 年拉美地区 58% 左右的城市就业为非正规就业④，非正规经济部门占地区 GDP 的 1/3 左右。

早在 20 世纪 60 年代，拉美地区的城市化率即已达到 50%，大部分拉美国家也跨入了中高收入国家行列。经过半个多世纪的发展，巴西、墨西哥等主要拉美国家并没有因城市化水平的提高而跨入高收入国家行列，出现了"中等收入陷阱"现象。

城乡二元化、城市二元化、"中等收入陷阱"等问题与城市化以及由城市化带来的发展转型密切相关。

---

① 课题组组长：吴白乙；课题组成员：谢文泽、张勇、林华、郭存海；执笔人：谢文泽。
② CEPAL, *Anuario Estadístico de América Latina y el Caribe*, 2014, Santiago de Chile, Dicember of 2014.
③ CEPAL, *Social Panorama of Latin America*, 2014, Santiago, Chile, 2014.
④ CEPAL, *Panorama Social de América Latina 2013*, Santiago de Chile, 2011. 根据 Table A - 7、Table A - 8 的有关数据计算。

一 20世纪60年代以来拉美地区的城市化进程

大多数拉美国家于19世纪初获得独立，是较早独立的发展中国家。20世纪30年代拉美国家开始启动进口替代工业化，城市化进程进入加速发展阶段。60年代初拉美地区的城市化率达到50%，在此后半个多世纪的时间里，城市化率迅速跨越了60%、70%，于2015年达到80%左右，城市化速度和城市化水平均居发展中国家（地区）前列。

1960—2015年拉美地区的城市化进程有两大突出特点：一是城市化进程"快"；二是大中型城市居主导地位。

（一）城市化水平快速提高

20世纪60年代初拉美地区的城市化率达到50%，1975年超过60%，1990年超过70%，2015年达到80%左右。[1]

拉美地区各国的城市化进程差异较大，如阿根廷的城市化率1914年已达到52.7%，智利1940年达到52.4%[2]，墨西哥1960年达到50.7%，巴西1965年达到51%，等等。

巴西和墨西哥的人口数量分别居拉美地区的第一位和第二位。20世纪60年代以来，拉美地区城市化率的提高，一半以上归因于巴西、墨西哥两国城市人口的增加。1960—2015年墨西哥的城市化率由50.7%提高至79.4%；1965—2015年巴西的城市化率由51%提高至86.3%。[3]

从巴西、墨西哥两国的城市化进程来看，20世纪六七十年代是城市化进程较快的时期，加速推进进口替代工业化是其主要原因之一。如表10-1所示，1960—1970年巴西、墨西哥的城市化率分别由43.0%和50.7%升至55.9%和58.7%，年均城市人口增长率分别为5.1%和4.7%。1980年巴西、墨西哥的城市化率分别达到67.6%和66.3%，

① CEPAL, *Anuario Estadístico de América Latina y el Caribe*, 2014, Sandiago de Chile, Dicember of 2014.

② United Nations, Department of Economic Affairs, Statistical Office, *Demographic Yearbook 1952*, New York, 1952.

③ CEPAL, *América Latina y el Caribe：Urbanización en Perspectiva*, Observatorio Demográfico No. 8, Octubre 2009, Santiago, Chile；*Anuario Estadístico de América Latina y el Caribe*, 2014, Sandiago de Chile, Dicember of 2014.

1970—1980 年的年均城市人口增长率分别为 4.3% 和 4.5%。1980 年以后，虽然城市化率仍在逐年提高，但年均城市人口增长率明显降低。这表明城市化率 50%—70% 是巴西、墨西哥两国城市化进程较快的阶段。

表 10-1　1960—2000 年巴西、墨西哥的城市化率和年均城市人口增长率

单位:%

	城市化率				
	1960 年	1970 年	1980 年	1990 年	2000 年
巴西	43.0	55.9	67.6	75.3	81.2
墨西哥	50.7	58.7	66.3	71.3	74.7
	年均城市人口增长率			
	1960—1970 年	1970—1980 年	1980—1990 年	1990—2000 年
巴西	5.1	4.3	2.9	2.4
墨西哥	4.7	4.5	2.7	2.3

资料来源: CEPAL, *América Latina y el Caribe: Urbanización en Perspectiva*, Observatorio Demográfico No. 8, Octubre 2009, Santiago, Chile.

1960—1970 年农村人口流入城市是城市人口快速增加的主要原因。在此期间，拉美地区的城市化率由 49% 升至 57%，约有 2800 万农村人口流入城市，这部分人口占同期城市新增人口的 50.4%。[1]

城市化率达到 60% 以后，虽然农村人口继续流入城市，但城市人口的自然增长成为城市人口增加的主要因素。1970—2000 年拉美地区的城市化率由 60% 升至 75%；其间，农村—城市人口流动每 10 年有 2500 万—2600 万人，占同期城市新增人口的 1/3 左右。[2]

（二）大中型城市居主导地位

将 10 万—50 万人口的城市定义为中型城市，50 万人口以上的城市定

① 根据联合国经济社会事务部人口司统计数据计算。United Nations, Department of Economic and Social Affairs, Population Division, *World Urbanization Prospects: the 2011 Revision*, October 2012.

② 根据联合国经济社会事务部人口司统计数据计算。United Nations, Department of Economic and Social Affairs, Population Division, *World Urbanization Prospects: the 2011 Revision*, October 2012.

义为大型城市，二者合称大中型城市。

　　1960—2000 年大中型城市人口占总人口的比重，阿根廷由 51.6% 提高至 62.3%，巴西由 22.0% 提高至 49.6%，墨西哥由 28.0% 提高至 50.2%，等等。① 1960—2010 年拉美地区大型城市人口由 4000 万人增至 2.5 亿人，增加了 5 倍多；大型城市的人口比重由 17% 提高至 42%。②

　　1960 年拉美地区只有 20 个大型城市，2010 年增至 123 个。大型城市主要集中在巴西、墨西哥等国家。自 20 世纪 60 年代起，两国开始进行大都市规划，如 1960 年墨西哥有 12 个大都市，2010 年增至 59 个；③ 1973 年巴西联邦政府正式确立了 9 个大都市，④ 2010 年 50 万人以上的大都市增至 41 个。⑤

　　1960 年巴西 50 万人（含 50 万人）以上的大型城市人口约为 1175 万人，仅占全国总人口的 16%；2015 年大型城市人口约为 9323 万人，约占全国总人口的 46%。1960 年墨西哥大型城市人口仅为 658 万人，约占全国总人口的 17%；2015 年大型城市人口约为 6692 万人，约占全国总人口的 56%。⑥

二　拉美国家的经济、社会和政治转型

　　城市化不仅是人口向城市的聚集，更是经济、社会、政治等活动向城市的集中，因此，20 世纪 60 年代以来拉美地区国家发生了剧烈的经济、社会和政治转型。

---

① CEPAL, *Anuario Estadístico de América Latina y el Caribe*, 2014, Sandiago de Chile, Dicember of 2014.

② United Nations, Department of Economic and Social Affairs, Population Division, *World Urbanization Prospects: the* 2011 *Revision*, File 2, October 2012.

③ Sedesol, CONAPO, INEGI (2010), *Delimitación de las zonas metropolitanas de México* 2010.

④ Fausto Brito, "The Displacement of the Brazilian Population to the Metropolitan Areas", *Estudos Avancados*, 20 (57), 2006.

⑤ Instituto Brasileiro de Geografia e Estatística (IBGE), *Arranjos Populacionais eConcentrações Urbanas do Brasil*, Rio de Janeiro, Brasil, 2015.

⑥ 根据联合国经济社会事务部人口司统计数据计算。United Nations, Department of Economic and Social Affairs, Population Division, *World Urbanization Prospects: the* 2011 *Revision*, File 2, October 2012.

（一）经济转型

对于巴西、墨西哥等绝大部分拉美国家而言，经济转型突出表现在经济结构第三产业化、经济部门"四元化"等。

1. 经济结构第三产业化

随着城市化水平的提高，第三产业占 GDP 的比重大幅度提高，第一产业的比重大幅度下降。1960—2013 年巴西的城市化率由 43% 提高至 85% 左右，第三产业占 GDP 的比重由 28.9% 升至 67.2%，第一产业的比重则由 22.1% 降至 8.3%（其中农业由 21.5% 降至 5.5%）。1960 年墨西哥的城市化率为 50.7%，第三产业占 GDP 的比重达到 56.5%，1980 年和 2013 年这一比重保持在 63% 左右；但农业占 GDP 的比重则持续下降，1960—2013 年由 15.3% 降至 3.2%（见表 10-2）。

表 10-2　1960 年、1980 年、2013 年巴西、墨西哥 GDP 的三次产业构成

单位:%

		1960 年	1980 年	2013 年
巴西	第一产业	22.1	11.1	8.3
	其中：农业	21.5	10.1	5.5
	第二产业	48.8	39.9	24.5
	其中：制造业	35.4	31.3	15.4
	第三产业	28.9	49.0	67.2
	合计	99.8	100.0	100.0
墨西哥	第一产业	19.2	10.5	10.2
	其中：农业	15.3	8.0	3.2
	第二产业	24.3	26.5	27.0
	其中：制造业	19.0	19.3	17.3
	第三产业	56.5	63.0	62.8
	合计	100.0	100.0	100.0

注：表中数据经过四舍五入处理。

资料来源：根据 CEPAL 统计数据计算。

第三产业成为支撑拉美地区经济增长的主要经济部门。1960—1980 年第三产业对经济增长的贡献率为 45.7%（见表 10-3），远低于第二产业（53.9%）。1981—2010 年第三产业对拉美地区 GDP 增长的贡献率高达 75.4%，第二产业为 24.1%，第一产业仅为 0.5%。

消费成为拉动经济增长的主要因素。一般情况下，城市的家庭消费水平要高于农村地区，因此，随着城市人口的增加，家庭消费增加。1960—1980年消费对经济增长的贡献率为77.8%（见表10-3），1981—2010年为85.0%；同期，投资对经济增长的贡献率分别为27.4%和24.8%，净出口则分别为-3.3%和-10.1%。

表10-3　　　　1960—2010年三次产业和消费、投资、净出口对

拉美地区GDP增长的贡献率　　　　　单位:%

	1960—1980年	1981—2010年
三次产业对GDP增长的贡献率		
第一产业	0.4	0.5
第二产业	53.9	24.1
其中：制造业	38.2	6.1
第三产业	45.7	75.4
消费、投资、净出口对GDP增长的贡献率		
消费	77.8	85.0
投资	27.4	24.8
净出口	-3.3	-10.1

资料来源：（1）1960—1980年、1981—2003年数据根据拉美经委会数据库中的有关数据计算（http://estadisticas.cepal.org，2013年12月）。

（2）2004—2010年数据根据拉美经委会2012年度统计年鉴中的有关数据计算。CEPAL, *Anuario Estadístico de América Latina y el Caribe* 2012, Sandiago de Chile, 2012.

2. 经济部门"四元化"

随着经济活动向城市的集中，往往会出现"城乡二元化"现象，拉美地区却存在着"四元化"现象，即农村经济部门、外资经济部门、城市非正规经济部门和城市正规经济部门。本章简要介绍前三个经济部门。

农业、矿业等生产活动主要集中在农村地区，是农村经济部门的主要构成部分。1960—1965年农业和矿业占拉美地区GDP的平均比重约为22%，2009—2013年这一比重降至11%。①

农业、食品加工、矿业、能源、加工制造、零售、电信、金融、贸易

———————

① 根据拉美经委会统计数据计算。

等是外资较为集中的行业，位列拉美地区 500 强的外资企业近 300 家，其销售收入占拉美地区 GDP 的 1/4 左右。

非正规经济活动主要集中在城市地区，因此，称之为"城市非正规经济部门"。城市非正规经济部门占拉美地区 GDP 的 1/3 左右，巴西的这一比重为 40% 左右，墨西哥为 20% 左右。不登记注册、不签订劳动合同、不照章纳税是非正规经济活动的三个明显特征，具备其中任何两个，就属于非正规经济。

（二）社会转型

巴西、墨西哥等大部分拉美国家已经完成了由农村社会向城市社会的转型，"社缘关系"、"职缘关系"取代血缘关系和地缘关系成为社会关系的主体。从社会关系和社会角色的角度看，社会成员分化为非正规阶层、正规阶层和精英阶层。

1. 社缘关系和职缘关系成为规范和调适社会秩序的主体

在城市化率达到 50% 以前，根植于传统农村社会的血缘关系和地缘关系是社会关系的主体，庇护制是规范社会秩序的主要方式。随着农村人口进入城市和城市化水平的提高，血缘关系和地缘关系相对淡化，以城市社区为基础的社缘关系和以劳动分工、职业划分、共同利益等为基础的职缘关系逐渐成为社会关系的主体，社会秩序虽然主要通过法律、法规、制度进行规范和调适，但庇护制仍得以延续和运用。

社缘关系和职缘关系是社会角色定位和认同的主要参照系，如非正规就业人员主要集中在非正规社区，正规就业人员居住在正规社区，高收入阶层居住在富人区，等等。拉美国家不限制社会流动，也禁止歧视，但社缘关系和职缘关系却在较大程度上阻碍着社会流动，甚至使拉美国家明显带有身份社会的特征，例如拉美地区不少贫民窟已存续了几十年甚至上百年，其中有些家庭已经达到中等甚至中上收入水平，但仍继续居住在贫民窟里。

拉美地区的社会分裂现象较为突出，社缘关系的横向割裂和职缘关系的纵向割裂是其重要原因。城市社区人口数量多，社区成员异质化程度高，社会结构复杂，价值观念多元化，社缘关系较为复杂。拉美地区普遍实行社区自治，社区严重分化，非正规社区与正规社区之间界限分明，穷人区与富人区相互排斥。工作单位、工会、行业协会、非政府组织、政党等是职缘关系网的重要结点，利益集团化是职缘关系纵向割裂社会的主要机制，而利益集团主要集中在城市正规经济部门和外资经济部门。

2. 三大社会阶层和金字塔形社会结构成为拉美地区典型的社会特征

非正规阶层主要在非正规经济部门就业，居住在非正规社区。正规阶层主要集中在正规经济部门，居住在正规社区。精英阶层主要包括正规经济部门中的中高级公共雇员、大型企业的所有者和中高层管理人员以及外资经济部门中的高层雇员等，属于政治精英、商业精英、技术精英。从拉美地区劳动力人口的就业结构来看，非正规阶层所占的比重为 60% 左右，正规阶层为 30% 左右，精英阶层为 10% 左右。

拉美地区的社会结构是正金字塔形结构。处在底层的是非正规阶层，人数多且主要居住在贫民窟中，收入水平较低；中间是正规阶层，收入水平较高且较为稳定；顶端是精英阶层，控制着大部分经济、政治资源，大多属于高收入阶层。

拉美地区的收入分配呈倒金字塔形结构。在巴西、墨西哥等主要拉美国家，按照家庭收入水平由低到高进行十等分，第 1—6 个 10% 的家庭基本属于非正规阶层（约占家庭总数的 60%），其家庭收入占国民可支配收入的 25% 左右；第 7—9 个 10% 的家庭（约占家庭总数的 30%），其家庭收入约占国民可支配收入的 36%；第 10 个 10% 的家庭基本属于精英阶层（约占家庭总数的 10%），其家庭收入约占国民可支配收入的 39%。[①]

（三）政治转型

20 世纪 60 年代以来，拉美国家完成了由民众主义政治和威权主义政治向民主政治的转型，政治环境、政党制度、执政基础发生了重大变化。

1. 城市化推动了民众主义的兴起和发展

拉美地区的民众主义思潮和运动于 20 世纪初率先在阿根廷、智利等城市化水平较高的国家兴起，阿根廷的伊波利托·伊里戈延总统（1916—1922 年）、智利的阿图罗·亚历山德里总统（1920—1925 年）等是民众主义的重要先驱。

1929—1933 年的世界经济大危机中断了始于 19 世纪 70 年代的初级产品出口繁荣，引发了社会危机，资产阶级领导的民众主义政党和运动推翻寡头政权，登上政治舞台，拉美地区进入了 20 世纪 30—80 年代的民众

---

① SEDLAC (Socio – Economic Database for Latin America and the Caribbean), http: // sedlac. econo. unlp. edu. ar/eng/statistics. php; CEPAL, *Anuario Estadístico de América Latina y el Caribe* 2012, Santiago de Chile, 2012. 根据有关数据计算。

主义政治时代，墨西哥的卡德纳斯总统（1934—1940 年）、巴西的瓦加斯总统（1930—1945 年、1951—1954 年）、阿根廷的庇隆总统（1946—1955年、1973—1974 年）等是典型人物。

民众主义政权上台伊始，私人资本和外国资本是主要经济基础，因此，需要发展国家资本，在私人资本、外国资本和国家资本三大利益集团之间寻求平衡。在各种社会力量中，城市产业工人较为集中，组织程度较高，便于横向联合，易于纵向控制，是民众主义政党和领导人首选的支持力量。

20 世纪 60—80 年代，随着工业化和城市化进程的加速推进，社会结构不断变化，巴西、墨西哥等拉美国家的民众主义政治选择了不同的演进路径和模式。

巴西选择了军政府威权主义模式。随着城市化水平迅速提高，巴西的三大社会阶层格局逐渐形成。城市非正规部门急剧膨胀，非正规阶层数量迅速增多，他们为不能进入正规部门而愤懑不已。以工会为主要代表的正规阶层利益集团不断要求提高工资水平，改善福利。私人资本、外国资本两大利益集团对国家资本不断膨胀而带来的挤出效应不满，对工资水平高涨损害其收益更是不满。20 世纪 60 年代巴西的进口替代工业化出现困难，经济形势恶化，社会动荡加剧。文人民众主义政府无力掌控经济、社会和政治局面，军人政治精英取而代之，以"保护国家安全"为名义，实行威权主义专制，采用暴力手段压制开始兴起的公民社会思潮，严厉打击激进党派的政治活动，等等。

墨西哥延续了集权模式，墨西哥革命制度党于 1930—2000 年连续执政 71 年。该党成立于 1929 年，创立之初就设立了三个部：农民部、工会部、军人部（1946 年撤销），1938 年增设公共雇员部（人民部）。农民和工人是该党执政的重要支持力量，为了加强对农民和工人的动员和控制，将墨西哥劳工联合会、全国农民联合会并入该党，使其成为党的附属机构。尤其是全国农民联合会，村社社员是该会的当然会员，革命制度党通过分配土地、农业补贴、统购统销等措施对其进行控制。为了加强集权，革命制度党规定党内不同部门相互平行，各自垂直地与党和政府联系，禁止不同部门之间建立联盟，尤其是工人与农民之间的联盟。

2. 民主化改变了政党制度和执政基础

20 世纪 80 年代兴起的民主化浪潮使拉美国家完成了政治转型，民主政治取代了此前的民众主义政治和威权主义政治。通过民主选举上台执政的各国政党信奉自由市场，大力推行新自由主义改革，忽视贫困、收入分配、社会保障等社会问题。

进入 21 世纪以来，委内瑞拉、智利、巴西、阿根廷、乌拉圭、玻利维亚、厄瓜多尔、尼加拉瓜等国家的左翼政党先后赢得总统大选，纷纷上台执政。墨西哥革命制度党在 2000 年的总统大选中失败，2012 年东山再起，重新赢得大选和上台执政。这些左翼和中左翼政党主张政府要弥补"市场失灵"，要谋求社会公正和经济发展。与此同时，那些一直由右翼政党执政的政府，也普遍实施社会政策，重视政府的社会发展职责。

拉美地区的政治环境发生了变化。20 世纪 80—90 年代以调整政党管理制度为主，涉及政党登记、政党组织、党费管理、媒体使用、竞选活动等方面，例如要求政党按民主程序选举领导人，禁止政党使用暴力；要求公民以自然人身份加入政党，工会、社会运动组织等不能以集体身份加入政党；禁止政党接受境外捐助和匿名捐助；竞选法庭负责政党登记，同时负责审计党费的来源和使用情况；允许参加总统大选的政党免费使用公共媒体；等等。

进入 21 世纪以来，政党制度发生了剧烈变革，拉美国家要么修订宪法、政党法，要么用新的政党法取代旧的政党法，还有的国家增补了政党管理法，等等。在政党登记方面，厄瓜多尔、委内瑞拉、玻利维亚等允许政治组织和社会运动组织以政党身份登记，允许这些组织的候选人参加总统竞选；哥伦比亚、阿根廷等要求政治组织、社会运动组织进行政党登记。关于政党领导人的选举，巴拿马、秘鲁、厄瓜多尔等要求党内民主选举；委内瑞拉、洪都拉斯、墨西哥、玻利维亚、哥伦比亚等允许政党自行决定其领导人的产生。在党费方面，要求提高政党经费的透明度，规定党费的来源以及私人捐助的上限，等等。

政党的社会基础和动员机制发生了变化。随着政党制度的调整，工会、社会运动组织等必须独立开展活动，不得依附于政党，这意味着传统政党以职缘关系、庇护传统为主要纽带的纵向社会基础和组织动员机制失去了运作环境，代之而起的是以社区组织和社缘关系为主要纽带的横向社会基础和组织动员机制，涌现出了一批"平民总统"，如巴西总统卢拉、厄瓜多尔总统科雷亚、玻利维亚总统莫拉莱斯，等等。

为了扩大社会基础，提高政党的代表性，拉美各国执政党普遍采取了"政府社会化"执政理念，一是强调政府的社会管理和社会发展职能，主张不断增加政府的社会开支；二是"政府公民化"，在国家与社会之间，政府的位置偏向社会，作为公民社会的一员，与公民共同管理国家。

三　城市化对拉美国家发展转型的影响

世界银行的《2009 年世界发展报告》①认为，只有当一个国家的城市化率达到 60% 以上时，这个国家才有可能进入高收入国家行列。20 世纪 70 年代中期前后，巴西、墨西哥等主要拉美国家的城市化率达到了 60%；同时，这些国家也发展成为中高收入国家。经过 40 多年的发展，虽然主要拉美国家的城市化率达到了 80%，甚至超过了 90%，除智利、乌拉圭等个别国家外，大部分拉美国家仍滞留在中高收入国家行列，这种现象被称作"中等收入陷阱"。

在城市化进程中，拉美国家的发展陷入了"一二三四五"框架的桎梏中，即"一对矛盾"（国家与社会的对立）、"两大社会关系"（社缘关系和职缘关系）、"三大社会阶层"（精英阶层、正规阶层和非正规阶层）、"四个经济部门"（农村经济部门、外资经济部门、城市正规经济部门和城市非正规经济部门）、"五化"（经济国际化、利益集团化、社会分层化、政治精英化和政府社会化）。"一对矛盾"是整体，"两大社会关系"、"三大社会阶层"、"四个经济部门"是社会、经济结构，"五化"是表现形式。从理论上讲，"一对矛盾"是指社会与国家的对立，但在现实中却往往表现为社会与政府的对立，这是由拉美地区城市化进程中所形成的经济、社会、政治结构决定的。从半个多世纪的发展历程来看，这个框架就像是沉重的枷锁，约束着、拖累着拉美国家的全面发展，是拉美国家"转型快，发展慢"的根本原因。

（一）"公民社会"陷入困境

公民社会理论认为，个人的私人利益与国家的普遍利益之间存在着矛盾。在对待这对矛盾的态度上，有两种理论在拉美地区普遍存在且影响较大。一是天赋人权论，强调公民权利的绝对性。二是社会契约论，强调公

---

① World Bank, *World Development Report* 2009: *Reshaping Economic Geography*, the World Bank, 2009, Washington D. C.

民权利的相对性。

马克思指出，市民社会的私有制是资本主义生产关系和资本主义国家的基础。对于拉美地区的非正规阶层而言，其主要私有财产（住房、工作等）是非正规的、没有保障，获得充分保障是这个阶层融入民主社会的前提，因此，他们强调公民权利的绝对性。正规阶层和精英阶层拥有绝大部分资产，这是实现其政治权力的基础，为了保障私有财产不受非正规阶层的威胁或侵害，就强调公民权利的相对性。

拉美地区60%左右的经济活动人口属于非正规阶层，而这部分人是投票的主体，因此，非正规阶层是拉美地区的民主"票仓"。精英阶层和正规阶层不仅掌握着绝大部分生产资料和公共资源，而且是发展成果的主要受益者。在这种局面下，社会分层、社会分裂、经济部门"四元化"等诸多因素使拉美国家政党林立，政治碎片化程度较高，民主制度的基础较为脆弱。

（二）大部分拉美国家陷入"中等收入陷阱"

尽管学术界对"中等收入陷阱"的争议和分歧较大，但作为一种经济增长现象，在拉美地区是客观存在的。大部分拉美国家之所以陷入"中等收入陷阱"，与其20世纪80年代以来的经济增长缓慢有关。1960—2015年拉美地区的经济增长进程可以分为两个阶段：1960—1980年为高增长阶段，年均国内生产总值（GDP）增长率为5.8%；1981—2015年为低增长阶段，年均GDP增长率仅为2.0%。前一个阶段为内向型进口替代工业化时期，后一个阶段为外向型市场化发展时期。

工业化进程停滞、家庭消费受到抑制是20世纪80年代以来拉美地区经济增长缓慢的两大内因。

1. 工业化进程停滞

1960—1980年是拉美地区快速推进工业化的时期，在此期间，工业（第二产业）对GDP增长的贡献率为53.9%，其中制造业为38.2%（见表10-3）。制造业的快速发展有力地带动了经济增长和城市化进程。

20世纪80年代以来，工业（尤其是制造业）失去了经济增长引擎功能。1981—2010年工业对拉美地区GDP增长的贡献率为24.1%，其中制造业仅为6.1%。

工业部门的产业升级相对缓慢。巴西、墨西哥等拉美国家在20世纪60年代进入重化工业阶段，如1960—1980年钢铁产量由2621万吨增至13765

万吨，汽油产量由 1624 万吨增至 4586 万吨，等等。① 80 年代的债务危机和新自由主义改革中断了工业化进程，大部分拉美国家放弃了发展工业的产业政策。2008 年巴西、墨西哥两国劳动密集型产业在各自制造业总产值中所占的比重均在 30% 以上，而技术密集型产业所占的比重不足 1/4。②

2. 家庭消费受到抑制

自 20 世纪 60 年代以来，消费一直是拉动拉美地区经济增长的头号"马车"，其对经济增长的贡献率 1960—1980 年为 77.8%、1981—2010 年为 85.0%（见表 10-3）。

消费分政府消费和家庭消费两种，其中以家庭消费为主。1980—2010 年，102 个经济体的城市化率每提高 1%，人均家庭消费支出增长 12%；同期，拉美地区的城市化率每提高 1%，人均家庭消费仅增长 2%。③ 这种情况表明，拉美地区的家庭消费受到了抑制。

"劳动难致富，工资不够花"是抑制拉美地区家庭消费增长的根本因素。"劳动难致富"是指劳动收入占 GDP 的比重偏低。劳动收入占 GDP 的比重越高，意味着劳动收入越多，家庭消费能力越强。1990—2010 年巴西的这一比重在 37%—45%；墨西哥的这一比重则由 1980 年的 36% 降至 2010 年的 28%。④ 在许多拉美国家，工资收入不足以支撑"衣、食、住、行"四项基本消费，即"工资不够花"。2000—2009 年，巴西的工资收入占家庭收入的 49%，四项基本消费占家庭消费支出的 68%。1993—2011 年，墨西哥的工资收入占家庭收入的 37%，四项基本消费占家庭消费支出的 53%。⑤

（三）农村经济部门针对农村人口的"四大排斥"

对于农村人口，尤其是对于农村劳动力而言，拉美地区的农村经济部门主要有"四大排斥"。

---

① 1960 年数据，CEPAL, *Anuario Estadístico de América Latina* 1980；1980 年数据，CEPAL, *Anuario Estadístico de América Latina* 1985。1960 年汽油产量为 2165 万立方米，1980 年为 6115 万立方米，按 0.75 吨/立方米折算。

② 根据联合国工业发展组织统计数据计算（United Nations Industrial Development Organization, INDSTAT, http://data.un.org, 2013 年 9 月）。

③ 根据世界银行统计数据计算。World Bank Databank, http://databank.worldbank.org（2013 年 12 月）。

④ United Nations Statistics Division: *National Accounts Official Country Data*, http://data.un.org/Explorer.aspx（2013 年 12 月）。根据有关数据计算。

⑤ 根据拉美经委会数据库有关数据计算，http://estadisticas.cepal.org（2013 年 12 月）。

1. 土地排斥

拉美地区的土地分配严重不公。墨西哥虽然于 1917—1992 年向农民分配了 1 亿多公顷土地，但是土地分配的速度赶不上农村人口的增长速度，当墨西哥政府于 1992 年停止分配土地时，农村地区仍有近 500 万人没有土地。根据巴西最近一次农业普查数据（2006 年），拥有 10 公顷以下土地的小农户约占农户总数的 50%，仅拥有全国 2% 的土地；拥有 100 公顷以上土地的大型农户占农户总数的 10%，却拥有全国 78% 的土地；同时，农村地区还存在着规模庞大的无地农民。[①] 在农村经济部门无法就业的无地农民，只能离开农村地区，到城市或去国外"打工"。

2. 政策排斥

半个多世纪以来，拉美国家一直较为重视农业发展，如墨西哥于 20 世纪 60 年代率先发起了"绿色革命"，墨西哥、秘鲁、智利、厄瓜多尔、巴西等国家进行过程度不同、规模不等的土地分配，制定和实施了一系列支持农业发展的财政、金融、贸易等政策。20 世纪 60 年代以来，大多数支农、惠农政策与耕种面积或产量挂钩，因此，商品化、外向化程度较高的大中型农户是主要受益者，自给型小农户受益有限，而无地农民则基本没有受益。

3. 技术排斥

农村地区部分无地和少地劳动力在农村经济部门寻找就业机会，农业机械对这部分农业劳动力有较强的替代和排斥作用，如 1980—2003 年拉美地区的农用拖拉机保有量由 122 万台增至 209 万台，增长幅度为 71%；农业人口由 1.25 亿人减少至 1 亿人，减少了 2500 万人左右，减少幅度为 18%；这意味着拖拉机保有量每增加 1%，农业人口就减少 0.25%。[②] 农业机械化提高了农村经济部门的生产力，同时也替代了大量农业劳动力，将其从农村经济部门排斥出来。

4. 市场排斥

拉美地区有 1850 多万户农户，其中 60% 左右是小农户（少于 10 公

---

① Marcelo Sili, Luciana Soumoulou, "The Issue of Land in Argentina: Conflicts and Dynamics of Use, Holdings and Concentration", International Fund for Agricultural Development (IFAD), Rome, Italy, 2011.

② 根据联合国粮农组织统计数据计算，http://faostat3.fao.org（2014 年 1 月）。

顷土地)。① 商品化、外向化程度较高的大中型农户能够适应市场竞争；小农户则在投资、贷款以及产品销售等方面处于弱势地位，很难参与市场竞争，农业生产收入不能满足这部分农户的家庭消费，不少小农户选择离开农村经济部门。

（四）就业、住房、社会保障是社会转型的三个支点

20 世纪五六十年代，巴西、墨西哥等拉美国家认为，城市不仅代表着现代化，而且还是农村地区的"减压阀"。当时，大部分人口居住在农村，大部分劳动力从事农业生产。在土地私有制占主导地位且土地分配严重不公的情况下，随着农村人口增加，人地矛盾日益尖锐，社会矛盾加剧，因此，不少拉美国家认为，农村人口进城能够缓解甚至解决农村地区的土地问题和社会问题。

农村人口流入城市的速度和规模超出了拉美国家政府部门的预期，城市正规经济部门创造的就业机会远远满足不了就业需求，非正规就业迅猛增加；正规住房的供应量有限，非正规住房（如贫民窟等）问题加重；社会保障主要局限于城市正规经济部门，城市非正规经济部门和农村经济部门被排除在保障体系之外。20 世纪 80 年代以来，各国政府不断调整社会政策，虽然取得了一些成效，但顽疾难除。2010—2012 年拉美地区 58% 左右的城市就业为非正规就业，② 40% 左右的家庭居住在非正规住房中，③ 45% 的成年人没有养老保险，④ 等等。

1. 创造就业成为政府的社会责任

20 世纪 30—70 年代是拉美国家全面实施、完善和强化劳工制度的时期，以宪法和法律的形式确立了劳动合同制度、集体谈判制度、解雇制

---

① Octavio Sotomayor, Adrián Rodríguez, Mônica Rodrigues, *Competitividad, sostenibilidad e inclusión social en la agricultura: Nuevas direcciones en el diseño de políticas en América Latina y el Caribe*, CEPAL, Santiago de Chile, diciembre de 2011, p. 47. 根据有关数据计算。

② CEPAL, *Panorama Social de América Latina* 2013, Santiago de Chile, 2011. 根据 Table A – 7、Table A – 8 的有关数据计算。

③ BID, "América Latina y el Caribe encaran creciente déficit de vivienda", Estudio del BID, IADB, 14/05/2012, Santiago de Chile. 非正规住房占住房总量的比重，巴西为 33%，墨西哥为 34%，阿根廷为 32%，哥伦比亚为 37%，委内瑞拉为 29%，智利为 23%，秘鲁为 72%，厄瓜多尔为 50%，玻利维亚为 75%，尼加拉瓜为 78%，危地马拉为 67%，洪都拉斯为 57%，萨尔瓦多为 58%，哥斯达黎加为 18%，多米尼加共和国为 41%，巴拿马为 39%，乌拉圭为 26%。

④ CEPAL, *Panorama Social de América Latina* 2013, Santiago de Chile, 2011. 根据 Cuadro IV. 1 的有关数据计算。

度、工资制度、社会保障制度、福利制度等。

70 年代以前，大部分城市就业属于正规就业。70 年代以后，随着工业化进程推进到重化工业阶段，资本密集型产业创造就业的能力远不如劳动密集型产业，而农村人口继续大量涌入城市，致使新增加的城市劳动力不得不在非正规经济部门寻求就业机会。

八九十年代有四个因素促使非正规就业急剧膨胀。一是国企改革，裁减了大量国企员工。二是政府机构改革，裁减了许多公共雇员。三是劳动市场改革，允许签订临时劳动合同，放宽了解雇条件，城市正规经济部门和外资经济部门为了降低劳动力成本，也采用非正规雇佣措施。四是农村人口继续涌入城市。四个因素叠加在一起，使 90 年代中期的非正规就业比重一度高达 2/3 以上。

随着经济部门"四元化"格局的形成，正规就业主要集中在城市正规经济部门和外资经济部门，这两个部门一般要求就业者有较高的学历或是熟练劳动力。非熟练劳动力是非正规就业的主体，主要集中在小型企业、服务业、出口加工型企业等。非正规就业的突出特点是"一非三低"，即非熟练劳动力、低生产力水平、低教育水平和低收入水平。

2. 要求非正规住房"正规化"

住房的供需矛盾极为尖锐，公共住房、商品房远远满足不了快速增长的住房需求，一些贫困家庭和低收入家庭只好自建住房。大部分自建住房为"三无一缺"的非正规住房，即无产权、无规划、无保障、缺基础设施。这类住房是通过侵占公共土地、集体土地和私人土地而私搭乱建的，政府对这些被侵占的土地事先没有私人住房建设规划，里面的居民大多数在非正规经济部门就业，没有社会保障，水、电、道路、通信等基础设施严重缺乏。在非正规住房大规模出现之初，巴西、墨西哥等国家曾经采取措施，试图消除此类住房，但没有取得成效，非正规住房的数量和规模急剧扩大。1964—1986 年巴西 3/4 的新建住房是非正规住房；1980—2003 年墨西哥全国一半以上的新建住房是非正规住房，2/3 的城市新增人口居住在非正规住房中。[①] 1950—1985 年墨西哥城的人口由 300 万人增至 1800 万人，城区面积由 117.5 平方公里扩大至 12500 平方公里，60% 的新增面

---

① Brendan McBride, Matthew French (Principal Authors), *Affordable Land and Housing in Latin America and the Caribbean*, UN – HABITAT, Nairobi, 2011.

积是由非正规住房区的扩展而引起的。①

非正规住房"正规化"成为一个社会共识。在这个共识的影响下，拉美地区形成了众多的非正规社区组织，通过单个社区的集体行动或多个社区的联合行动，要求政府部门认可自身的正规性，改善基础设施和居住条件，创造就业，提供相应的社会保障，等等。拉美各国政府由过去的不认可、不承认逐渐转变为局部认可和局部承认，并对部分非正规社区进行改造。以贫民窟为代表的非正规住房，不仅是拉美地区的"城市之癖"，而且是复杂的经济、社会、政治问题。

3. 建设保障型社会

20 世纪 80 年代以前，社会保障的突出特点是碎片化，如墨西哥的养老保险基金曾经多达 100 多个，分别针对不同行业、不同地区的正规就业人员，而非正规就业人员和农村人口没有纳入社会保障体系。

80 年代以来，拉美地区的社会保障体制经历了两轮改革。第一轮改革是八九十年代的结构性改革，主要措施有：弱化政府的社会保障责任，削减政府的社会支出；强调个人的社会保障责任；推行养老金私有化；实施"分权体制"，将教育、医疗等领域的职责下放给地方政府；等等。在此轮改革中，游说能力较强的利益集团和群体获益较多。在改革过程中，政府的社会支出减少，新的社会保障政策覆盖面变窄且缺乏公正，经济危机不断，经济增长缓慢，失业和非正规就业急剧增加，致使贫困人口有较大幅度增加，收入分配差距有所扩大，大规模社会冲突事件频繁发生，引起了人们对新自由主义改革的强烈不满。

第二轮改革是进入 21 世纪以来的体制性改革，被称作"改革的再改革"，以立法的方式确认公民在教育、医疗、养老、消除贫困等领域享有普遍性权利，要求政府增加社会保障投入，提高保障能力和效率，等等。

有条件现金转移支付是非缴费型社会保障项目的一个典型，在拉美地区得到广泛推广，如厄瓜多尔、乌拉圭、巴西、墨西哥、哥伦比亚、智利、阿根廷等国家实现了对赤贫人口的全覆盖。巴西政府的"家庭补助金计划"于 2006 年开始实施，截至 2012 年 7 月有 200 万个家庭因该计划摆脱贫困。2000—2012 年 21 个拉美国家有条件现金转移支付的覆盖率

---

① Aguilar AG, Olvera G, "El control de la expansion urbana en la ciudad de Mexico: Conjeturas de un falso planteamiento", Estudios Demográficos y Urbanos, 1991, Jan – Apr.

（受益人占总人口的比重）由5.7%提高至20.3%。[①]

（五）社会凝聚与社会治理成本较高

进入21世纪以来，拉美国家在社会凝聚和社会治理方面进行了大量努力，取得了一些成效，如2002—2014年拉美地区的贫困化率由43.9%降至28%，赤贫率由19.3%降至12%。[②]

在取得成效的同时，拉美各国政府也付出了较大的代价。1991—2013年社会开支占GDP的比重由13.8%提高至19.1%，占财政支出的比重由51.8%提高至65.4%（见表10-4）。

表10-4　　　　1991年、2001年、2013年拉美地区社会开支概况　　　　单位:%

项目 ＼ 年份	1991	2001	2013
社会开支占 GDP 的比重	13.8	15.0	19.1
社会开支占财政支出的比重	51.8	59.4	65.4

资料来源：CEPAL, *Social Panorama of Latin America*, 2014, Santiago, Chile, 2014.

2000—2011年巴西政府的社会支出占GDP的比重由21%提高至27%，[③] 但社会保障缴费收入仅由7%提高至9%，因此，绝大部分社会支出由财政收入承担。税收收入是财政收入的主要来源，巴西政府的税收收入占GDP的比重由23%提高至26%，财政总收入所占的比重由33%升至38%，属拉美地区的较高水平。大部分税负落在城市正规经济部门和外资经济部门身上，而正规阶层和精英阶层主要集中在这两个经济部门，因此，加剧了正规阶层、精英阶层与巴西政府之间的对立和矛盾。

中央（联邦）政府以分责、分权、分钱的方式，将社会管理职权下放给地方政府，尤其是在教育、医疗、养老等领域。这三个领域基本上是

[①] 根据拉美经委会数据计算，http://dds.cepal.org/bdptc（2013年12月）。21个国家是：阿根廷、伯利兹、玻利维亚、巴西、智利、哥伦比亚、哥斯达黎加、厄瓜多尔、萨尔瓦多、委内瑞拉、危地马拉、海地、洪都拉斯、牙买加、墨西哥、尼加拉瓜、巴拿马、秘鲁、多米尼加共和国、特立尼达和多巴哥、乌拉圭。

[②] CEPAL, *Social Panorama of Latin America*, 2014, Santiago, Chile, 2014.

[③] Claudia Robles, Vlado Mirosevic, "Social Protection Systems in Latin Americaand the Caribbean：Brazil", CEPAL, Santiago, Chile, 2013.

"上面拨款，下面做事"，1997—2010 年玻利维亚、巴西、智利、哥伦比亚、哥斯达黎加、厄瓜多尔、墨西哥等国家地方政府的财政收入占 GDP 的比重由 7% 升至 9%，其中教育、医疗、养老等方面的财政转移支付所占的比重由 3% 升至 5%，这意味着地方政府增加的财政收入几乎全部来自社会保障领域的财政转移支付。①

虽然各国秉承"政府社会化"理念，采取了加大社会开支的政策，但在社会凝聚和社会治理方面的成效没有达到预期效果，2013 年的民意调查表明，拉美地区有 80% 左右的人认为收入分配不公，只有 4% 的人认为非常公正；58% 的人不信任政党，52% 的人不信任总统，58% 的人不信任政府。②

四　经验、教训与启示

尽管拉美国家"转型快，发展慢"，但还是在发展，国家、政府、社会的法治化程度在不断提高和完善，人均资源拥有量、经济和社会发展水平仍居发展中国家（地区）前列，发展潜力很大，发展前景看好。

拉美国家作为较早独立，较早启动工业化、现代化、城市化进程的发展中国家（地区），为我国等其他发展中国家（地区）积累了一定的经验与丰富的教训，他国能够从中得到借鉴和启示。

（一）应充分重视城镇在城市化进程中的地位和作用

拉美各国关于城市的定义不尽相同，大部分拉美国家按人口数量定义城市，如秘鲁将 100 人以上的聚居点定义为城市，阿根廷为 2000 人以上，墨西哥为 2500 人以上。巴西将省（州）、市（区）政府所在地界定为城市。拉美经委会认为按人口规模定义城市较为中性和合理，主张将 2 万人以上的聚居点定义为城市。将 2000 人以下的聚居点定义为农村，2000—20000 人的定义为城镇，20000 人以上的定义为城市。如表 10-5 所示，2000 年巴西、墨西哥两国 2 万人以上城市人口占总人口的比重均在 60%

① CEPAL, "Fiscal Panorama of Latin America and the Caribbean: Tax Reform and Renewal of the Fiscal Covenant", Santiago, Chile, 2013.

② The Latin American Public Opinion Project of the Vanderbilt University (LAPOP), http://lapop.ccp.ucr.ac.cr/cgi-bin/LapopDummiesFile.pl (2013 年 10 月).

以上，但自 1950 年以来，城镇在两国城市化进程中的地位一直较低，人口主要向 2 万人以上城市，尤其是大中城市集中。

表 10－5   1950—2000 年墨西哥、巴西的城市、城镇和农村人口比重   单位:%

项目	年份	1950	1960	1970	1980	1990	2000
墨西哥	农村	55.4	46.8	38.1	30.2	25.6	22.4
	城镇	15.4	16.2	16.2	17.1	17.3	17.1
	城市	29.2	37.0	45.7	52.7	57.1	60.5
巴西	农村	69.9	61.9	48.9	35.1	26.9	20.6
	城镇	8.1	9.1	10.4	12.6	14.2	14.8
	城市	22.0	29.0	40.7	52.3	58.9	64.6

注: 农村为 2000 人以下聚居点，城镇为 2000—20000 人聚居点，城市为 2 万人以上聚居点。

资料来源: CEPAL, *América Latina y el Caribe*: *Urbanización en Perspectiva*, Observatorio Demográfico No. 8, Octubre 2009, Santiago, Chile. 根据有关数据计算。

新型城镇化是我国的既定国策，可以借鉴拉美国家按照人口数量定义城市的做法，结合我国国情，划分城市、城镇和农村，例如将 5000 人以下的聚居点定义为农村，5000—20000 人的定义为城镇，2 万人以上的定义为城市。基于这一划分，改革户籍制度，有助于人口的有序流动；便于通盘考虑城乡发展规划和推进城乡基础设施一体化建设，有利于实现城乡基本公共服务均等化，等等。

（二）应全面考虑土地的三项基本功能

在城市化进程中，拉美地区出现了农业"二元化"、农村"边缘化"、农民"贫困化"等现象。按照商品化程度，农业二元化表现为商品农业和自给农业；按照产品的主要市场，可分为外向型农业和内需型农业；按照生产技术状况，可分为现代农业和传统农业。大中型农户的商品化、外向化、现代化程度较高。小型农户则以自给农业为主，较多采用传统方法。农村边缘化主要表现为农村地区基础设施落后，贫困率和赤贫率较高，经济、社会发展指标明显低于城市。

在城市化进程中，土地具有三项基本功能，即生产要素功能、社会保障功能和社会稳定功能。大中型农户主要重视土地的生产要素功能，而小农户则同时重视三项基本功能。小农户用手中少量的土地养家糊口，到城市打工增加家庭收入，这是普遍现象。尽管这部分流动人口大多在城市非正规经济部门工作，但有土地这一基本生存保障，一般情况下不会因为形势的变化而表现出过激行为。

拉美国家普遍重视土地的生产要素功能，忽视了后两项基本功能。同时，农村地区的无地农民群体较为庞大，其中大部分是贫困人口，这部分农村人口受到土地私有制和农业机械化的排斥而流入城市，由农村贫困人口转变为城市贫困人口，且主要集中在非正规部门，是非正规阶层的主要来源和重要组成部分，也是社会问题的一个重要根源。

我国是人口大国，在今后相当长的时期内，即使城市化率达到较高水平（如80%），农村地区仍有2亿多人口。由于耕地资源有限，农村人口的人均耕地面积较小，因此，无论是对流入城市的农村人口，还是滞留在农村地区的人口，土地的三项基本功能均不可偏废。

（三）警惕发展中的"后工业化社会"陷阱

自20世纪80年代以来，在长达30多年的时间里，工业制造业这个曾经引领拉美经济快速增长的引擎"熄火"了，致使巴西、墨西哥、阿根廷等主要拉美国家长期陷在发展中的"后工业化社会"陷阱里。一方面，工业（尤其是制造业）对经济增长的贡献率较低，服务业成为支撑经济增长的主要经济部门，而服务业的非正规化程度却较高；另一方面，拉美地区的工业制造业被"卡"在中间位置，劳动力密集型产业竞争不过东亚地区，技术密集型产业竞争不过欧、美、日等发达国家和韩国等新兴工业化国家。

（四）警惕非正规住房问题

非正规住房与非正规阶层相互固化，产生了严重的横向社会分裂。

非正规住房是"市场不爱、政府不要"，在非正规社区里萌生了"草根民主"和朴素的公民社会意识。早在20世纪50年代，巴西等拉美国家就曾有计划地通过建造公共住房来消除非正规住房。后来，由于集中精力推行进口替代工业化，同时没能有效地抑制非正规住房的蔓延，有些国家采取了暴力手段清除非正规社区，引发了严重的社会冲突。自20世纪70年代起，拉美地区的许多城市非正规社区就开始有组织地向政府施加压力，有的单独行动，有的联合行动，或者选派代表与有关政府部门谈判，或者组织游行示威，其主要目的是非正规社区"正规化"，社区自治意识迅速滋长，与公民社会思潮相融合。

　　一开始，非正规住房主要是社会问题，但很快就演变成为政治问题。拉美地区进入政党政治阶段以来，左、中、右三派政党均被非正规阶层束缚住了手脚，其主要根源之一就在于非正规住房问题。

参考文献

1. Chen, Qin; Song, Zheng, "Accounting for China's Urbanization", *China Economic Review*, 2014 (Inpress).

2. Cornia, Giovanni Andrea, "Farm Size, Land Yields and the Agricultural Production Function: An Analysis for Fifteen Developing Countries", *World Development*, 13, No. 4, 1985, pp. 513 – 534.

3. Duranton, Gilles; Puga, Diego, "Chapter 48 Micro – foundations of Urban Agglomeration Economies", in Henderson, J. Vernon; Thisse, Jacques – François (eds.), *Handbook of Regional and Urban Economics*, Volume 4, Amsterdam, The Netherlands: Elsevier B. V., 2004, pp. 2063 – 2117.

4. Echevarria, Cristina, "A Three – Factor Agricultural Production Function: The Case of Canada", *International Economic Journal*, Vol. 12, No. 3, 1998. pp. 63 – 75.

5. Jacoby, Hanan G., "Shadow Wages and Peasant Family Labour Supply: An Econometric Application to the Peruvian Sierra", *The Review of Economic Studies*, Vol. 60, No. 4, 1993, pp. 903 – 921.

6. Lindbeck, Assar; Persson, Mats, "The Gains From Pension Reform", *Journal of Economic Literature*, Vol. 41, No. 1, 2003, pp. 74 – 112.

7. Lucas, Robert E. Jr, "Macroeconomic Priorities", *The American Economic Review*, Vol. 93, No. 1, 2003, pp. 1 – 14.

8. Turnovsky, Stephen J., "Optimal Tax, Debt, and Expenditure Policies in a Growing Economy", *Journal of Public Economics*, No. 60, 1996, pp. 21 – 44.

9. 蔡翼飞、魏后凯、吴利学：《中国城镇化成本的度量研究》，《发展研究》2014 年第 1 期。

10. 蔡翼飞：《以城镇基本公共服务均等化促进农业转移人口市民化》，

《城市观察》2014 年第 2 期。

11. 陈柳钦：《基于产业发展的城市化动力机理分析》，《重庆社会科学》
　　2005 年第 5 期。

12. 陈诗一、张军：《中国地方政府财政支出效率研究：1978—2005》，
　　《中国社会科学》2008 年第 4 期。

13. 程杰、高文书：《"十三五"时期养老保险制度与劳动力市场的适应
　　性》，《改革》2015 年第 8 期。

14. 方大春、杨义武：《城市公共品供给对城乡人口迁移的影响——基于
　　动态面板模型的实证分析》，《财经科学》2013 年第 8 期。

15. 方行：《清代前期的封建地租率》，《中国经济史研究》1992 年第
　　2 期。

16. 甘犁、刘国恩、马双：《基本医疗保险对促进家庭消费的影响》，《经
　　济研究》2010 年第 S1 期。

17. 高文书、高梅：《城镇灵活就业农民工社会保险问题研究》，《华中师
　　范大学学报》（人文社科版）2015 年第 3 期。

18. 高文书：《进城农民工市民化：现状、进展与改革建议》，《城市观
　　察》2014 年第 2 期。

19. 郭菲、张展新：《农民工新政下的流动人口社会保险：来自中国四大
　　城市的证据》，《人口研究》2013 年第 3 期。

20. 《国家新型城镇化规划（2014—2020 年)》，人民出版社 2014 年版。

21. 国务院发展研究中心课题组：《农民工市民化：制度创新与顶层政策
　　设计》，中国发展出版社 2011 年版。

22. 侯慧丽：《积分入户制在城市化进程中的风险分担——以深圳市为
　　例》，《新视野》2014 年第 6 期。

23. 湖北省银监局：《湖北省地方政府融资平台贷款分析报告（2013 年
　　度)》，2014 年 4 月。

24. ［美］霍利斯·钱纳里、莫尔塞斯·塞尔昆：《发展的格局：1950—
　　1970》，李小青等译，中国财政经济出版社 1989 年版。

25. 建行荆州分行：《建行荆州分行城镇化业务发展情况汇报》，2014 年
　　4 月。

26. 荆州市保险行业协会：《保险业应积极投身于我国新型城镇化建设之
　　中》，2014 年 4 月。

27. 荆州市政府金融办:《新型城镇化汇报材料》,2014 年 4 月。

28. [美] 拉尼斯:《增长和发展:演进观点》,洪银兴、郑江淮等译,商务印书馆 2004 年版。

29. 乐正:《深圳人口发展的基本问题》,《特区经济》2007 年第 1 期。

30. 李惠:《人口迁移的成本、效益模型及其应用》,《中国人口科学》1993 年第 5 期。

31. 李培林、李炜:《近年来农民工的经济状况和社会态度》,《中国社会科学》2010 年第 1 期。

32. 李永友:《我国财政支出结构演进及其效率》,《经济学》(季刊)2009 年第 10 期。

33. 刘传江、程建林:《第二代农民工市民化:现状分析与进程测度》,《人口研究》2008 年第 5 期。

34. 宁光杰:《中国大城市的工资高吗?——来自农村外出劳动力的收入证据》,《经济学》(季刊)2014 年第 3 期。

35. 牛飞飞:《户籍制度的创新路径研究——从城乡对立看户籍改革》,《消费导刊》2009 年第 9 期。

36. 农行荆州分行:《关于金融支持新型城镇化调研的报告》,2014 年 4 月。

37. 潘功胜:《加快健全规范透明可持续的城镇化融资机制》,载中国金融四十人论坛课题组《城镇化转型:融资创新与改革》,中信出版社 2015 年版。

38. 潘锦云、姜凌、丁羊林:《城镇化制约了工业化升级发展吗——基于产业和城镇融合发展的视角》,《经济学家》2014 年第 9 期。

39. 庞亚军、申世军、张鹏:《城镇化融资中的制度设计》,《金融市场研究》2013 年第 8 期。

40. 屈小博、程杰:《地区差异、城镇化推进与户籍改革成本的关联度》,《改革》2013 年第 3 期。

41. 人行武汉分行:《新型城镇化座谈会发言材料》,2014 年 4 月。

42. 深圳市人力资源和社会保障局:《2014 年度深圳市人才引进政策及业务指南》,2014 年。

43. 深圳市人民政府:《深圳市人才引进实施办法》(深府办函〔2013〕37 号),2013 年 4 月 17 日。

44. 深圳市人民政府：《深圳市外来务工人员积分入户试行办法》（深府办函〔2010〕70 号），2010 年 8 月 12 日。

45. 深圳市人民政府：《深圳市外来务工人员积分入户试行办法》（深府办函〔2011〕59 号），2011 年 6 月 23 日。

46. 深圳市人民政府：《深圳市外来务工人员积分入户暂行规定》（深府办函〔2012〕40 号），2012 年 4 月 1 日。

47. 深圳市统计局：《经济主导人口发展，人口反映经济质量》，《统计分析》2014 年第 17 期。

48. 孙三百、黄薇、洪俊杰：《劳动力自由迁移为何如此重要？——基于代际收入流动的视角》，《经济研究》2012 年第 5 期。

49. 唐齐鸣、王彪：《中国地方政府财政支出效率及影响因素的实证研究》，《金融研究》2012 年第 2 期。

50. 王春光：《新生代农村流动人口的社会认同与城乡融合的关系》，《社会学研究》2001 年第 3 期。

51. 王世巍：《深圳市人口变迁的背景和动因》，《特区实践与理论》2009 年第 5 期。

52. 王小鲁、夏小林：《优化城市规模　推动经济增长》，《经济研究》1999 年第 9 期。

53. 《习近平在中共中央政治局第二十二次集体学习时强调　健全城乡发展一体化体制机制　让广大农民共享改革发展成果》，《人民日报》2015 年 5 月 2 日。

54. 向晶、张玉华、高文书：《保障性住房制度改革：进展、问题与建议》，《中州学刊》2015 年第 7 期。

55. 肖金成、蔡翼飞：《以人为核心的新型城镇化》，《中国金融》2014 年第 1 期。

56. 严成樑、龚六堂：《财政支出、税收与长期经济增长》，《经济研究》2009 年第 6 期。

57. 姚植夫、薛建宏：《新生代农民工市民化意愿影响因素分析》，《人口学刊》2014 年第 3 期。

58. 叶振宇：《城镇化与产业发展互动关系的理论探讨》，《区域经济评论》2013 年第 4 期。

59. 张车伟、蔡翼飞：《人口与经济分布匹配视角下的中国区域均衡发展》,《人口研究》2013 年第 6 期。

60. 张车伟、蔡翼飞:《我国城镇化格局的变动特点》,《中国党政干部论坛》2013 年第 8 期。

61. 张车伟、蔡翼飞:《中国城镇化格局变动与人口合理分布》,《中国人口科学》2012 年第 6 期。

62. 张车伟:《户籍制度改革需要差别化的政策》,《人口与发展》2012 年第 2 期。

63. 张国胜:《基于社会成本考虑的农民工市民化:一个转轨中发展大国的视角与政策选择》,《中国软科学》2009 年第 4 期。

64. 张丽艳、陈余婷:《新生代农民工市民化意愿的影响因素分析——基于广东省三市的调查》,《西北人口》2012 年第 4 期。

65. 张展新、王一杰:《放宽落户还是公共服务均等化》,《决策探索》2015 年第 3 期。

66. 张占斌、张青、赵小平主编:《城镇化发展的产业支撑研究》,河北人民出版社 2013 年版。

67. 张自然:《中国最优最大城市规模探讨:基于 264 城市规模成本—收益分析》,2014 年,未刊稿。

68. 郑秉文:《中国养老金发展报告 2013》,经济管理出版社 2013 年版。

69. 郑梓桢、宋健:《户籍改革新政与务实的城市化新路》,《人口研究》2012 年第 1 期。

70. 《中共中央关于全面深化改革若干重大问题的决定》辅导读本,人民出版社 2013 年版。

71. 周小川:《城镇化及其融资问题》,载《比较》第 55 期,中信出版社 2011 年版。